全国高等院校财务会计"专业+证书"改革创新示范规划教材

财务会计

(1+X 系列教材)

主　编　王竞雄
主　审　隋旺梅
副主编　曹　阳
　　　　王淑洁
　　　　张毓玲

中国商业出版社

图书在版编目(CIP)数据

财务会计/王竞雄主编. ‐‐北京：中国商业出版社，2021.1

1+X 系列教材

ISBN 978‐7‐5208‐1307‐5

Ⅰ．①财… Ⅱ．①王… Ⅲ．①财务会计‐高等职业教育‐教材 Ⅳ．①F234.4

中国版本图书馆 CIP 数据核字（2020）第 204236 号

责任编辑：李 飞　蔡 凯

中国商业出版社出版发行

010‐63180647　www.c‐cbook.com

（100053 北京广安门内报国寺 1 号）

新华书店经销

北京京丰印刷厂印刷

＊

787 毫米×1092 毫米　16 开　16 印张　300 千字

2021 年 1 月第 1 版　2021 年 1 月第 1 次印刷

定价：58.00 元

＊　＊　＊　＊

（如有印装质量问题可更换）

前　言

经济越发展，会计越重要。随着社会主义市场经济的不断发展、完善，会计作为一种通用管理语言，越来越受到社会各界的重视。同时，"财务会计"是财经商贸类专业核心课程之一，更是会计专业非常重要的专业核心课程。

国务院颁布的《国家教育事业发展"十三五"规划》中指出，"以增强学生核心素养、技术技能水平和可持续发展能力为重点统筹规划课程与教材建设，对接最新行业、职业标准和岗位规范，优化专业课程结构，更新教学内容。强化课堂教学、实习、实训的融合，普及推广项目教育、案例教学、情境教学等教学模式"，以及国务院颁布的《国家职业教育改革实施方案》(以下简称职教20条)中指出，高等职业教育"发展以职业需求为导向、以实践能力培养为重点、以产学研用结合为途径的专业培养模式""深化复合型技术技能人才培养培训模式改革，借鉴国际职业教育培训普遍做法，制定工作方案和具体管理办法，启动'1+X'证书制度试点工作。试点工作要进一步发挥好学历证书作用，夯实学生可持续发展基础，鼓励职业院校学生在获得学历证书的同时，积极取得多类职业技能等级证书"。

本教材以校企合作、育训结合教法为切入点，以就业导向、工作过程为设计思路，通过实验、实训、实习三个关键环节来编写教材内容。将"1+X"证书制度考核充实进入教材内容，实现书证融通，同时本教材与会计初级职称考试内容相结合，实现课证融通，全面提升学生就业竞争力。本课程注重在技能上培养学习者的会计核算专业能力。本书是以工作过程为导向的项目化教学，分为项目概论、出纳岗位、往来会计岗位、存货岗位、投资岗位、非流动资产会计岗位、筹资岗位、薪酬岗位、税务会计岗位、财务成果岗位、财务报告岗位。

本书由黑龙江商业职业学院王竞雄担任主编，黑龙江商业职业学院隋旺梅担任主审，黑龙江商业职业学院曹阳、王淑洁、张毓玲担任副主编，编写分工如下：王竞雄负责编写项目概论以及项目一至项目三的内容，曹阳负责编写项目五和项目十的内容，王淑洁负责编写项目八和项目九的内容，张毓玲负责编写项目四、项目六和项目七的内容。各项目有知识目标、能力目标和素质目标，从总体上让学习者了解本项目主要内容和目标，之后通过任务引例、任务准备、任务实施、任务实操的顺序，依照业务流程进行任务指导，达到"理实一体"、"做学合一"的教学目的。

  本教材中可能存在缺点与不足，敬请广大读者批评指正，我们将再接再厉，不断修正和完善，共同推进财务会计课程教学的发展。

编者

2020 年 12 月

目　录

项目概论　财务会计认知 …………………………………………………… (1)
　　任务一　财务会计基本理论认知 …………………………………………… (2)
　　任务二　企业会计准则基本认知 …………………………………………… (12)
项目一　出纳岗位 …………………………………………………………… (15)
　　任务一　库存现金核算 ……………………………………………………… (17)
　　任务二　银行存款核算 ……………………………………………………… (22)
　　任务三　其他货币资金核算 ………………………………………………… (29)
项目二　往来会计岗位 ……………………………………………………… (35)
　　任务一　应收及预付款项业务核算 ………………………………………… (37)
　　任务二　应付及预收款项业务核算 ………………………………………… (50)
项目三　存货岗位 …………………………………………………………… (57)
　　任务一　原材料实际成本法业务核算 ……………………………………… (59)
　　任务二　原材料计划成本法业务核算 ……………………………………… (68)
　　任务三　周转材料业务核算 ………………………………………………… (73)
　　任务四　委托加工物资业务核算 …………………………………………… (78)
　　任务五　库存商品业务核算 ………………………………………………… (81)
　　任务六　存货清查和减值业务核算 ………………………………………… (85)
项目四　投资岗位 …………………………………………………………… (91)
　　任务一　交易性金融资产初始计量核算 …………………………………… (92)
　　任务二　交易性金融资产后续计量核算 …………………………………… (95)
　　任务三　交易性金融资产处置核算 ………………………………………… (97)
项目五　非流动资产会计岗位 ……………………………………………… (99)
　　任务一　固定资产岗位核算 ………………………………………………… (101)
　　任务二　无形资产岗位核算 ………………………………………………… (123)
　　任务三　其他资产岗位核算 ………………………………………………… (132)
项目六　筹资岗位 …………………………………………………………… (135)
　　任务一　负债筹资业务核算 ………………………………………………… (136)

任务二　所有者权益业务核算……………………………………………(140)
项目七　薪酬岗位……………………………………………………………(151)
　　任务一　职工薪酬的认知………………………………………………(152)
　　任务二　短期薪酬业务核算……………………………………………(155)
　　任务三　设定提存计划业务核算………………………………………(166)
项目八　税务会计岗位………………………………………………………(169)
　　任务一　增值税业务核算………………………………………………(170)
　　任务二　消费税业务核算………………………………………………(180)
　　任务三　其他应交税费业务核算………………………………………(184)
项目九　财务成果岗位………………………………………………………(189)
　　任务一　收入业务核算…………………………………………………(191)
　　任务二　费用业务核算…………………………………………………(206)
　　任务三　利润业务核算…………………………………………………(214)
项目十　财务报告岗位………………………………………………………(223)
　　任务一　资产负债表编制………………………………………………(224)
　　任务二　利润表编制……………………………………………………(236)
　　任务三　所有者权益变动表编制………………………………………(244)
　　任务四　财务报告附注…………………………………………………(249)

项目概论
财务会计认知

【知识目标】

1.理解财务会计的概念、目标、基本假设和会计核算基础；

2.掌握财务会计信息质量要求、会计要素确认和会计计量属性；

3.了解企业会计岗位的设置及基本要求。

【能力目标】

1.能够将会计理论知识与实际工作相结合，解决处理会计事项；

2.能够根据会计信息质量要求合理准确地提供会计信息；

3.能够根据企业发生的业务正确确认会计要素、合理运用会计计量属性。

【素质目标】

1.正确认知财务会计的基本理论框架，明确学习目的，掌握财务会计基本知识和基本技能；

2.遵守会计法律法规，具备良好的沟通和协调能力。

工作情境

升入大学的你选择学习"会计"这门专业，财务会计的理论概念框架可以指导和评价会计实务。财务会计理论概念框架是由一系列说明财务会计并为财务会计所应用的基本概念组成的理论体系，主要包括财务会计的目标、会计基本假设、会计基础、会计信息质量要求、会计要素及确认、计量属性和财务报告。这些基本概念您能正确理解吗？财务会计理念概念框架您能运用到会计实务中吗？

任务一　财务会计基本理论认知

一、财务会计的概念

财务会计,是指通过对企业已经完成的资金运动全面系统的核算与监督,以为外部与企业有经济利害关系的投资人、债权人和政府有关部门提供企业的财务状况、经营成果和现金流量等经济信息为主要目标而进行的一种经济管理活动。

财务会计,是现代企业的一项重要的基础性工作,通过一系列会计程序,提供决策有用的信息,并积极参与经营管理决策,提高企业经济效益,服务于市场经济的健康有序发展。

二、财务会计目标

财务会计目标是指会计核算、监督企业经济活动所追求和预期达到的结果。财务会计所提供的信息主要面向企业外部的使用者,会计信息以会计报表的形式提供给信息使用者,因此财务会计报告的目标即财务会计的目标,两者应该是一致的。我国《企业会计准则》规定,财务会计报告的目标是向财务会计报告使用者提供与企业财务状况、经营成果和现金流量等有关的会计信息,反映企业管理层受托责任的履行情况,有助于财务会计报告使用者作出经济决策。

三、会计基本假设

会计基本假设也称会计基本前提,是指企业会计确认、计量、记录和报告的前提,是对会计核算所处时间、空间环境等所作的合理设定。会计基本假设包括会计主体、持续经营、会计分期和货币计量。

(一)会计主体

会计主体,是指会计工作服务的特定对象,是企业会计确认、计量和报告的空间范围。为了向财务报告使用者反映企业财务状况、经营成果和现金流量,提供对其决策有用的信息,会计核算和财务报告的编制应当集中反映特定对象的活动,并将其与其他经济实体区分开来。在会计主体假设下,企业应当对其本身发生的交易或者事项进行会计确认、计量、记录和报告,反映企业本身所从事的各项生产经营活动。明确界定会计主体是开展会计确认、计量和报告工作的重要前提。

会计主体不同于法律主体，一般来说，法律主体必然是一个会计主体。例如，一个企业作为一个法律主体，应当建立企业财务会计系统，独立反映其财务状况、经营成果和现金流量等的情况。但是，会计主体不一定是法律主体，如企业集团编制合并报表，所依据的便是合并主体而非法律主体。

(二)持续经营

持续经营，是指在可以预见的未来，企业会按当前的规模和状态继续经营下去，不会停业，也不会大规模削减业务。要求会计人员以企业持续正常的生产经营活动为前提进行会计核算，会计核算所使用的一系列的会计处理方法，都是建立在持续经营为前提的基础上。例如，在持续经营的前提下，才能运用历史成本原则，使用企业所拥有的各种经济资源和依照原来的偿还条件来偿还其所负担的各种债务；在资产和负债的分类方面，由于假定企业持续经营，才有流动资产、非流动资产以及流动负债、非流动负债之分。若企业即将清算，则持续经营的前提就不成立，编制财务报告就应根据资产的清算价值、负债立即清偿的金额报告，一些公认的会计处理方法也将失去存在的基础。

(三)会计分期

会计分期，是指将一个企业持续经营的生产经营活动划分为一个个连续的、长短相同的期间，据以结算账目、编制财务报告。我国《企业会计准则》规定，企业的会计期间分为年度和中期，中期分为半年度、季度和月度。中期是指短于一个完整会计年度的报告期间。企业的生产经营活动是在持续不断进行的，所以，会计期间是一种人为的划分，而在持续经营中许多交易并未完成，为此，每期所结算的损益只是一个概略数字。财务报表的价值也就取决于企业对营业收入和费用的估计，以及对营业收入和费用在各期间的分配。

根据持续经营假设，一个企业将按当前的规模和状态持续经营下去，要想最终确定企业的生产经营成果，只能等到一个企业在若干年后歇业的时候核算一次盈亏。但是，无论是企业的生产经营决策，还是投资者、债权人等的决策，都需要及时的信息，不能等到企业歇业时。因此，就必须将企业持续经营的生产经营活动划分为一个个连续的、长短相同的期间，分期确认、计量、记录和报告企业的财务状况、经营成果和现金流量等的情况。而且正是由于会计分期，才产生了本期与前期、后期的差别，出现了权责发生制和收付实现制的区别，才使不同类型的会计主体有了记账的基准，进而出现了应收、应付、折旧、摊销等会计处理方法。

(四)货币计量

货币计量，是指会计主体在财务会计确认、计量和报告时，以货币作为统一的尺度，反映会计主体的生产经营活动。货币计量这一前提条件为会计核算指定了计量单位，《中华人民共和国会计法》(以下简称《会计法》)规定："会计核算以人民币为记账本位币，业务收支以人民币以外的货币为主的单位，也可以选定其中一种货币作为记账本位币，但是编报的财务会计报告应当折算为人民币。"货币计量还包含另一层含义，即作为计量单位的货币币值稳定，即使币值本身发生波动(波动不大),会计核算中也可不予考虑,仍按照稳定的币值进行会计处理。

货币是商品一般等价物的表现形式,是衡量一般商品价值的共同尺度,具有价值尺度、流通手段、贮藏手段和支付手段等特点。其他计量单位,如重量、长度、容积等,只能从一个侧面反映企业的生产经营情况,无法在量上进行汇总和比较,不便于会计计量和经营管理,因此为全面综合反映企业的生产经营和有关交易或事项,会计确认、计量、记录和报告选择货币作为计量单位。

四、会计基础

企业会计的确认、计量和报告应当以权责发生制为基础。权责发生制基础要求凡是当期已经实现的收入和已经发生或应负担的费用,无论款项是否收付,都应作为当期的收入和费用,计入利润表;凡是不属于当期的收入和费用,即使款项已经在当期收付,也不应作为当期的收入和费用。收付实现制是与权责发生制相对应的一种会计基础,它是以收付现金作为确认收入和费用的依据。

五、会计信息质量要求

会计信息质量要求,是对企业财务报告中所提供会计信息质量的基本要求,是使财务报告中所提供会计信息对使用者决策有用应具备的基本特征,它包括可靠性、相关性、可理解性、可比性、实质重于形式、重要性、谨慎性和及时性等。其中,可靠性、相关性、可理解性和可比性是会计信息的首要质量要求,是企业财务报告中所提供会计信息应具备的基本质量特征;实质重于形式、重要性、谨慎性和及时性是会计信息的次级质量要求。

(一)可靠性

可靠性,是指企业应当以实际发生的交易或者事项为依据进行确认、计量和报告,客观反映符合确认和计量要求的各项会计要素及其他相关信息,保证会计信息真实可靠、内容完整。

企业应当以实际发生的交易或者事项为依据,而不能根据尚未发生的,甚至虚构的交易或事项为依据进行确认、计量、记录和报告,并在遵循会计信息重要性和成本效益原则的前提下,保证会计信息内容的完整性。

(二)相关性

相关性,是指企业提供的会计信息应当与财务报告使用者的经济决策需要相关,有助于财务报告使用者对企业过去、现在或者未来的情况作出评价或者预测。

会计信息是否具有相关性,主要取决于三个因素,即反馈价值、预测价值和及时性。反馈价值,是指会计信息应当能够有助于使用者评价企业过去的决策、证实或者修正过去的有关预测;预测价值,是指会计信息能帮助使用者预测企业未来的财务状况、经营成果和现金流量;及时性本应从属于相关性,但为了强调此项要求,我国企业会计准则将它单独作为一项质量要求列出。

(三) 可理解性

可理解性,是指企业提供的会计信息应当清晰明了,便于投资者等财务报告使用者理解和使用。

企业编制财务报告、提供会计信息的目的在于使用,要让使用者有效利用会计信息,前提是应让其能了解会计信息的内涵,弄懂会计信息的内容,这就要求财务报告所提供的会计信息应当清晰明了,易于理解。只有这样,才能提高会计信息的有用性,实现财务报告的目标,满足向投资者等财务报告使用者提供决策有用信息的要求。投资者等财务报告使用者通过阅读、分析、使用财务报告信息,能够了解企业的过去和现状,以及企业净资产或企业价值的变化过程,预测未来发展趋势,从而作出科学决策。

(四) 可比性

可比性,是指企业提供的会计信息应当具有可比性。具体包括下列要求:

1. 同一企业不同时期可比

为了便于投资者等财务报告使用者了解企业财务状况、经营成果和现金流量的变化趋势,比较企业在不同时期的财务报告信息,全面客观地评价过去、预测未来、作出决策,会计信息质量的可比性要求同一企业对于不同时期发生的相同或者相似的交易或者事项,应当采用一致的会计政策,不得随意变更。当然,满足会计信息可比性的要求,并不表明不允许企业变更会计政策,企业按照规定或者会计政策变更后,可以提供更可靠、更相关的会计信息时,就有必要变更会计政策,以向使用者提供更为有用的会计信息,但是有关会计政策变更的情况,应当在附注中予以说明。

2. 不同企业相同会计期间可比

为了便于投资者等财务报告使用者了解企业财务状况、经营成果和现金流量及其变动情况,从而作出科学合理的决策,会计信息质量的可比性要求不同企业同一会计期间发生的相同或者相似的交易或者事项,应当采用统一规定的会计政策,确保会计信息口径一致、相互可比,即对于相同或者相似的交易或者事项,不同企业应当采用一致的会计政策,以使不同企业按照一致的确认、计量和报告基础提供有关会计信息。

(五) 实质重于形式

实质重于形式,是指企业应当按照交易或者事项的经济实质进行会计确认、计量和报告,不应仅以交易或者事项的法律形式为依据。

在实务中,交易或者事项的法律形式并不总能完全真实地反映其实质内容,所以,会计信息要想反映其交易或事项,就必须根据交易或事项的实质和经济现实,而不能仅仅根据它们的法律形式。例如，企业租入的资产（短期租赁和低值资产租赁除外），虽然从法律形式来讲，企业并不拥有其所有权，但是由于租赁合同规定的租赁期相当长，往往接近于该资产的使用寿命，租赁期结束时，承租企业有优先购买该资产的选择权，在租赁期内承租企业有权支配资产，并从中受益等，从其经济实质来看，企业能够控制租入资产所创造的未来经济利益，在会计确认、计量和报告时，就应当将租入的资产视为企业的资产，在企业的资产负债表中进行反映。

（六）重要性

重要性，要求企业提供的会计信息应当反映与企业财务状况、经营成果和现金流量等有关的所有重要交易或者事项。

重要性要求企业提供的会计信息应当反映与企业财务状况、经营成果和现金流量有关的所有重要的交易或事项；次要的交易或事项，在不影响会计信息质量和不误导信息使用者决策的前提下，可适当简化处理。企业会计信息的省略或者错报，会影响使用者据此作出经济决策的，该信息就具有重要性，重要性的应用需要依赖职业判断，企业应当根据其所属环境和实际情况，从项目的性质和金额大小两个方面来判断其重要性。例如，我国存货会计准则及其应用指南规定，商品流通企业采购商品过程中发生的进货费用应计入存货采购成本，但进货费用金额较小的，可以在发生时直接计入当期损益，这体现了会计信息质量的重要性要求。

（七）谨慎性

谨慎性，要求企业对交易或者事项进行会计确认、计量和报告应当保持应有的谨慎，不应高估资产或者收益、低估负债或者费用。

谨慎性又称稳健性，它是针对经济活动中的不确定因素，要求人们在会计处理上保持谨慎小心的态度，要充分估计到可能发生的风险和损失，尽量少计或不计可能取得的收益，使财务会计报告使用者、决策者提高警惕，以应付纷繁复杂的外部经济环境的变化，把风险损失尽量控制在极小的范围内。从谨慎性的角度来看，会计在一定程度上核算经营风险，提供反映经营风险的信息，有利于提高企业在市场上的竞争能力。谨慎性包括会计确认、计量、报告等方面的谨慎和稳健。从会计确认上，要求确认建立在稳妥合理的基础上；从会计计量上，要求会计计量不得高估资产或者收益的金额，也不得低估负债或者费用的金额；从财务会计报告上，要求财务会计报告向会计信息的使用者提供尽可能全面的会计信息，特别是应报告可能发生的风险和损失。

（八）及时性

及时性，是指企业对已经发生的交易或者事项应当及时进行会计确认、计量和报告，不得提前或者延后。

会计信息的使用价值要求其不仅要真实可靠，而且必须保证时效，及时提供给信息使用者使用，特别是在市场经济条件下，市场瞬息万变，企业竞争日趋激烈，各方面对会计信息的及时性要求越来越高。

六、会计要素及其确认与计量

会计要素，是根据交易或事项的经济特征所确定的企业财务会计对象的基本分类，是确定财务报表结构和内容的基础，所以又称财务报表要素。我国企业要素按照其性质分为资产、负债、所有者权益、收入、费用和利润，其中，资产、负债和所有者权益要素侧重于反映企业的财务状况，是构成资产负债表的基本要素；收入、费用和利润要素侧重于反映企业的经营成果，是构成利润表的基本要素。

(一)资产

1.资产的概念

资产，是指企业过去的交易或事项形成的、由企业拥有或控制的、预期会给企业带来经济利益的资源。资产应当同时具有下列特征：

(1)资产预期会给企业带来经济利益

资产预期会给企业带来经济利益，是指资产直接或者间接导致现金和现金等价物流入企业的潜力。

(2)资产应为企业拥有或者控制的资源

资产作为一项资源，应当由企业拥有或者控制，具体是指企业享有某项资源的所有权，或者虽然不享有某项资源的所有权，但该资源能被企业所控制。

(3)资产是由企业过去的交易或者事项形成的

资产应当由企业过去的交易或者事项形成，过去的交易或者事项包括购买、生产、建造行为或者其他交易或事项，即只有过去发生的交易或者事项才能形成资产，企业预期在未来发生的交易或者事项不形成为资产。

2.资产的确认条件

一项资源要确认为资产，首先应当符合资产的定义，除此之外，还需要同时满足以下两个条件：

(1)与该资源有关的经济利益很可能流入企业；

(2)该资源的成本或者价值能够可靠地计量。

(二)负债

1.负债的概念

负债，是指企业过去的交易或者事项形成的、预期会导致经济利益流出企业的现时义务。负债应当同时具有下列特征：

(1)负债是企业承担的现时义务

负债必须是企业承担的现时义务，它是负债的一个基本特征。其中，现时义务，是指企业在现行条件下已承担的义务,未来发生的交易或者事项形成的义务,不属于现时义务,不应当确认为负债。

(2)负债的清偿预期会导致经济利益流出企业

负债清偿会导致经济利益流出企业,是负债的又一重要特征。只有企业在履行义务时会导致经济利益流出企业,这才符合负债的定义;如果不会导致经济利益流出企业,就不符合负债的定义。

(3)负债是由企业过去的交易或者事项形成的

负债应当由企业过去的交易或者事项所形成,过去的交易或者事项包括购买货物、使用劳务、接受银行贷款等,即只有过去发生的交易或者事项才能形成负债,企业在未来发生的承诺、签订的合同等交易或事项不确认为负债。

2.负债的确认条件

将一项现时义务确认为负债,首先应当符合负债的定义,除此之外还需要同时满足以下两个条件:

(1)与该义务有关的经济利益很可能流出企业;

(2)未来流出的经济利益的金额能够可靠地计量。

(三)所有者权益

1.所有者权益的概念

所有者权益,是指企业的资产扣除负债后,由所有者享有的剩余权益。企业的所有者权益又称股东权益。所有者权益反映了所有者对企业资产的剩余索取权,是企业资产中扣除债权人权益后应由所有者享有的部分。

2.所有者权益的来源构成

所有者权益按其来源主要包括所有者投入的资本、直接计入所有者权益的利得和损失、留存收益等,通常由实收资本(或股本)资本公积(包括资本溢价或股本溢价、其他资本公积)、盈余公积(包括法定盈余公积、任意盈余公积)、其他综合收益、未分配利润等构成。

所有者投入的资本,是指所有者投入企业的资本部分,既包括构成企业注册资本或者股本部分的金额,也包括投入资本超过注册资本或者股本部分的金额,即资本溢价或者股本溢价。

直接计入所有者权益的利得和损失,是指不应计入当期损益、会导致所有者权益发生增减变动的、与所有者投入资本或者向所有者分配利润无关的利得或者损失。

留存收益是企业历年实现的净利润留存于企业的部分,主要包括累计计提的盈余公积和未分配利润。

3.所有者权益的确认条件

由于所有者权益体现的是所有者在企业中的剩余权益,因此,所有者权益的确认主要依赖于其他会计要素,尤其是资产和负债的确认;所有者权益金额的确定也主要取决于资产和负债的计量。例如,企业接受投资者投入的资产,在该资产符合企业资产确认条件时,也相应地符合了所有者权益的确认条件。

(四)收入

1.收入的概念

收入,是指企业在日常活动中形成的、会导致所有者权益增加的、与所有者投入资本无关的经济利益的总流入。收入应当同时具有下列特征:

(1)收入应当是企业在日常活动中形成的

收入应当是企业在其日常活动中形成的。其中,日常活动是指企业为完成其经营目标所从事的经常性活动以及与之相关的活动。例如,工业企业制造并销售产品、商业企业销售商品、保险公司签发保单、租赁公司出租资产、软件企业为客户开发软件等均属于企业的日常活动。明确界定日常活动是为了将收入与利得相区分,因为企业非日常活动所形成的经济利益的流入不能确认为收入,而应当计入利得。

(2)收入是与所有者投入资本无关的经济利益的总流入

收入应当会导致经济利益的流入,从而导致资产的增加。例如,企业销售商品必须要收到现金或现金等价物,或者有权利收到现金或现金等价物,才表明该交易符合收入的定义。但是,企业经济利益的流入有时是由所有者投入资本的增加所导致的,所有者投入资本的增加不应当确认为收入,应当将其直接确认为所有者权益。

(3)收入本身会导致所有者权益的增加

与收入相关的经济利益的流入会导致所有者权益的增加,不会导致所有者权益增加的经济利益的流入不符合收入的定义,不应确认为收入。例如,某企业向银行借入款项,尽管该借款导致了企业经济利益的流入,但是,该流入并不导致所有者权益的增加,反而使企业承担了一项现时义务,因此,企业对于因借入款项所导致的经济利益的增加,不应将其确认为收入,应当确认为一项负债。

2.收入的确认条件

收入的确认除了应当符合定义外,还应当满足严格的确认条件。企业应当在履行了合同中的履约义务,即在客户中取得相关商品控制权时,确认收入取得,相关商品控制权是指能够主导该商品的使用,并从中获得几乎全部的经济利益。

(五)费用

1.费用的概念

费用,是指企业在日常活动中发生的、会导致所有者权益减少的、与向所有者分配利润无关的经济利益的总流出。费用应当同时具备下列特征:

(1)费用应当是企业在日常活动中形成的

费用应当是企业在其日常活动中所形成的,这些日常活动的界定与收入定义中涉及的日常活动相一致。因日常活动所产生的费用通常包括销售成本、职工薪酬、折旧费、无形资产摊销等。将费用界定为日常活动所形成的,目的是将其与损失相区分,因企业非日常活动所形成的经济利益的流出不能确认为费用,应当计入损失。

(2)费用是与向所有者分配利润无关的经济利益的总流出

费用的发生应当会导致经济利益的流出,从而导致资产的减少或者负债的增加,其表现形式包括现金或者现金等价物的流出,存货、固定资产和无形资产等的流出或者消耗等。鉴于企业向所有者分配利润也会导致经济利益的流出,而该经济利益的流出属于所有者权益的抵减项目,不应确认为费用,应当将其排除在费用之外。

(3)费用会导致所有者权益的减少

与费用相关的经济利益的流出,最终应当会导致所有者权益的减少,不会导致所有者权益减少的经济利益的流出,不符合费用的定义,不应确认为费用。

2.费用的确认条件,除了应当符合定义外,还应当同时满足下列条件:

(1)与费用相关的经济利益很可能流出企业;

(2)经济利益流出企业的结果会导致资产的减少或者负债的增加;

(3)经济利益的流出金额能够可靠地计量。

(六)利润

1.利润的概念

利润,是指企业在一定会计期间的经营成果,包括收入减去费用后的净额、直接计入当期利润的利得和损失等。利润通常是评价企业管理层业绩的一项重要指标,也是投资者、债权人等财务报告使用者进行决策时的重要参考。

2.利润的来源构成

利润包括收入减去费用后的净额、直接计入当期利润的利得和损失等。其中,收入减去费用后的净额反映的是企业日常活动的业绩;直接计入当期利润的利得和损失,反映的是企业非日常活动的业绩。直接计入当期利润的利得和损失,是指应当计入当期损益、最终会引起所有者权益发生增减变动的、与所有者投入资本或者向所有者分配利润无关的利得或者损失。企业应当严格区分收入和利得、费用和损失,以更加全面地反映企业的经营业绩。

3.利润的确认条件

利润反映的是收入减去费用、利得减去损失后的净额,因此,利润的确认主要依赖于收入和费用以及利得和损失的确认,其金额的确定也主要取决于收入、费用、利得、损失金额的计量。

七、会计计量属性

会计计量,是为了将符合确认条件的会计要素登记入账,并列报于财务报表而确定其金额的过程。计量属性,是指所予以计量的某一要素的特性。从会计的角度来看,计量属性反映的是会计要素金额的确定基础。企业应当按照规定的会计计量属性的要求进行计量,确定相关金额。计量属性主要包括历史成本、重置成本、可变现净值、现值和公允价值。

1.历史成本

历史成本，又称实际成本，是指取得或者制造某项财产物资时所实际支付的现金或者其他等价物。在历史成本计量下，资产按照购置时支付的现金或者现金等价物的金额，或者按照购置资产时所付出的对价的公允价值计量；负债按照因承担现时义务而实际收到的款项或者资产的金额，或者承担现时义务的合同金额，或者按照日常活动中为偿还负债预期需要支付的现金或者现金等价物的金额计量。

2.重置成本

重置成本，又称现行成本，是指按照当前市场条件，重新取得同样一项资产所需支付的现金或者现金等价物的金额。在重置成本计量下，资产按照现在购买相同或者相似资产所需支付的现金或者现金等价物的金额计量；负债按照现在偿付该项债务所需支付的现金或者现金等价物的金额计量。

3.可变现净值

可变现净值，是指在正常生产经营过程中，以预计售价减去进一步加工成本和预计销售费用以及相关税费后的净值。在可变现净值计量下，资产按照其正常对外销售所能收到的现金或者现金等价物的金额，扣减该项资产至完工时估计将要发生的成本、预计的销售费用以及相关税费后的金额计量。

4.现值

现值，是指对未来现金流量以恰当的折现率进行折现后的价值，是考虑货币时间价值的一种计量属性。在现值计量下，资产按照预计从其持续使用和最终处置中产生的未来净现金流入量的折现金额计量；负债按照预计期限内需要偿还的未来净现金流出量的折现金额计量。

5.公允价值

公允价值，是指市场参与者在计量日发生的有序交易中，出售一项资产所能收到或者转移一项负债所需支付的价格。有序交易，是指在计量日前一段时间内，相关资产或者负债具有惯常市场活动的交易。在公允价值计量下，资产和负债按照在公平交易中，熟悉情况的交易双方自愿进行资产交换或者债务清偿的金额计量。

任务二 企业会计准则基本认知

《企业会计准则》由财政部制定,于2006年2月15日财政部令第33号发布,自2007年1月1日起施行。

一、企业会计准则体系

从财务会计职业与实务的角度出发,企业会计准则是整个企业会计工作的规范,是人们合理处理会计信息系统中各种经济业务事项的准绳。企业会计准则是反映经济活动确认产权关系,规范收益分配的会计技术标准,是生成和提供会计信息的重要依据,也是政府调控经济活动、规范经济秩序和开展国际经济交往等的重要手段。

我国的企业会计准则体系包括基本准则、具体准则、应用指南和解释公告等。

(一)基本准则

基本准则,是企业进行会计核算工作必须遵守的基本要求,是企业会计准则体系的概念基础,是制定具体准则、会计准则应用指南、会计准则解释公告的依据,也是解决新的会计问题的指南,在企业会计准则体系中具有重要的地位。基本准则包括以下内容:1.财务会计报告目标;2.会计基本假设;3.会计基础;4.会计信息质量要求;5.会计要素及其确认和计量;6.财务会计报告。

(二)具体准则

具体准则,是根据基本准则的要求,主要就各项具体业务事项的确认、计量和报告作出的规定,分为一般业务准则、特殊业务准则和报告类准则。

1.一般业务准则

一般业务准则,是规范各类企业一般经济业务确认、计量的准则,包括存货、固定资产、无形资产、长期股权投资、收入、所得税等准则。

2.特殊业务准则

特殊业务准则,可分为各行业共有的特殊业务准则和特殊行业的特殊业务准则。

3.报告类准则

报告类准则,主要规范普遍适用于各类企业的各类报告。

(三)应用指南

企业会计准则应用指南,是根据基本准则、具体准则制定的,用于指导会计实务的操作性指南，是对具体准则相关条款的细化和对有关重点、难点问题提供操作性规定，它包括会计科目、主要账务处理、财务报表及其格式等，为企业执行会计准则提供操作性规范。

(四)解释公告

企业会计准则解释公告，主要是针对企业会计准则实施中遇到的问题作出的相关解释。

二、小企业准则

《小企业准则》于2011年10月18日，由中华人民共和国财政部以财会[2011]17号印发，该准则分为总则、资产、负债、所有者权益、收入、费用、利润以及利润分配、外币业务、财务报表、附则10章90条，自2013年1月1日起施行。

"小企业"是相对于"大企业"而言的概念，小企业一般是指规模较小或处于创业和成长阶段的企业，包括规模在规定标准以下的法人企业和自然人企业。为了促进小企业发展以及财税政策日益丰富完善，形成以减费减免、资金支持、公共服务等为主要内容的促进中小企业发展的财税政策体系。

《小企业会计准则》的出台在很大程度上改变了《小企业会计制度》的内容，其在制定方式上借鉴了《企业会计准则》，在核算方法上兼具小企业自身的特色，尤其在税收规范上采取了和税法更为趋同的计量规则，大大简化了会计准则与税法的协调，在利税影响因素方面，相对于企业会计准则也有了具体的改进。

项目一 出纳岗位

【知识目标】

1. 了解货币资金的概念及内容,熟悉现金的管理制度;
2. 掌握银行存款收入和支出业务的处理,并能熟练掌握银行存款核对业务;
3. 掌握其他货币资金的内容,且能熟练掌握其他货币资金的账务处理。

【能力目标】

1. 能够将货币准确划分类别,详细阐述现金的管理制度并且能够将现金清查的结果作出正确的账务处理;
2. 能够针对银行存款业务作出正确的账务处理,能核对出未达账项且能编制银行存款余额调节表;
3. 能够准确地区分其他货币资金的种类,并能针对各种货币资金业务作出正确的账务处理。

【素质目标】

1. 严格执行库存现金管理制度和银行存款结算制度,培养细致、踏实的工作作风;
2. 保管现金、印鉴及各种票据时具有安全意识和法律意识;
3. 具备良好的职业道德修养、爱岗敬业、洁身自好,真实客观地反映经济活动的本来面目。

工作情境

如果您是一名初涉职场的大学毕业生,若成功应聘到企业的财会部门工作,一般都会从出纳岗位做起。出纳岗位是按照有关规定和制度,办理本单位的现金收付、银行结算及有关账务,保管库存现金、有价证券、财务印鉴及有关票据等工作。

出纳是会计工作的重要环节,涉及的是现金收付、银行结算等活动,这些又直接关系到职工个人、单位乃至国家的经济利益。因此,《会计法》《会计基础工作规范》等财会法规明确

财务会计

规定出纳人员的职责和权限，出纳岗位具有以下职责：

1. 按照国家有关现金管理和银行结算制度的规定，办理现金收付和银行结算业务；
2. 根据会计制度的规定，在办理现金和银行存款收付业务时，要严格审核有关原始凭证，再据以编制收、付款凭证，然后根据编制的收付款凭证逐笔顺序登记现金日记账和银行存款日记账，并结出余额；
3. 按照国家外汇管理和结汇、购汇制度的规定及有关批件，办理外汇出纳业务；
4. 掌握银行存款余额，不准签发空头支票，不准出租出借银行账户为其他单位办理结算；
5. 保管库存现金和各种有价证券的安全与完整；
6. 保管有关印鉴、空白收据和空白支票。

任务一 库存现金核算

【任务引例】

大学毕业生张楠应聘到牡丹江市兴业商贸有限公司(以下简称兴业公司)财务部任职出纳岗位,兴业公司由王明、赵贤两位投资人共同创立,注册资本为200万元,属于一般纳税人;该公司位于牡丹江市和平路13号,电话0453—6572002,开户行:工商行十二支行,账号:211040003—91,张楠于2021年8月末接管出纳工作,该公司8月末库存现金余额5000元,9月有关库存现金的业务如下:

1. 2日,兴业公司出纳员开出现金支票,从开户银行提取现金3 000元备用。

2. 6日,兴业公司将多余现金2 000元送存银行。

3. 10日,公司管理部门职工李华出差,预借差旅费2 000元,现金付讫。

4. 14日,李华报账,返回现金100元,实报差旅费1 900元。

5. 18日,兴业公司销售一批原材料,增值税专用发票上列明该批材料的金额为600元,销项税额为78元,以现金收讫该批材料销售款。

6. 22日,公司管理部门购买办公用品640元,现金支付。

7. 26日,公司现金清查中,发现现金溢余100元,无法查明溢余原因。

8. 30日,公司现金清查中,发现现金短缺1 000元,经查明,现金短缺的800元属于出纳员责任,200元无法查明原因。

要求:

1. 编制2021年9月有关库存现金业务的会计分录;

2. 建立并登记库存现金日记账。

【任务准备】

库存现金的认知

(一)库存现金的概念

库存现金是指存放于企业财会部门、由出纳人员经管的货币。库存现金是企业流动性最强的资产,企业应当严格遵守国家有关现金管理制度,正确进行现金收支的核算,监督现金使用的合法性与合理性。

(二)库存现金的管理

企业对现金的收付,必须严格执行《现金管理暂行条例》和《现金管理暂行条例实施细则》。现金管理的主要内容包括以下几个方面:

1.库存现金的使用范围

(1)职工工资、津贴;

(2)个人劳务报酬;

(3)根据国家规定颁发给个人的科学技术、文化、艺术、体育等各种奖金;

(4)各种劳保福利费用以及国家规定的对个人的其他支出;

(5)向个人收购农副产品和其他物资的价款;

(6)出差人员必须随身携带的差旅费结算;

(7)起点以下的零星支出(结算起点为1 000元);

(8)中国人民银行确定需要支付现金的其他支出。

属于上述现金结算范围的支出,企业可以根据需要向银行提取现金支付,不属于上述现金结算范围的支出,企业应当通过银行进行转账结算。

2.库存现金的限额

为了加强现金管理,减少闲置的现金,通常由开户银行核定企业库存现金的最高限额。

根据我国的现行规定,企业日常零星开支所需要的库存现金数额由开户银行根据企业的实际情况来核定。一般不超过企业3~5天的日常零星开支的需要量,而离银行较远、交通不便的企业,虽可以放宽限额,但最长也不得超过15天的日常零星开支。库存限额一经核定,要求企业必须严格遵守,不能任意超出,超过限额的现金应及时存入银行。如若情况变化,企业需要增加或减少库存限额的,应向开户银行提出申请,由银行核定。

3.不准坐支库存现金

所谓坐支现金,是指企业用收入的现金直接支付自己的支出。坐支现金是国家所不允许的,企业在经营活动中收入的现金,应在当日就送存银行。为了加强银行的监督,企业在向银行送存现金时,应在解款单上注明款项的来源;支取现金时,应在现金支票上注明款项的用途。对那些违反现金管理制度所规定的款项,银行则有权拒绝支付。

总之,企业的货币资金,除了在规定限额以内可以保存少量现金以外,其余的都必须存入银行。企业的一切款项,只有在规定范围内可以采用现金结算,其余都必须通过银行办理转账结算。只有这样,才有利于调节货币流通,节约现金使用,集中企业闲散资金支援国家建设。

4.库存现金收支的管理

企业应当按照中国人民银行规定的现金管理办法和财政部关于各单位货币资金管理和控制的规定,办理有关现金收支业务,办理现金收支业务时应当遵守以下几项规定:

(1)企业现金收入应当于当日送存开户银行,当日送存有困难的,由开户银行确定送存时间。

(2)企业支付现金可以从本企业库存现金限额中支付，或者从开户银行提取，不得从本企业的现金收入中直接支付，因特殊情况需要坐支现金的，应当事先报经开户银行审查批准，由开户银行核定坐支范围和限额，企业应当定期向银行报送坐支金额和使用情况。

(3)企业从开户银行提取现金应当写明用途，由本企业财会部门负责人签字盖章，经开户银行审核后，予以支付现金。

(4)企业因采购地点不固定、交通不便以及其他特殊情况必须使用现金的，应当向开户银行提出申请，经开户银行审核后予以支付现金。

(5)不准用不符合财务会计制度规定的凭证顶替库存现金、不得"白条抵库"、不准谎报用途套取现金、不准用银行账户代其他单位和个人存入或支取现金、不准单位收入的现金以个人名义存储、不准保留账外公款、不得设置"小金库"等。

【任务实施】

库存现金的核算

(一)账户设置

设置"库存现金"账户，核算企业现金的收入、支出和结存情况，该账户属于资产类账户，借方登记库存现金的增加，贷方登记库存现金的减少，期末余额在借方，反映企业实际持有的库存现金的金额。该账户可以按照币种设置明细账户进行明细核算，"库存现金"总账账户由不从事出纳工作的会计人员负责登记，每一笔现金收入和支出业务都必须由会计人员根据审核无误的原始凭证编制记账凭证予以入账。

(二)账务处理

1.收支库存现金

收入现金时，借记"库存现金"账户，贷记有关账户；支出现金时，借记有关账户，贷记"库存现金"账户。对于从银行提取现金的业务，一般只编制银行付款凭证，不再编制现金收款凭证，而将现金存入银行，一般只编制现金付款凭证，不再编制银行收款凭证。

【任务1—1】2日，兴业公司出纳员开出现金支票，从开户银行提取现金3 000元备用。

兴业公司根据现金支票存根、提现申请单编制会计分录如下：

借：库存现金　　　　　　　　　　　　　　　3 000
　　贷：银行存款　　　　　　　　　　　　　　　3 000

【任务1—2】6日，兴业公司将多余现金2 000元送存银行。

根据银行现金收讫单编制会计分录如下：

借：银行存款　　　　　　　　　　　　　　　2 000
　　贷：库存现金　　　　　　　　　　　　　　　2 000

2.借款与报销

企业因预付内部职工差旅费等所需的现金,按支出凭证所记载的金额,借记"其他应收款"账户,贷记"库存现金"账户,收到出差人员交回的差旅费剩余款并结算时,按实际收回的现金,借记"库存现金"账户,按应报销的金额借记"管理费用"、"销售费用"等账户,按实际借出的现金,贷记"其他应收款"账户,若报销金额多于预借款给付现金时,应贷记"库存现金"账户。

【任务1—3】10日,公司管理部门职工李华出差,预借差旅费2 000元,现金付讫。

根据差旅费借款单、差旅费审批单、现金收据(付款方凭证)编制会计分录如下:

借:其他应收款——李华　　　　　　　　　　2 000
　　贷:库存现金　　　　　　　　　　　　　　　2 000

【任务1—4】14日,李华报账,返回现金100元,实报差旅费1 900元。

根据差旅费报销单、差旅费审批单、现金收据(收款方凭证)编制会计分录如下:

借:管理费用　　　　　　　　　　　　　　　1 900
　　库存现金　　　　　　　　　　　　　　　　100
　　贷:其他应收款——李华　　　　　　　　　　2 000

3.其他库存现金收支

企业因销售等活动收到现金时,借记"库存现金"账户,贷记"主营业务收入"、"其他业务收入"、"营业外收入"、"其他应收款"等账户,因购进等活动支出现金时,借记"原材料"、"管理费用"等账户,贷记"库存现金"账户。

【任务1—5】18日,兴业公司销售一批原材料,增值税专用发票上列明该批材料的金额为600元,销项税额为78元,以现金收讫该批材料销售款。

兴业公司根据销售合同、现金收据(收款方凭证)、材料出库单、增值税专用发票记账联编制会计分录如下:

借:库存现金　　　　　　　　　　　　　　　678
　　贷:其他业务收入　　　　　　　　　　　　　600
　　　　应交税费——应交增值税(销项税额)　　　78

【任务1—6】22日,公司管理部门购买办公用品640元,现金支付。

根据现金收据(付款方凭证)、费用审批单编制会计分录如下:

借:管理费用　　　　　　　　　　　　　　　640
　　贷:库存现金　　　　　　　　　　　　　　　640

4.库存现金清查

企业应当按规定进行库存现金的清查,库存现金的清查一般采用实地盘点法,对于清查的结果应当编制库存现金盘点报告表。如果有挪用现金、白条抵库的情况,应及时予以纠正。对于超限额留存的现金应及时送存银行,如果账款不符,发现有待查明原因的现金短缺或者溢余,应当先通过"待处理财产损溢——待处理流动资产损溢"账户核算,再按管理权限批准后,将其转入有关账户。

(1)库存现金的溢余

每日终了结算现金收支,发现有待查明原因的现金溢余,应当按实际溢余的金额借记"库存现金"账户,贷记"待处理财产损溢——待处理流动资产损溢"账户;查明原因报经批准后,属于应支付给有关人员或单位的现金,贷记"其他应付款"账户,属于无法查明原因的,贷记"营业外收入"账户,同时借记"待处理财产损溢——待处理流动资产损溢"账户。

【任务1—7】26日,公司现金清查中,发现现金溢余100元,无法查明溢余原因。

根据库存现金盘点表报账联编制会计分录如下:

借:库存现金　　　　　　　　　　　　　　　100
　　贷:待处理财产损溢——待处理流动资产损溢　　100

根据库存现金盘点表批复联编制会计分录如下:

借:待处理财产损溢——待处理流动资产损溢　　100
　　贷:营业外收入　　　　　　　　　　　　　　100

(2)库存现金的短缺

对于每日终了结算现金收支,发现的有待查明原因的现金短缺,应按实际短缺的金额借记"待处理财产损溢——待处理流动资产损溢"账户,贷记"库存现金"账户;查明原因报经批准后,属于责任人或保险公司赔偿的部分,应借记"其他应收款"账户,属于无法查明原因的,应借记"管理费用"账户,同时贷记"待处理财产损溢——待处理流动资产损溢"账户。

【任务1—8】30日,公司现金清查中,发现现金短缺1 000元,经查明,现金短缺的800元属于出纳员责任,200元无法查明原因。

根据库存现金盘点表报账联编制会计分录如下:

借:待处理财产损溢——待处理流动资产损溢　　1 000
　　贷:库存现金　　　　　　　　　　　　　　　1 000

根据库存现金盘点表批复联编制会计分录如下:

借:其他应收款——出纳员　　　　　　　　　　800
　　管理费用　　　　　　　　　　　　　　　　200
　　贷:待处理财产损溢——待处理流动资产损溢　　1 000

【任务实训】

根据【任务引例】中的相关内容请出纳员完成以下任务:

1.请出纳员完成【任务1—1】兴业公司签发现金支票的任务;

2.请出纳员完成【任务1—4】兴业公司差旅费报销单的审核任务;

3.请出纳员完成兴业公司现金日记账的登记任务。

任务二 银行存款核算

【任务引例】

2021年8月末,兴业公司银行存款余额为280 000元,9月有关银行存款的业务如下:

9.2日,向哈尔滨光辉公司开出转账支票一张,购买笔记本电脑50台,每台单价为5 600元,价款为280 000元,增值税税率为13%,商品已到达企业并验收入库。

10.5日,向北京华丰公司销售电风扇1 000台,每台售价为120元,开具增值税专用发票注明货款120 000元,增值税税率为13%,收到转账支票并已办妥进账手续。

11.10日,公司前欠河北万宏公司购货款90 400元,已经银行电汇给河北万宏公司。

12.15日,公司收到银行转来的天津大兴商场电汇凭证收账通知联,系还前欠购货款67 800元。

13.18日,销售给北京天宇公司电风扇600台,每台售价为120元,开具增值税专用发票注明货款72 000元,增值税税率为13%,填制委托收款结算凭证,连同有关单据一并送交银行并已办妥托收手续。

14.21日,上述委托收款的北京天宇公司货款收回,收到银行转来的委托收款收账通知联。

15.22日,公司采用托收承付方式销售一批笔记本电脑给深圳信达公司,笔记本电脑共计60台,每台单价为6 400元,增值税专用发票上列明的价款为384 000元,增值税税率为13%,发货时以转账支票代垫运费2 000元,已向银行办妥托收手续。

16.27日,上述托收承付的深圳信达公司货款收回,收到银行转来的托收承付收账通知联。

17.30日,公司银行存款日记账余额为591 880元,银行对账单余额为627 880元,经核对发现以下未达账项:

(1)企业将收到的销货款4 000元存入银行,企业已记银行存款增加,而银行尚未记增加。

(2)企业开出转账支票36 000元支付购料款,企业已记银行存款减少,而银行尚未记减少。

(3)收到某企业汇来的购货款,20 000元银行已记增加,企业尚未记增加。

(4)银行代企业支付水电费16 000元,银行已记减少,企业尚未记减少。

要求:
1. 编制 2021 年 9 月有关银行存款业务的会计分录;
2. 建立并登记银行存款日记账;
3. 编制银行存款余额调节表。

【任务准备】

一、银行存款的认知

(一)银行存款的概念

银行存款,是企业存入银行或其他金融机构的款项。企业根据业务需要,在其所在地银行开设账户,进行存款、取款以及各种收支转账业务的结算。

(二)银行存款账户的开立

根据《银行账户管理办法》的规定,每个企业都要在银行或金融机构开立账户,用来办理货币资金的存取和转账结算业务。在开户时,企业必须填制开户申请书,提供有关证明文件,送交盖有存款人印章的印鉴卡片,向银行申请开户。

银行结算账户分为基本存款账户、一般存款账户、临时存款账户和专用存款账户四种。

1. 基本存款账户

基本存款账户,是存款人因办理日常转账结算和现金收付需要开立的银行结算账户。存款人日常经营活动的资金收付及其工资、奖金等现金的支出,应通过基本存款账户办理。企业只能选择一家银行的一个营业机构开立一个基本存款账户。

2. 一般存款账户

一般存款账户,是存款人在基本存款账户以外的银行借款、转存,与基本存款账户的存款人不在同一地点的附属非独立核算单位开立的账户。存款人可以通过本账户办理转账结算和现金缴存,但不得办理现金结算支取。企业不得在同一家银行的几个分支机构同时开立一般存款账户。

3. 临时存款账户

临时存款账户,是存款人因临时经营活动需要并在规定期限内使用而开立的银行结算账户,如设立临时机构、异地临时经营活动、注册验资等。本账户可办理转账结算,也可根据国家现金管理的规定办理现金收付。

4. 专用存款账户

专用存款账户,是存款人按照法律、行政法规和规章,对其特定用途资金进行专项管理和使用而开立的银行结算账户,如基本建设资金、社会保障基金、证券交易结算资金等。该账户只能办理本企业生产经营活动所需要的款项存取和收付业务,不得出租或转让。

(三)银行结算纪律

企业通过银行办理支付结算时,应当认真执行国家各项管理办法和结算制度。中国人民银行1997年9月19日颁布的《支付结算办法》规定:单位和个人办理支付结算,不准签发没有资金保证的票据或远期支票,套取银行信用;不准签发、取得和转让没有真实交易和债权债务的票据,套取银行和他人资金;不准无理拒绝付款,任意占用他人资金;不准违反规定开立和使用账户。企业必须严格遵守银行结算办法规定的结算纪律,将企业库存限额以外的所有货币资金存入银行,企业同外界发生各种结算款项,除在规定范围内可以用现金支付外,其他一切货币收支业务都必须通过银行存款账户进行结算。

【任务实施】

一、银行存款的核算

(一)账户设置

设置"银行存款"账户,核算银行存款的增加、减少及结余情况。该账户属于资产类账户,借方登记企业银行存款的增加数,贷方登记银行存款的减少数,余额在借方,表示银行存款的结存数额,有外币存款的企业应按人民币和外币户分别进行核算。

银行存款的核算,包括总分类核算和序时核算,为随时掌握企业银行存款的收入、支出及结存情况,并便于同银行核对账目,企业还应设置银行存款日记账进行序时核算。银行存款日记账应按开户银行、其他金融机构、存款种类和货币种类分别设置。银行存款日记账由企业出纳人员登记,并定期与银行进行核对。

(二)账务处理

1.支票结算业务

支票,是指出票人签发的,委托办理支票存款业务的银行在见票时无条件支付确定的金额给收款人或者持票人的票据。支票分为现金支票、转账支票和普通支票。支票上印有"现金"字样的为现金支票,现金支票只能用于支取现金。支票上印有"转账"字样的为转账支票,转账支票只能用于转账。支票上未印有"现金"或"转账"字样的为普通支票,普通支票既可以用于支取现金,也可以用于转账。在普通支票左上角划两条平行线的为划线支票,划线支票只能用于转账,不得支取现金。按规定,单位和个人各种款项结算,均可以使用支票,支票的提示付款期限是自出票之日起10日内。

采用支票结算时,付款方应根据支票存根,借记有关账户,贷记"银行存款"账户;收款方应根据银行存款进账单回单联,借记"银行存款"账户,贷记有关账户。

【任务1-9】 2日,向哈尔滨光辉公司开出转账支票一张,购买笔记本电脑50台,每台单价为5 600元,价款为280 000元,增值税税率为13%,商品已到达企业并验收入库。

根据转账支票存根、增值税专用发票购货方记账联、入库单编制会计分录如下:

借:库存商品——笔记本电脑　　　　　　　　　　280 000
　　应交税费——应交增值税(进项税额)　　　　 36 400

贷：银行存款　　　　　　　　　　　　　　　　　　316 400

【任务1—10】5日，向北京华丰公司销售电风扇1 000台，每台售价为120元，开具增值税专用发票注明货款120 000元，增值税税率为13%，收到转账支票并已办妥进账手续。

根据销售合同、进账单、增值税专用发票销货方记账联、出库单编制会计分录如下：

　　借：银行存款　　　　　　　　　　　　　　　　　　135 600
　　　贷：主营业务收入——电风扇　　　　　　　　　　120 000
　　　　　应交税费——应交增值税（销项税额）　　　　 15 600

2.汇兑结算业务

汇兑，是汇款人委托银行将其款项支付给收款人的结算方式。单位和个人各种款项的结算均可使用汇兑结算方式，汇兑分为信汇和电汇，由汇款人选择使用。

信汇，是汇款人向银行提出申请，同时交存一定金额及手续费，汇出行将信汇委托书以邮寄方式寄给汇入行，授权汇入行向收款人解付一定金额的一种汇兑结算方式。电汇，是付款人将一定款项交存汇款银行，汇款银行通过电报或电话传给目的地的分行或代理行（汇入行），指示汇入行向收款人支付一定金额的一种交款方式。

采用汇兑方式结算时，付款方根据信（电）汇凭证回单，借记有关账户，贷记"银行存款"账户，收款方根据银行收账通知，借记"银行存款"账户，贷记有关账户。

【任务1—11】10日，公司前欠河北万宏公司购货款90 400元，已经银行电汇给河北万宏公司。

根据电汇凭证回单编制会计分录如下：

　　借：应付账款——河北万宏公司　　　　　　　　　　 90 400
　　　贷：银行存款　　　　　　　　　　　　　　　　　　 90 400

【任务1—12】15日，公司收到银行转来的天津大兴商场电汇凭证收账通知联，系还前欠购货款67 800元。

根据电汇凭证收账通知联编制会计分录如下：

　　借：银行存款　　　　　　　　　　　　　　　　　　 67 800
　　　贷：应收账款——天津大兴商场　　　　　　　　　 67 800

3.委托收款结算业务

委托收款，是指收款人委托银行向付款人收取款项的结算方式。委托收款分邮寄和电报划回两种，由收款人选用。前者是以邮寄方式，由收款人开户银行向付款人开户银行转送委托收款凭证、提供收款依据的方式；后者则是以电报方式，由收款人开户银行向付款人开户银行转送委托收款凭证，提供收款收据的方式。

采用委托收款方式结算时，收款方办妥委托收款手续后，根据银行盖章退回的委托收款结算凭证的回单，借记"应收账款"账户，贷记有关账户；收款方根据银行转来的委托收款通知，借记"银行存款"账户，贷记有关账户；付款方根据转来的委托收款付款通知，借记有关账户,贷记"银行存款"账户。

【任务1—13】18日,销售给北京天宇公司电风扇600台,每台售价为120元,开具增值税专用发票注明货款72 000元,增值税税率为13%,填制委托收款结算凭证,连同有关单据一并送交银行并已办妥托收手续。

根据销售合同、委托收款回单联、增值税专用发票记账联编制会计分录如下:

借:应收账款——北京天宇公司　　　　　　　　　　81 360
　　贷:主营业务收入——电风扇　　　　　　　　　　72 000
　　　　应交税费——应交增值税(销项税额)　　　　 9 360

【任务1—14】21日,上述委托收款的北京天宇公司货款划回,收到银行转来的委托收款收账通知联。

根据委托收款收账通知编制会计分录如下:

借:银行存款　　　　　　　　　　　　　　　　　　81 360
　　贷:应收账款——北京天宇公司　　　　　　　　　81 360

4.托收承付结算业务

托收承付,又称异地托收承付,是指根据购销合同,由收款人发货后,委托银行向异地购货单位收取货款,根据合同对单或对证验货后,向银行承认付款的一种结算方式。托收承付结算款项的划回方法分邮寄和电报两种,由收款人选用。托收承付结算方式只适用于异地订有经济合同的商品交易及相关劳务款项的结算。代销、寄销、赊销商品的款项,不得办理托收承付结算。托收承付结算每笔的金额起点为10 000元,新华书店系统每笔结算的金额起点为1 000元。

采用托收承付方式结算时,收货方办妥托收手续后,根据银行盖章退回的托收承付结算凭证的回单,借记"应收账款"账户,贷记有关账户;承付期满收到银行转来的托收承付收账通知,借记"银行存款"账户,贷记"应收账款"账户。付款方根据银行转来的托收承付付款通知,借记有关账户,贷记"银行存款"账户。

【任务1—15】22日,公司采用托收承付方式销售一批笔记本电脑给深圳信达公司,笔记本电脑共计60台,每台单价为6 400元,增值税专用发票上列明的价款为384 000元,增值税税率为13%,发货时以转账支票代垫运费2 000元,已向银行办妥托收手续。

根据销售合同、增值税专用发票记账联、运费垫支凭证、托收结算凭证回单、转账支票存根编制会计分录如下:

借:应收账款——深圳信达公司　　　　　　　　　 435 920
　　贷:主营业务收入——笔记本电脑　　　　　　　384 000
　　　　应交税费——应交增值税(销项税额)　　　　49 920
　　　　银行存款　　　　　　　　　　　　　　　　 2 000

【任务1—16】27日,上述托收承付的深圳信达公司货款收回,收到银行转来的托收承付收账通知联。

根据托收承付收账通知编制会计分录如下：

借：银行存款　　　　　　　　　　　　　　　　　435 920
　　贷：应收账款——深圳信达公司　　　　　　　435 920

二、银行存款的清查

银行存款的清查，是指将企业银行存款日记账的账面余额与其开户银行转来的银行对账单进行核对，在实际工作中至少每月核对一次，同时应不定期指派除出纳以外的财务人员到银行领取银行对账单，并及时与收付款凭证予以核对，清查企业资金流向。

清查后若发现企业银行存款日记账的账面余额与其开户银行转来的对账单余额不一致，原因主要有两类：一是企业或银行的账务处理错误，如果是银行的原因，应及时通知银行更正；如果是企业的原因，应及时调整相应的账务。二是存在未达账项。所谓未达账项，是指在开户行和企业之间，对于同一经济业务由于结算凭证传递的时间和记账时间不同，发生一方已经入账而另一方未入账的会计事项。未达账项有如下四种情况：

1.企业已收款入账，而银行尚未收款入账；
2.企业已付款入账，而银行尚未付款入账；
3.银行已收款入账，而企业尚未收款入账；
4.银行已付款入账，而企业尚未付款入账。

其中，前两种属于银行的未达账项，后两种属于企业的未达账项。如果存在未达账项，企业应编制"银行存款余额调节表"检查核对，如果没有记账错误，调节后的双方余额应相符。银行存款余额调节表只是为了核对账目而编制的，它不是原始凭证，不能作为调整银行存款账面余额的记账依据。对于银行已经入账而企业尚未入账的未达账项，一定要等到结算凭证到达企业后，才能进行账务处理。

【任务1—17】30日，公司银行存款日记账余额为591 880元，银行对账单余额为627 880元，经核对发现以下未达账项：

(1)企业将收到的销货款4 000元存入银行，企业已记银行存款增加，而银行尚未记增加。

(2)企业开出转账支票36 000元支付购料款，企业已记银行存款减少，而银行尚未记减少。

(3)收到某企业汇来的购货款，20 000元银行已记增加，企业尚未记增加。

(4)银行代企业支付水电费16 000元，银行已记减少，企业尚未记减少。

根据上述资料，兴业公司编制的银行存款余额调节表见表1—1。

表 1-1　银行存款余额调节表

单位:元

项目	金额	项目	金额
企业银行存款日记账余额	591 880	银行对账单余额	627 880
加:银行已收、企业未收款项	20 000	加:企业已收、银行未收款项	4 000
减:银行已付、企业未付款项	16 000	减:企业已付、银行未付款项	36 000
调节后的存款余额	595 880	调节后的存款余额	595 880

【任务实训】

根据【任务引例】中的相关内容请出纳员完成以下任务:

1.请出纳员完成【任务1—9】兴业公司签发转账支票的任务;

2.请出纳员完成【任务1—10】兴业公司开具增值税专用发票的任务(北京华丰公司纳税人识别号:91381300104082110、地址:北京市丰台区东祥路801号、电话:010—88706578、开户行:北京银行丰台支行、账号:2122321451);

3.请出纳员完成【任务1—9】至【任务1—16】兴业公司银行存款日记账的登记任务。

任务三 其他货币资金核算

【任务引例】

兴业公司2021年9月发生与其他货币资金相关业务如下：

18.兴业公司派采购员到南京采购原材料，2日，委托开户行汇往采购地银行60 000元开立采购专户；6日，采购人员交回采购电风扇的增值税专用发票等报销凭证，价款50 000元，增值税税率为13%，电风扇尚未入库；10日，多余款项已经转回所在地银行。

19.17日，公司从基本存款账户划出200 000元向开户银行申请办理银行汇票，并取得银行汇票；19日，采购员用该银行汇票从哈尔滨光辉公司购入本记笔电脑30台，每台单价为5 600元，货款168 000元，增值税税率为13%，商品已验收入库；21日，余款退回。

20.13日，公司从基本存款账户划出28 250元申请办理银行本票；16日，公司采购员持银行本票到华义公司购买榨汁机，取得增值税专用发票，注明价款25 000元，共计200台，每台125元，增值税税率为13%，商品已验收入库。

21.22日，公司填制申请表，申请信用卡，并按银行要求交存40 000元备用金，银行受理后开立信用卡存款账户，发给信用卡；24日，公司用该信用卡支付业务招待费2 500元。

22.25日，公司委托中国银行开出20 000美元信用证，市场汇率为每美元6.35元人民币；27日，购买25台3D打印机动用信用证存款共计15 000美元（假设市场汇率未变）；28日，将未用完的信用证存款及时转回银行账户。

23.30日，公司将银行存款100 000元存入通海证券公司。

要求：根据【任务18】—【任务23】，编制2021年9月份有关其他货币资金业务的会计分录。

【任务准备】

一、其他货币资金的认知

（一）其他货币资金的概念

其他货币资金，是指企业除库存现金、银行存款以外的各种货币资金。因其他货币资金的存放地点或用途不同，既区别于库存现金又区别于银行存款，主要包括企业的外埠存款、银行汇票存款、银行本票存款、信用卡存款、信用证保证金存款以及存出投资款等。

(二)其他货币资金的内容

1. 外埠存款

外埠存款，是指企业为了到外地进行临时或零星采购，而汇往采购地银行开立采购专户的款项。

2. 银行汇票

银行汇票，是指汇款人将款项交存当地银行，由银行签发给汇款人持往异地办理转账结算或支取现金的票据。银行汇票的出票银行为经中国人民银行批准，办理银行汇票的银行。银行汇票的付款人、单位和个人各种款项的结算，均可使用银行汇票。银行汇票可以用于转账，填明"现金"字样的银行汇票，也可以用于支取现金。

3. 银行本票

银行本票，是指银行签发的、承诺自己在见票时无条件支付确定的金额给收款人或持票人的票据。单位和个人在同一票据交换区域需要支付的各种款项，均可使用银行本票。银行本票可以用于转账，注明"现金"字样的银行本票可以用于支取现金。

4. 信用卡存款

信用卡存款，是指企业为取得信用卡而存入银行信用卡专户的款项。信用卡是银行卡的一种。

5. 信用证保证金存款

信用证保证金存款，是指采用信用证结算方式的企业为开具信用证而存入银行信用证保证金专户的款项。企业银行申请开立信用证，应按规定向银行提交开证申请书、信用证申请人承诺书和购销合同。

6. 存出投资款

存出投资款，是指企业为购买股票、债券、基金等根据有关规定存入在证券公司指定银行开立的投资款专户的款项。

【任务实施】

二、其他货币资金的核算

(一)账户设置

企业应设置其他货币资金账户，核算其他货币资金的收支和结算情况。该账户属于资产类账户，借方登记其他货币资金的增加数，贷方登记其他货币资金的减少数，期末余额在借方，反映企业实际持有的其他货币资金数额。在总账账户下，应按照其他货币资金的种类分设"外埠存款"、"银行汇票"、"银行本票"、"信用卡存款"、"信用证保证金存款"、"存出投资款"等二级账户，并按外埠存款的开户行，银行汇票、银行本票的收款单位，信用卡的开户行等设置明细账户进行明细核算。

(二)账务处理

1.外埠存款业务

企业将款项汇往外地时,应填写汇款委托书,委托开户银行办理汇款。汇入地银行以汇款单位名义开立临时采购账户,该账户的存款不计利息、只付不收、付完清户,除了采购人员可以从中提取少量现金外,一律采用转账结算。

企业将款项汇往外地开立采购专用账户,根据汇出款项凭证编制付款凭证时,借记"其他货币资金——外埠存款"账户,贷记"银行存款"账户;收到采购人员转来的供应单位发票账单等报销凭证时,借记"在途物资"或"原材料"、"库存商品"、"应交税费——应交增值税(进项税额)"等账户,贷记"其他货币资金——外埠存款"账户;采购完毕收回剩余款项时,根据银行的收账通知,借记"其他货币资金——外埠存款"账户。

【任务1—18】兴业公司派采购员到南京采购原材料,2日,委托开户行汇往采购地银行60 000元开立采购专户;6日,采购人员交回采购电风扇的增值税专用发票等报销凭证,价款50 000元,增值税税率为13%,电风扇尚未入库;10日,多余款项已经转回所在地银行。

2日,根据汇款凭证编制会计分录如下:

借:其他货币资金——外埠存款　　　　　　60 000
　　贷:银行存款　　　　　　　　　　　　　　　　60 000

6日,根据增值税专用发票发票联编制会计分录如下:

借:在途物资——电风扇　　　　　　　　　50 000
　　应交税费——应交增值税(进项税额)　　6 500
　　贷:其他货币资金——外埠存款　　　　　　　56 500

10日,根据银行进账单编制会计分录如下:

借:银行存款　　　　　　　　　　　　　　3 500
　　贷:其他货币资金——外埠存款　　　　　　　3 500

2.银行汇票业务

企业填写"银行汇票申请书"并将款项交存银行时,根据银行盖章退回的申请书存根联,借记"其他货币资金——银行汇票"账户,贷记"银行存款"账户;企业持银行汇票购货,收到有关发票账单时,借记"在途物资"或"原材料"、"库存商品"、"应交税费——应交增值税(进项税额)"等账户,贷记"其他货币资金——银行汇票"账户;采购完毕,收回剩余款项时,借记"银行存款"账户,贷记"其他货币资金——银行汇票"账户。

【任务1—19】17日,公司从基本存款账户划出200 000元向开户银行申请办理银行汇票,并取得银行汇票;19日,采购员用该银行汇票从哈尔滨光辉公司购入笔记本电脑30台,每台单价为5 600元,货款168 000元,增值税税率为13%,商品已验收入库;21日,余款退回。

17日,根据银行汇票申请书(回单)编制会计分录如下:

借:其他货币资金——银行汇票　　　　　　200 000

　　　　贷：银行存款　　　　　　　　　　　　　　　　　　200 000
　　19日，根据增值税专用发票发票联、入库单、开户银行转来的银行汇票有关副联编制会计分录如下：
　　　　借：库存商品——笔记本电脑　　　　　　　　　　168 000
　　　　　　应交税费——应交增值税(进项税额)　　　　　 21 840
　　　　　　贷：其他货币资金——银行汇票　　　　　　　　　　189 840
　　21日，根据银行汇票多余款收账通知联编制会计分录如下：
　　　　借：银行存款　　　　　　　　　　　　　　　　　　10 160
　　　　　　贷：其他货币资金——银行汇票　　　　　　　　　　10 160

3.银行本票业务

　　银行本票分为定额本票和不定额本票两种。定额本票面额为1 000元、5 000元、10 000元和50 000元。银行本票的提示付款期限为自出票之日起最长不得超过2个月，在有效付款期内，银行见票付款。持票人超过提示付款期限付款的，银行不予受理。

　　申请人使用银行本票，应向银行申请，填写"银行本票申请书"。申请人或收款人为单位的，不得申请签发现金银行本票。出票银行受理银行本票申请书，收妥款项后签发银行本票，在本票上签章后交给申请人。申请人应将银行本票交付给本票上记明的收款人。收款人可以将银行本票背书转让给被背书人。

　　企业填写"银行本票申请书"，将款项交存银行时，借记"其他货币资金——银行本票"账户，贷记"银行存款"账户；企业持银行本票购货，收到有关发票账单时，借记"在途物资"或"原材料"、"库存商品"、"应交税费——应交增值税(进项税额)"等账户，贷记"其他货币资金——银行本票"账户。

　　【任务1—20】13日，公司从基本存款账户划出28 250元申请办理银行本票；16日，公司采购员持银行本票到华义公司购买榨汁机，取得增值税专用发票，注明价款25 000元，共计200台，每台125元，增值税税率为13%，商品已验收入库。

　　13日，根据银行本票申请书(回单)编制会计分录如下：
　　　　借：其他货币资金——银行本票　　　　　　　　　　28 250
　　　　　　贷：银行存款　　　　　　　　　　　　　　　　　　28 250
　　16日，根据增值税专用发票发票联、入库单编制会计分录如下：
　　　　借：库存商品——榨汁机　　　　　　　　　　　　　25 000
　　　　　　应交税费——应交增值税(进项税额)　　　　　　3 250
　　　　　　贷：其他货币资金——银行本票　　　　　　　　　　28 250

4.信用卡存款业务

　　凡在中国境内金融机构开立基本存款账户的单位，均可申领信用卡单位卡。单位卡可申领若干张，持卡人资格由申领单位法定代表人或其委托的代理人书面指定和注销。单位卡账户的资金一律从其基本存款账户转账存入,不得交存现金,不得将销货收入的款项存入其账户。持卡人可持信用卡在特约单位购物、消费,但单位卡不得用于10万元以上的商品交易和劳务供应款项的结算,也不得支取现金。特约单位在每日结业终了,应将当日受理的信用卡签购单汇总,计算手续费和净额,并填写汇(总)计单和进账单,连同签购单一并送交收单银行办理进账。

企业应填制"信用卡申请表",连同支票和有关资料一并送存发卡银行,根据银行盖章退回的进账单第一联,借记"其他货币资金——信用卡存款"账户,贷记"银行存款"账户;企业用信用卡购物或支付有关费用,收到开户银行转来的信用卡存款的付款凭证及所附发票账单,借记"管理费用"等账户,贷记"其他货币资金——信用卡存款"账户;企业信用卡在使用过程中需要向其账户续存资金的,应借记"其他货币资金——信用卡存款"账户,贷记"银行存款"账户;企业的持卡人如不需要继续使用信用卡时,应持信用卡主动到发卡银行办理销户,销卡时,信用卡余额转入企业基本存款账户,不得提取现金,借记"银行存款"账户,贷记"其他货币资金——信用卡存款"账户。

【任务1—21】22日,公司填制申请表,申请信用卡,并按银行要求交存40 000元备用金,银行受理后开立信用卡存款账户,发给信用卡;24日,公司用该信用卡支付业务招待费2 500元。

22日,根据银行盖章退回的进账单第一联编制会计分录如下:

借:其他货币资金——信用卡存款　　　　　　　40 000
　　贷:银行存款　　　　　　　　　　　　　　　　　　40 000

24日,根据银行转来的信用卡存款付款凭证及所附发票账单编制会计分录如下:

借:管理费用　　　　　　　　　　　　　　　　　　2 500
　　贷:其他货币资金——信用卡存款　　　　　　　2 500

5.信用证保证金业务

企业填写信用证申请书,将信用证保证金交存银行时,应根据银行盖章退回的"信用证申请书"回单,借记"其他货币资金——信用证保证金"账户,贷记"银行存款"账户;企业接到开证行通知,根据供货单位信用证结算凭证及所附发票账单,借记"在途物资"或"原材料"、"库存商品"、"应交税费——应交增值税(进项税额)"等账户,贷记"其他货币资金——信用证保证金"账户;将未用完的信用证保证金存款余额转回开户银行,借记"银行存款"账户,贷记"其他货币资金——信用证保证金"账户。

【任务1—22】25日,公司委托中国银行开出20 000美元信用证,市场汇率为每美元6.35元人民币;27日,购买25台3D打印机动用信用证存款共计15 000美元(假设市场汇率未变);28日,将未用完的信用证存款及时转回银行账户。

25日,根据开户银行盖章退回的"信用证申请书"回单编制会计分录如下:

借:其他货币资金——信用证保证金　　　　　　127 000

贷：银行存款——美元户　　　　　　　　　　　　　　　127 000

27日，根据信用证结算凭证、增值税专用发票发票联编制会计分录如下(进口增值税、关税略)：

　　借：在途物资——3D打印机　　　　　　　　　　　　　95 250
　　　　贷：其他货币资金——信用证保证金　　　　　　　　　95 250

28日，根据银行进账单编制会计分录如下：

　　借：银行存款——美元户　　　　　　　　　　　　　　　31 750
　　　　贷：其他货币资金——信用证保证金　　　　　　　　　31 750

6.存出投资款

企业向证券公司划出资金时，应按实际划出的金额，借记"其他货币资金——存出投资款"账户，贷记"银行存款"账户；购买股票、债券、基金等有价证券时，按实际发生的金额，借记"交易性金融资产"、"可供出售金融资产"等账户，贷记"其他货币资金——存出投资款"账户(这部分内容在项目四投资岗位中会作详细介绍)。

【任务1—23】30日，公司将银行存款100 000元存入通海证券公司。

30日，公司划出款项存入证券投资账户时，编制会计分录如下：

　　借：其他货币资金——存出投资款　　　　　　　　　　100 000
　　　　贷：银行存款　　　　　　　　　　　　　　　　　　100 000

【任务实训】

根据【任务引例】中的相关内容请出纳员完成以下任务：

1.请出纳员完成【任务1—19】兴业公司填制银行汇票申请书的任务(哈尔滨光辉公司开户银行：建行哈尔滨爱建分行、账号：44816507789)；

2.请出纳员完成【任务1—20】兴业公司填制银行本票申请书的任务(华义公司开户银行：工商行城南支行、账号：85938473225079)。

项目二 往来会计岗位

【知识目标】

1. 掌握应收账款、应收票据、预付账款、其他应收款的内容和会计处理；
2. 掌握应付账款、应付票据、预收账款、其他应付款的内容和会计处理；
3. 掌握坏账准备的计提方法、坏账损失的确认及会计处理。

【能力目标】

1. 能够正确填制往来会计岗位工作中涉及的各种原始凭证；
2. 能够根据审核无误的原始凭证编制往来会计岗位工作中涉及的记账凭证；
3. 能够根据审核无误的记账凭证登记总账、明细账。

【素质目标】

1. 在期初建账、平时登记账簿的过程中充分发挥严谨、细致的工作作风；
2. 与往来客户在往来结算过程中要具有良好的沟通能力和解决问题的能力；
3. 做好自身本职工作，为树立良好的企业信用形象贡献自己的一份力量。

工作情境

往来会计岗位核算是由经济信用产生的，反映企业与其内部、外部不同经济主体间的往来业务核算的专项会计，往来核算有广义和狭义之分，从广义上来讲，往来核算包括企业的资金核算、往来结算、税务核算和薪酬核算；从狭义上来讲，往来核算包括购销往来和其他业务往来。本项目重点讲授狭义的往来核算。

往来会计岗位具有以下职责：

1. 会同有关部门建立健全往来款项结算制度，拟定往来款项管理与核算的具体实施办法；
2. 办理往来款项的结算业务，对于应收的款项要及时催收结算，对于应付的款项要及时清偿，对于确实无法收回的坏账以及无法支付的款项，应查明原因提出处理意见，按照规定

经批准后执行;

3.负责往来结算的明细核算,对各项往来款项要按照单位和个人分户设置明细账,根据审核后的记账凭证逐笔顺序登记,并做到经常核对余额,年终编制成清单进行汇总上报。

任务一　应收及预付款项业务核算

【任务引例】

兴业公司2021年12月有关应收及预付款项的业务如下：

1.2日，兴业公司采用托收承付方式销售给北京华丰公司电风扇600台，每台售价为120元，增值税专用发票上注明的价款为72 000元，增值税税额为9 360元，并开具转账支票代垫运杂费2 000元，全部应收款项已向银行办妥托收手续；5日，接到银行通知，实际收到上述款项。

2.6日，兴业公司销售给天津凯悦公司笔记本电脑30台，每台售价6 400元，增值税税率13%。公司规定，合作5年以上的公司为老客户，给予天津凯悦公司10%的商业折扣；8日，实际收到上述款项。

3.9日，兴业公司销售给北京天宇公司电风扇500台，每台售价为120元，增值税专用发票上注明售价60 000元，增值税税额为7 800元，为鼓励天宇公司及早还款，特申请付款条件为(2/10，1/20，N/30)的还款方式；18日，实际收到上述款项(计算现金折扣时不考虑增值税)。

4.10日，兴业公司销售给天津大兴商场3D打印机20台，每台售价为4 500元，开出的增值税专用发票上注明的价款为90 000元，增值税税额为11 700元，当日收到对方开来的不带息商业承兑汇票一张，票据期限为1个月；若票据到期收回票款；若票据到期时，天津大兴商场无力支付款项。

5.12日，兴业公司销售给深圳信达公司笔记本电脑40台，每台售价为6 400元，增值税专用发票上注明的价款为256 000元，增值税税额为33 280元，次日收到对方开来的期限为2个月的商业承兑汇票一张，面值为289 280元，票面利率为6%；次月13日计提该票据利息；票据到期时，如期收到票款。

6.31日，兴业公司将10日收到的商业承兑汇票办理贴现，假设银行年贴现率为10%。

7.14日，兴业公司按照购货合同的规定，用银行存款5 000元预付给河北万宏公司订购电风扇；29日，该批电风扇入库，所附增值税专用发票注明其价款为8 000元，共计100台，增值税税额为104 000元；30日，用银行存款将剩余购货款补齐。

8.兴业公司财会部门对办公室实行定额备用金制度。15日，根据核定的定额，拨付给定额备用金8 000元，用现金支票付讫；30日，办公室共报销日常业务开支6 000元，并以现金补足备用金定额。

9.16 日,职工王敏出差,预借差旅费 3 000 元,财会部门以现金付讫;25 日,王敏出差归来,共计报销差旅费 3 600 元,财会部门以现金 600 元补足。

10.兴业公司 12 月末通过分析应收账款明细情况,编制"应收账款账龄分析表"如表 2—1 所示。

表 2—1 应收账款账龄分析表

2021 年 12 月 31 日　　　　　　　　　　　　　　　单位:元

客户名称	账面余额	未到期	拖欠情况(天)			
			1～60	61～120	121～180	181～360
北京华丰公司	250 000	150 000		100 000		
北京天宇公司	410 000	250 000	160 000			
深圳信达公司	110 000			110 000		
天津凯悦公司	90 000					90 000
华义公司	170 000		170 000			
合计	1030 000	400 000		210 000		90 000

11.兴业公司 12 月末应收账款期末余额为 800 000 元,计提坏账准备比例为 5%;2022 年 4 月,应收账款 16 000 元被确认为坏账损失;2022 年 7 月,已确认为坏账的应收账款又收回 12 000 元并存入了银行;2022 年 12 月末,应收账款余额为 600 000 元。

要求:编制 2021 年 12 月有关应收及预付款项业务的会计分录。

【任务准备】

一、应收账款的认知

(一)应收账款的概念

应收账款,是指企业在日常的经营过程中因销售商品、提供劳务等业务,应向购买单位收取的款项,包括应由购买单位或接受劳务单位负担的税金、代购买方垫付的包装费、装卸费以及运杂费等。

(二)应收账款的计量

应收账款的入账价值应根据买卖双方成交时的实际金额确定,若涉及商业折扣,应按扣除商业折扣后的实际售价确定应收账款的入账价值;若涉及现金折扣,应按总价法入账,实际发生的现金折扣,应作为当期财务费用,计入当期损益。

1.商业折扣

商业折扣,是指企业根据市场供需情况或针对不同的顾客,在商品标价上给予的扣除,是企业最常用的促销方式之一。企业发生的应收账款在有商业折扣的情况下,应按扣除商业折扣后的金额入账;同时,计算增值税时也应按照扣除商业折扣后的金额作为计税依据,即商业折扣对会计核算不会产生任何影响。

2.现金折扣

现金折扣,又称销售折扣,是指企业为了鼓励顾客尽早付清货款而提供的一种价格优惠。对于销售企业,现金折扣有两方面积极的意义:一是缩短收款时间;二是减少坏账损失。核算现金折扣的方法有两种:总价法和净价法,我国企业会计制度规定,采用总价法进行现金折扣的核算。

二、应收票据的认知

(一)应收票据的概念

应收票据,是由付款人或收款人签发,由付款人承兑,到期无条件付款的一种书面凭证。

(二)商业汇票的分类

1.商业汇票按承兑人不同分为:

(1)商业承兑汇票,是付款人签发并承兑,或由收款人签发交由付款人承兑的汇票;

(2)银行承兑汇票,是由在承兑银行开立存款账户的存款人出票,由承兑银行承兑的票据。

2.商业汇票按其是否带息分为:

(1)带息商业汇票,是指商业汇票到期时,承兑人除向收款人或被背书人支付票面金额外,还应按票面金额和票据规定的利息率支付自票据生效日起至票据到期日止利息的商业汇票;

(2)不带息商业汇票,是指商业汇票到期时,承兑人只按票面金额向收款人或被背书人支付款项的票据。

(三)商业汇票的相关规定

在我国,应收票据是指企业持有的未到期或未兑现的商业票据,既是一种载有一定付款日期、付款地点、付款金额和付款人无条件支付的流通证券,也是一种可以由持票人自由转让给他人的债权凭证。根据我国现行法律的规定,商业汇票的付款期限不得超过6个月,符合条件的商业汇票的持票人,可以持未到期的商业汇票和贴现凭证向银行申请贴现。

三、预付账款的认知

(一)预付账款的概念

预付账款,是指企业按照购货合同的规定,预先以货币资金或货币等价物支付供应单位的款项。在日常核算中,预付账款按实际付出的金额入账,如预付的材料款、商品采购款、必须预先发放的在以后收回的农副产品预购定金等。

对购货企业来说,预付账款是一项流动资产。预付账款一般包括预付的货款、预付的购货定金,施工企业的预付账款主要包括预付工程款、预付备料款等。

四、其他应收款的认知

(一)其他应收款的概念

其他应收款,是指企业除应收账款、应收票据、预付账款、应收股利、应收利息、长期应收款等以外的其他各种应收及暂付款项。

(二)其他应收款的主要内容

1.应收的各种赔款、罚款;

2.应收的出租包装物的租金;

3.应向职工收取的各种垫付款项,如应由职工负担的医药费;

4.备用金,如向企业各职能科室、车间周转使用等拨付的备用金;

5.存出保证金,如租入包装物支付的押金;

6.其他各种应收、暂付款项。

五、应收款项减值的认知

(一)应收款项减值损失的概念

应收款项减值损失,也称坏账损失,是指企业无法收回或收回的可能性极小的应收款项,企业应当在资产负债表日对应收款项的账面价值进行评估,若证明应收款项发生减值的,应当将该应收款项的账面价值减记至预计未来现金流量现值,减记的金额确认为减值损失,计提坏账准备。

应收及预付款项符合下列条件之一,减除可收回金额后的余额应确认为坏账损失:

1.债务人依法宣告破产、关闭、解散、被撤销,或依法注销、吊销营业执照,其清算财产不足清偿债务的;

2.债务人逾期3年以上未清偿,且有确凿证据证明已无力清偿债务的;

3.与债务人达成债务重组协议或法院批准破产重组计划后无法追偿的;

4.因自然灾害、战争等不可抗力导致无法收回的;

5.国务院财政税务主管部门规定的其他条件。

(二)应收款项减值损失的处理方法

1.直接转销法

直接转销法,是指在实际发生坏账损失时,直接从应收账款中转销,列作当期资产减值损失的方法。

2.备抵法

备抵法,是指采用一定的方法按期(至少每年末)估计坏账损失,提取坏账准备,实际发生坏账时,直接冲减已计提坏账准备,同时转销相应的应收账款余额的一种处理方法。

备抵法主要有三种，分别是个别认定法、账龄分析法和应收账款余额百分比法。

(1) 个别认定法

个别认定法，是指根据每一项应收款项的情况来估计坏账损失的方法，对于单项金额较大的应收款项，应采用这种方法单独测试减值。

(2) 账龄分析法

账龄分析法，是指应根据应收账款账龄的长短来估计坏账损失的方法。通常而言，应收账款的账龄越长，发生坏账的可能性越大。因此，将企业的应收账款按账龄长短进行分组，分别确定不同的计提百分比估计坏账损失，使坏账损失的计算结果更符合客观情况。计提坏账准备的公式如下：

当期应计提的坏账准备＝∑（期末各期账龄应收款项余额×各账龄坏账准备提取比例）－计提前"坏账准备"账户贷方余额（或＋借方余额）

(3) 应收账款余额百分比法

应收账款余额百分比法，是指按照期末应收账款余额的一定百分比估计坏账损失的方法。坏账准备的计提比率由企业根据以往的资料或经验自行确定。计提坏账准备的公式如下：

当期应计提的坏账准备＝当期按应收账款计算应计提的坏账准备金额＋（或－）坏账准备账户借方余额（或贷方余额）

【任务实施】

一、应收账款的核算

(一) 账户设置

企业应设置"应收账款"账户，核算应收账款的增减变动及其结存情况。该账户属于资产类账户，借方登记因销售商品、提供劳务发生的应收账款；贷方登记应收账款的收回、确认坏账损失；期末余额在借方，反映企业尚未收回的应收账款，该账户应按购货单位或接受劳务单位设置明细账进行明细核算。

(二) 账务处理

1. 日常业务产生的应收账款的核算

企业因销售商品提供服务形成的应收账款，应当按照应收金额，借记"应收账款"账户，贷记"主营业务收入"、"其他业务收入"等账户，按照税法规定应交纳的增值税销项税额，贷记"应交税费——应交增值税（销项税额）"账户；收回应收账款时，按收回金额，借记"银行存款"账户，贷记"应收账款"账户。

【任务2-1】2日，兴业公司采用托收承付方式销售给北京华丰公司电风扇600台，每台售价为120元，增值税专用发票上注明的价款为72 000元，增值税税额为9 360元，并开具转账支票代垫运杂费2 000元,全部应收款项已向银行办妥托收手续;5日,接到银行通知,实际收到上述款项。

2日,根据销售合同、增值税专用发票记账联、托收凭证回单、转账支票存根编制会计分录如下:

借:应收账款——北京华丰公司　　　　　　　　83 360
　　贷:主营业务收入——电风扇　　　　　　　　72 000
　　　　应交税费——应交增值税(销项税额)　　 9 360
　　　　银行存款　　　　　　　　　　　　　　　2 000

5日,根据托收承付收款通知编制会计分录如下:

借:银行存款　　　　　　　　　　　　　　　　 83 360
　　贷:应收账款——北京华丰公司　　　　　　　83 360

2.商业折扣情况下的应收账款的核算

销售时如果附有商业折扣条件,应收账款应按扣除商业折扣后的金额入账。

【任务2—2】6日,兴业公司销售给天津凯悦公司笔记本电脑30台,每台售价6 400元,增值税税率13%。公司规定,合作5年以上的公司为老客户,给予天津凯悦公司10%的商业折扣;8日,实际收到上述款项。

6日,根据销售合同、增值税专用发票记账联编制会计分录如下:

借:应收账款——天津凯悦公司　　　　　　　　195 264
　　贷:主营业务收入——笔记本电脑　　　　　　172 800
　　　　应交税费——应交增值税(销项税额)　　 22 464

8日,根据银行进账单编制会计分录如下:

借:银行存款　　　　　　　　　　　　　　　　 195 264
　　贷:应收账款——天津凯悦公司　　　　　　　195 264

3.现金折扣情况下的应收账款的核算

销售时附有现金折扣条件,应按总价法确定应收账款的入账金额,这其中应包括现金折扣的金额,如果客户在折扣期限内付款,需要确定现金折扣的金额并计入"财务费用"账户中。

【任务2—3】9日,兴业公司销售给北京天宇公司电风扇500台,每台售价为120元,增值税专用发票上注明售价60 000元,增值税税额为7 800元,为鼓励天宇公司及早还款,特申请付款条件为(2/10,1/20,N/30)的还款方式;18日,实际收到上述款项(计算现金折扣时不考虑增值税)。

9日,根据销售合同、增值税专用发票记账联编制会计分录如下:

借:应收账款——北京天宇公司　　　　　　　　67 800
　　贷:主营业务收入——电风扇　　　　　　　　60 000

应交税费——应交增值税（销项税额）　　　　　　　　　7 800
18日，根据银行进账单、现金折扣计算单编制会计分录如下：
借：银行存款　　　　　　　　　　　　　　　　　　　66 600
　　财务费用　　　　　　　　　　　　　　　　　　　　1 200
　　贷：应收账款——北京天宇公司　　　　　　　　　　　　67 800

二、应收票据的核算

（一）账户设置

企业应设置"应收票据"账户，核算应收票据的取得、收回等经济业务。该账户属于资产类账户，借方登记取得的应收票据的面值和利息，贷方登记到期收回、票据转让、贴现以及到期收不回而转出票面金额和应计利息，期末余额在借方，反映企业持有的商业汇票的票面金额和应计利息。

企业还应当设置"应收票据备查簿"，逐笔登记商业汇票的种类、号数和出票日、票面金额、交易合同号和付款人、承兑人、背书人的姓名或单位名称、到期日、背书转让日、贴现日、贴现率和贴现净额以及收款日和收回金额、退票情况等资料。

（二）账务处理

1.不带息应收票据的账务处理

因销售商品、提供劳务收到商业汇票时，按签发的商业汇票上的金额，借记"应收票据"账户，按销售货款、提供劳务的金额，贷记"主营业务收入"、"其他业务收入"等账户，按应交的增值税贷记"应交税费——应交增值税（销项税额）"账户；因债务人抵偿货款，而收到票据时，应借记"应收票据"账户，贷记"应收账款"账户；若商业承兑汇票到期无法收回款项时，借记"应收账款"账户，贷记"应收票据"账户。

【任务2—4】10日，兴业公司销售给天津大兴商场3D打印机20台，每台售价为4 500元，开出的增值税专用发票上注明的价款为90 000元，增值税税额为11 700元，当日收到对方开来的不带息商业承兑汇票一张，票据期限为1个月；若票据到期收回票款；若票据到期时，天津大兴商场无力支付款项。

10日，根据销售合同、增值税专用发票记账联、商业承兑汇票复印件编制会计分录如下：
借：应收票据——商业承兑汇票　　　　　　　　　　　101 700
　　贷：主营业务收入——3D打印机　　　　　　　　　　　 90 000
　　　　应交税费——应交增值税（销项税额）　　　　　　 11 700
若票据到期收回票款，根据银行进账单编制会计分录如下：
借：银行存款　　　　　　　　　　　　　　　　　　　101 700
　　贷：应收票据——商业承兑汇票　　　　　　　　　　　101 700

若天津大兴商场票据到期时无力支付款项：

  借：应收账款——天津大兴商场   101 700
    贷：应收票据——商业承兑汇票   101 700

2.带息应收票据的账务处理

  企业在收到商业汇票时，按面值借记"应收票据"账户；计提票据利息时，按应收票据面值和确定的票面利率计提利息，并增加应收票据的账面余额，借记"应收票据"账户，贷记"财务费用"账户；到期收回票款时，贷记"应收票据"账户，此时"应收票据"的账面余额为票据面值和已提利息的合计数，同时贷记"财务费用"账户；如果到期无法收回票款，应从"应收票据"账户转入"应收账款"账户。

  【任务2—5】12日，兴业公司销售给深圳信达公司笔记本电脑40台，每台售价为6 400元，增值税专用发票上注明的价款为256 000元，增值税税额为33 280元，次日收到对方开来的期限为2个月的商业承兑汇票一张，面值为289 280元，票面利率为6%；次月13日计提该票据利息；票据到期时，如期收到票款。

  12日，根据销售合同、增值税专用发票记账联、商业承兑汇票复印件编制会计分录如下：

  借：应收票据——商业承兑汇票   289 280
    贷：主营业务收入——笔记本电脑   256 000
      应交税费——应交增值税（销项税额）   33 280

  次月13日，根据应收票据利息计算表编制会计分录如下：

  借：应收票据   1 446.4
    贷：财务费用   1 446.4

  票据到期收回票款时，根据银行进账单编制会计分录如下：

  借：银行存款   292 172.8
    贷：应收票据——商业承兑汇票   290 726.4
      财务费用   1 446.4

3.应收票据贴现的账务处理

  应收票据贴现，是指持票人以未到期的应收票据，通过背书手续，请银行按贴现率从票据价值中扣取贴现日起到票据到期日止的贴息后，以余额兑付给持票人，对于贴现银行来说就是收购没有到期的票据，是融通资金的一种信贷形式，背书的应收票据是此项借款的担保品。

  应收票据贴现额的计算公式：

  贴现金额＝票据到期值－贴现利息

  贴现利息＝票据到期值×贴现率×贴现天数÷360

  企业将持有的未到期商业汇票向银行申请贴现，如果是不带息商业汇票，按贴现所得借记"银行存款"账户，按贴现利息借记"财务费用"账户，按应收票据的票面余额贷记"应收票据"账户；如果是带息商业汇票，按贴现所得借记"银行存款"账户，按应收票据的账面余额贷记"应收票据"账户，按其差额借记或贷记"财务费用"账户。

【任务2-6】31日，兴业公司将10日收到的商业承兑汇票办理贴现，假设银行年贴现率为10%。

票据到期日为2022年1月10日

  贴现天数＝10(天)

  票据到期值＝101 700(元)

  贴现利息＝101 700×10‰×10÷360＝282.5(元)

  贴现金额＝101 700－282.5＝101 417.5(元)

根据商业承兑汇票、贴现凭证编制会计分录如下：

借：银行存款   101 417.5

  财务费用   282.5

  贷：应收票据——商业承兑汇票   101 700

三、预付账款的核算

(一)账户设置

企业应当设置"预付账款"账户，核算预付账款的增减变动及其结存情况。该账户属于资产类账户，借方登记预付给供应单位的货款及补付的货款；贷方登记收到货物时实际结算的货款及退回的多付款项；期末若为借方余额，表示已预付但尚未收到货物的款项，若为贷方余额，则表示尚未补付给供货单位的款项。该账户可以按供应单位设置明细账户，进行明细核算。

(二)账务处理

企业按合同规定预付款项时，借记"预付账款"账户，贷记"银行存款"账户；收到货物时，按实际结算款项借记"在途物资"或"原材料"、"库存商品"、"应交税费——应交增值税(进项税额)"等账户，贷记"预付账款"账户；补付货款时，借记"预付账款"账户，贷记"银行存款"等账户；收到退回的多付货款时，借记"银行存款"等账户，贷记"预付账款"账户。

【任务2-7】14日，兴业公司按照购货合同的规定，用银行存款5 000元预付给河北万宏公司订购电风扇；29日，该批电风扇入库，所附增值税专用发票注明其价款为8 000元，共计100台，增值税税额为1 040元；30日，用银行存款将剩余购货款补齐。

14日，根据购货合同、银行付款通知编制会计分录如下：

借：预付账款——河北万宏公司   5 000

  贷：银行存款   5 000

29日，根据增值税专用发票发票联、商品入库单编制会计分录如下：

借：库存商品——电风扇   8 000

应交税费——应交增值税（进项税额）　　1 040
　　　贷：预付账款——河北万宏公司　　　　　9 040
30日，根据付款审批单、银行付款通知编制会计分录如下：
　　借：预付账款——河北万宏公司　　　　　4 040
　　　贷：银行存款　　　　　　　　　　　　4 040

四、其他应收款的核算

(一)账户设置

企业应当设置"其他应收款"账户，该账户属于资产类账户，借方登记其他应收款的增加，贷方登记其他应收款的收回，期末余额一般在借方，反映企业尚未收回的其他应收款项，该账户应按不同债务人进行明细核算。

(二)账务处理

1.定额备用金业务的账务处理

备用金是企业预付给职工和企业内部有关单位作为差旅费、零星采购、零星开支等用途的款项。

定额备用金预付制度是备用金管理的一种常见形式，主要适用于经常使用备用金的单位和个人。在定额预付制下，报销时财会部门对各项原始凭证进行审核，根据核定的报销数付给现金，补足备用金定额。

当财会部门向用款部门拨付备用金时，借记"其他应收款——备用金"账户，贷记"库存现金"或"银行存款"账户；用款部门使用备用金后报账时，借记有关账户，贷记"库存现金"或"银行存款"账户；用款部门退回备用金时，借记"库存现金"账户，贷记"其他应收款——备用金"账户。

【任务2—8】兴业公司财会部门对办公室实行定额备用金制度。15日，根据核定的定额，拨付定额备用金8 000元，用现金支票付讫；30日，办公室共报销日常业务开支6 000元，并以现金补足备用金定额。

15日，根据现金支票存根编制会计分录如下：
　　借：其他应收款——备用金(办公室)　　　8 000
　　　贷：银行存款　　　　　　　　　　　　8 000
30日，根据普通发票、现金收据编制会计分录如下：
　　借：管理费用——办公费　　　　　　　　6 000
　　　贷：库存现金　　　　　　　　　　　　6 000

2.非定额备用金业务的账务处理

非定额备用金，是指用款部门或职工个人不按固定金额持有备用金，而是随用随领、实报实销。在非定额备用金制度下,借支备用金时,借记"其他应收款"账户,贷记"库存现金"账户;报销费用时,借记"管理费用"等账户,贷记"其他应收款"账户,超额部分借记或贷记"库存现金"账户。

【任务2—9】16日,职工王敏出差,预借差旅费3 000元,财会部门以现金付讫;25日,王敏出差归来,共计报销差旅费3 600元,财会部门以现金600元补足。

16日,根据借款单编制会计分录如下:

借:其他应收款——王敏　　　　　　　　　　　　　3 000
　　贷:库存现金　　　　　　　　　　　　　　　　　3 000

25日,根据借款单、车票、住宿费发票等原始凭证、现金收据(付款凭证)等凭证编制会计分录如下:

借:管理费用　　　　　　　　　　　　　　　　　　3 600
　　贷:其他应收款——王敏　　　　　　　　　　　　3 000
　　　　库存现金　　　　　　　　　　　　　　　　　600

五、应收款项减值的核算

(一)账户设置

企业应当设置"坏账准备"账户,核算企业坏账准备的计提、转销等情况。该账户属于资产类账户,是应收账款等债权类账户的备抵调整账户。贷方登记当期计提的坏账准备额,以及已确认的坏账收回额,借方登记当期冲销的坏账准备额,以及实际发生坏账损失的金额,期末余额一般在贷方,表示企业已经提取但尚未转销的坏账准备。

(二)账务处理

期末按应计提坏账准备的金额,借记"信用减值损失"账户,贷记"坏账准备"账户;如果冲减多提的坏账准备,做相反的会计分录;发生坏账时,按实际发生的坏账金额,借记"坏账准备"账户,贷记"应收账款"账户;若已确认为坏账的应收账款重新收回,则根据收回的金额,借记"应收账款"账户,贷记"坏账准备"账户,同时借记"银行存款"账户,贷记"应收账款"账户。

1.账龄分析法

采用账龄分析法,一般是编制"应收款项账龄分析表",将所有应收款项按账龄的长短分段排列,然后分段确定坏账损失比例,分段估算坏账损失,把各段估算出来的坏账损失相加后,即确定为本期应计提的坏账准备金额。

【任务2—10】兴业公司12月末通过分析应收账款明细情况,编制"应收账款账龄分析表"如表2—2所示。

表 2-2 应收账款账龄分析表

2021 年 12 月 31 日　　　　　　　　　　　　　　　　　　　　　　单位:元

客户名称	账面余额	未到期	拖欠情况(天)			
			1~60	61~120	121~180	181~360
北京华丰公司	250 000	150 000		100 000		
北京天宇公司	410 000	250 000	160 000			
深圳信达公司	110 000			110 000		
天津凯悦公司	90 000				90 000	
华义公司	170 000		170 000			
合计	1 030 000	400 000		210 000	90 000	

根据历史资料和有关变化条件,为上述各账龄区间分别估计坏账损失比例,然后编制"坏账损失估算表",如表 2-3 所示。

表 2-3 坏账损失估算表

2021 年 12 月 31 日　　　　　　　　　　　　　　　　　　　　　　单位:元

应收账款账龄	应收账款余额	估计损失率(%)	估计损失金额
未到期	400 000	1	4 000
逾期 1~60 天	330 000	3	9 900
逾期 61~120 天	210 000	5	10 500
逾期 121~180 天	90 000	10	9 000
逾期 181~360 天		50	
合计	1 030 000		33 400

在表 2-2 中,33 400 元即为账龄分析法下应收账款 1 030 000 元估计的坏账损失总额,假设该企业首次计提坏账准备,则 2021 年年末应提取的坏账准备为 33 400 元,编制会计分录如下:

借:信用减值损失　　　　　　　　　　　　　　　　　33 400

　　贷:坏账准备　　　　　　　　　　　　　　　　　　　33 400

2.应收账款余额百分比法

【任务 2-11】兴业公司 12 月末应收账款期末余额为 800 000 元,计提坏账准备比例为 5%;2022 年 4 月,应收账款 16 000 元被确认为坏账损失;2022 年 7 月,已确认为坏账的应收账款又收回 12 000 元并存入了银行;2022 年 12 月末,应收账款余额为 600 000 元。

2021 年年末,计提坏账准备,编制会计分录如下:

　　　　应提坏账准备＝800 000×5%＝40 000(元)

借:信用减值损失　　　　　　　　　　　　　　　　　40 000

贷：坏账准备　　　　　　　　　　　　　　　　　　40 000

2022年4月，确认坏账损失，编制会计分录如下：

　　借：坏账准备　　　　　　　　　　　　　　　　　　16 000
　　　　贷：应收账款　　　　　　　　　　　　　　　　　16 000

2022年7月，收回已确认的坏账，编制会计分录如下：

　　借：应收账款　　　　　　　　　　　　　　　　　　12 000
　　　　贷：坏账准备　　　　　　　　　　　　　　　　　12 000
　　借：银行存款　　　　　　　　　　　　　　　　　　12 000
　　　　贷：应收账款　　　　　　　　　　　　　　　　　12 000

2022年12月末，冲销坏账准备，编制会计分录如下：

　　应提坏账准备＝600 000×5％－36 000＝－6 000(元)

　　借：坏账准备　　　　　　　　　　　　　　　　　　6 000
　　　　贷：信用减值损失　　　　　　　　　　　　　　　6 000

【任务实训】

根据【任务引例】中的相关内容请会计人员完成以下任务：

1.请会计人员完成【任务2—1】兴业公司填制托收承付原始凭证的任务；

2.请会计人员完成【任务2—4】兴业公司填制商业承兑汇票的任务(天津大兴商场开户银行：建行明海支行、账号：6222102583009363)；

3.请会计人员完成【任务2—6】兴业公司填制贴现凭证的任务。

任务二 应付及预收款项业务核算

【任务引例】

兴业公司2021年10月份有关应付及预收款项的业务如下:

12.1日,兴业公司从华义公司购入榨汁机一批,数量200台,单价为125元,增值税专用发票上列明价款为25 000元,增值税税额为3 250元,商品已验收入库,款项尚未支付;15日,兴业公司开出转账支票28 250元,抵付前欠货款。

13.3日,兴业公司从河北万宏公司购入电风扇一批,数量300台,单价为80元,增值税专用发票上列明的价款为24 000元,增值税税额为3 120元,商品未验收入库,款项尚未支付。河北万宏公司给出的现金折扣条件为(2/10,1/20,N/30),计算现金折扣时不考虑增值税;12日,以电汇方式支付货款。

14.5日,兴业公司从哈尔滨光辉公司购入笔记本电脑一批,数量50台,单价5 600元,增值税专用发票上列明的价款为280 000元,增值税税额为36 400元,兴业公司签发面值为316 400元、期限1个月的不带息银行承兑汇票一张,商品已验收入库;次月5日,兴业公司如数支付票据款项。

15.10日,兴业公司从无锡泰昌公司购入3D打印机一批,数量20台,单价为3 810元,增值税专用发票上列明的价款为76 200元,增值税税额为9 906元,价税款于当日签发一张面值86 106元、票面利率5%、期限2个月的带息银行承兑汇票,商品已验收入库,以银行存款支付承兑手续费120元;12月10日,银行承兑汇票到期如数支付本息。

16.12日,伟达公司向兴业公司租赁矿泉水生产线,租期2年,租金(含税)共计135 600元。合同约定,合同签订日预付租金(含税)45 200元,合同到期结清全部租金余额。合同签订日,兴业公司收到租金并存入银行,开具的增值税专用发票注明租金40 000元,增值税税额5 200元。租赁期满日,兴业公司收到租金余款及相应的增值税。

17.15日,兴业公司出租包装物一批,以现金收取出租包装物押金1 500元;30日,以现金退还押金。

要求:编制2021年10月有关应付及预收款项业务的会计分录。

【任务准备】

一、应付账款的认知

(一)应付账款的概念

应付账款,是指因购买材料、商品或接受劳务供应等而发生的债务,这是买卖双方在购销活动中由于取得物资与支付货款在时间上不一致而产生的负债。

(二)应付账款的入账时间

应付账款的入账时间应以与所购买物资所有权有关的风险和报酬已经转移或劳务已经接受为标志,但在实际工作中应区别情况处理:

1.物资和发票账单同时到达,应付账款一般待物资验收入库后,才按发票账单登记入账,这主要是为了确认所购入的物资是否存在质量、数量和品种上都与合同上订明的条件相符,以免因先入账而再验收入库时发现购入物资错、漏、破损等问题再行调账;

2.物资和发票账单未同时到达时,由于应付账款需根据发票账单登记入账,有时货物已到,发票账单要间隔较长时间才能到达,由于这笔负债已经成立,应作为一项负债反映。在实际工作中,采用在月份终了将所购物资和应付债务估计入账,待下月初再用红字予以冲回的办法。

二、应付票据的认知

(一)应付票据的概念

应付票据,是指由出票人出票,并由承兑人允诺在一定时期内支付一定款项的书面证明。

(二)应付票据的分类

应付票据按是否带息分为带息应付票据和不带息应付票据两种。带息应付票据,由于我国商业汇票期限较短,在期末通常对尚未支付的应付票据计提利息,计入当期财务费用,票据到期支付票款时,尚未计提的利息部分直接记入当期财务费用;不带息应付票据,其面值就是票据到期时的应付金额。

三、预收账款的认知

(一)预收账款的概念

预收账款,是指企业向购货方预收的购货订金或部分货款,企业预收的货款待实际出售商品或者提供劳务时再行冲减。预收账款是以买卖双方协议或合同为依据,由购货方预先支付一部分(或全部)货款给供应方而发生的一项负债,这项负债要用以后的商品或劳务来偿付。

四、其他应付款的认知

(一)其他应付款的概念

其他应付款,是指与企业的主营业务没有直接关系的应付、暂收其他单位或个人的款项,如应付租入固定资产和包装物的租金、存入保证金、应付统筹退休金、职工未按期领取的工资等。

【任务实施】

一、应付账款的核算

(一)账户设置

企业应设置"应付账款"账户,核算企业应付账款的增减变化及余额情况。该账户属于负债类账户,贷方登记企业因购入材料、商品、接受劳务供应而形成的应付未付款项,以及到期的商业汇票因无法支付而转入的应付票据款,借方登记企业偿还的应付账款、以商业汇票抵付的应付账款,以及无法支付的应付账款转销数,余额一般在贷方,反映企业尚未支付的应付款项,该账户应按债权人设置明细分类账户。

(二)账务处理

1.日常业务产生的应付账款的核算

企业购入材料、商品、接受劳务等款项尚未支付时,根据发票账单上记载的实际金额,借记"在途物资"或"原材料"、"库存商品"、"应交税费——应交增值税(进项税额)"等账户,按应付未付的价税款,贷记"应付账款"账户;实际支付时,按应付债务金额,借记"应付账款"账户,贷记"银行存款"账户。

【任务2—12】1日,兴业公司从华义公司购入榨汁机一批,数量200台,单价为125元,增值税专用发票上列明价款为25 000元,增值税税额为3 250元,商品已验收入库,款项尚未支付;15日,兴业公司开出转账支票28 250元,抵付前欠货款。

1日,根据增值税专用发票发票联、商品入库单编制会计分录如下:

借:库存商品——榨汁机　　　　　　　　　　　　　25 000
　　应交税费——应交增值税(进项税额)　　　　　 3 250
　　　贷:应付账款——华义公司　　　　　　　　　　　　　28 250

15日,根据转账支票存根编制会计分录如下:

借:应付账款——华义公司　　　　　　　　　　　　28 250
　　　贷:银行存款　　　　　　　　　　　　　　　　　　　28 250

2.现金折扣情况下的应付账款的核算

应付账款附有现金折扣条件的,应按照扣除现金折扣前的应付款总额入账,因在折扣期限内付款而享受的现金折扣,应在偿付应付账款时冲减财务费用。

【任务2—13】3日,兴业公司从河北万宏公司购入电风扇一批,数量300台,单价为80元,增值税专用发票上列明的价款为24 000元,增值税税额为3 120元,商品未验收入库,款项尚未支付。河北万宏公司给出的现金折扣条件为(2/10,1/20,N/30),计算现金折扣时不考虑增值税;12日,以电汇方式支付货款。

3日,根据增值税专用发票发票联编制会计分录如下:

借:在途物资——电风扇　　　　　　　　　　　　24 000
　　应交税费——应交增值税(进项税额)　　　　 3 120
　　　贷:应付账款——河北万宏公司　　　　　　　　　　27 120

12日,根据银行付款通知编制会计分录如下:

应享受的现金折扣=24 000×2%=480(元)

借:应付账款——河北万宏公司　　　　　　　　27 120
　　贷:银行存款　　　　　　　　　　　　　　　　　　26 640
　　　　财务费用　　　　　　　　　　　　　　　　　　　480

二、应付票据的核算

(一)账户设置

企业应设置"应付票据"账户,核算企业开出的商业汇票的发生、偿付等情况。该账户属于负债类账户,贷方登记签发并承兑的商业汇票的面值和带息票据计提的利息,借方登记票据到期支付或结转票款的数额,期末余额在贷方,反映企业尚未到期的商业汇票的票面金额及利息,该账户可按债权人进行明细核算。

为了详细反映应付票据的有关情况,企业应设置"应付票据备查簿",详细登记每一张应付票据的种类、号数、签发日期、到期日、票面金额、交易合同号、收款单位名称,以及付款日期和金额等详细资料,应付票据到期付清时,应在备查簿内逐笔注销。

(二)账务处理

1.不带息应付票据的账务处理

企业购入材料、商品或接受劳务开具商业汇票时,借记"在途物资"或"原材料"、"库存商品"、"应交税费——应交增值税(进项税额)"等账户,按签发的商业汇票金额,贷记"应付票据"账户;企业为抵偿前欠应付未付的款项签发商业汇票时,借记"应付账款"账户,贷记"应付票据"账户;票据到期支付时,借记"应付票据"账户,贷记"银行存款"账户;申请办理银行承兑汇票支付的手续费,借记"财务费用"账户,贷记"银行存款"账户;若到期企业对签发的商业承兑汇票无力支付时,借记"应付票据"账户,贷记"应付账款"账户;若到期企业对签发的银行承兑汇票无力支付,银行无条件付款后,借记"应付票据"账户,贷记"短期借款"账户。

【任务2—14】5日，兴业公司从哈尔滨光辉公司购入笔记本电脑一批，数量50台，单价为5 600元，增值税专用发票上列明的价款为280 000元，增值税税额为36 400元，兴业公司签发面值为316 400元、期限1个月的不带息银行承兑汇票一张，商品已验收入库；次月5日，兴业公司如数支付票据款项。

5日，根据增值税专用发票发票联、银行承兑汇票复印件编制会计分录如下：

借：库存商品——笔记本电脑　　　　　　　　　280 000
　　应交税费——应交增值税（进项税额）　　　　36 400
　　　贷：应付票据——银行承兑汇票　　　　　　　　　316 400

次月5日，根据银行特种委托收款凭证（付款通知）编制会计分录如下：

借：应付票据——银行承兑汇票　　　　　　　　316 400
　　　贷：银行存款　　　　　　　　　　　　　　　　　316 400

2.带息应付票据的账务处理

带息商业汇票，企业应于期末按照票据的存续期间和票面利率计提票据利息，计入应付票据；按照计提的票据利息，借记"财务费用"账户，贷记"应付票据"账户。

【任务2—15】10日，兴业公司从无锡泰昌公司购入3D打印机一批，数量20台，单价为3 810元，增值税专用发票上列明的价款为76 200元，增值税税额为9 906元，价税款于当日签发一张面值86 106元、票面利率5%、期限2个月的带息银行承兑汇票，商品已验收入库，以银行存款支付承兑手续费120元；12月10日，银行承兑汇票到期如数支付本息。

10日，根据增值税专用发票发票联、银行承兑汇票复印件编制会计分录如下：

借：库存商品——3D打印机　　　　　　　　　　76 200
　　应交税费——应交增值税（进项税额）　　　　9 906
　　　贷：应付票据——银行承兑汇票　　　　　　　　　86 106

10日，根据银行承兑手续费回执单编制会计分录如下：

借：财务费用　　　　　　　　　　　　　　　　120
　　　贷：银行存款　　　　　　　　　　　　　　　　　120

11月10日，计提利息编制会计分录如下：

月利息 = 86 106 × 5% ÷ 12 = 358.78（元）

借：财务费用　　　　　　　　　　　　　　　　358.78
　　　贷：应付票据　　　　　　　　　　　　　　　　　358.78

12月10日，银行特种委托收款凭证（付款通知）编制会计分录如下：

借：应付票据——银行承兑汇票　　　　　　　　86 464.78
　　财务费用　　　　　　　　　　　　　　　　358.78
　　　贷：银行存款　　　　　　　　　　　　　　　　　86 823.56

三、预收账款的核算

(一)账户设置

企业应设置"预收账款"账户,核算预收款项的取得、偿付等情况。该账户属于负债类账户,贷方登记发生的预收账款金额和购货单位补付账款的金额,借方登记企业向购货方发货后冲销的预收账款金额和退回购货方多付账款的金额,期末余额如在贷方,反映企业预收的款项,如为借方余额,反映企业尚未转销的款项,该账户应按债务人设置明细账进行明细核算。

(二)账务处理

企业根据合同约定,收到购货方或接受劳务方预付的款项时,借记"银行存款"账户,涉及增值税的,按照预收款计算的应交增值税,贷记"应交税费——应交增值税(销项税额)"账户,全部预收款扣除应交增值税的差额,贷记"预收账款"账户。

企业分期确认有关收入时,按照实现的收入,借记"预收账款"账户,贷记"主营业务收入"、"其他业务收入"等账户。

企业收到客户补付的款项时,借记"银行存款"账户,贷记"预收账款"、"应交税费——应交增值税(销项税额)"等账户;企业将多收的款项退还给购货方时,借记"预收账款"账户,贷记"银行存款"账户。

【任务2—16】12日,伟达公司向兴业公司租赁矿泉水生产线,租期2年,租金(含税)共计135 600元。合同约定,合同签订日预付租金(含税)45 200元,合同到期结清全部租金余款。合同签订日,兴业公司收到租金并存入银行,开具的增值税专用发票注明租金40 000元,增值税税额5 200元。租赁期满日,兴业公司收到租金余款及相应的增值税。

12日,根据租赁合同、银行进账单编制会计分录如下:

借:银行存款　　　　　　　　　　　　　　　　　45 200
　　贷:预收账款——伟达公司　　　　　　　　　40 000
　　　　应交税费——应交增值税(销项税额)　　 5 200

每月月末确认租金时编制会计分录如下:

借:预收账款——伟达公司　　　　　　　　　　　5 000
　　贷:主营业务收入——3D打印机　　　　　　　5 000

根据银行进账单编制会计分录如下:

借:银行存款　　　　　　　　　　　　　　　　　90 400
　　贷:预收账款——伟达公司　　　　　　　　　80 000
　　　　应交税费——应交增值税(销项税额)　　10 400

四、其他应付款的核算

(一)账户设置

企业应设置"其他应付款"账户,为了核算和监督其他各项应付、暂收款项的增减变动及其结果。该账户属于负债类账户,贷方登记发生的各种应付、暂收款项,借方登记支付或转销的各种应付、暂收款项,期末余额在贷方,反映企业尚未支付的其他应付款项,该账户按应付、暂收款项的类别和单位或个人设置明细账,进行明细分类核算。

(二)账务处理

企业发生的各种其他应付、暂收款项,借记"银行存款"、"管理费用"等账户,贷记"其他应付款"账户;支付的各种其他应付款、暂收款项,借记"其他应付款"账户,贷记"银行存款"等账户。

【任务2—17】15日,兴业公司出租包装物一批,以现金收取出租包装物押金1 500元;30日,以现金退还押金。

15日,根据现金收款收据编制会计分录如下:

借:库存现金 1 500
  贷:其他应付款——存入保证金(押金) 1 500

30日,根据现金收款收据(付款凭证)编制会计分录如下:

借:其他应付款——存入保证金(押金) 1 500
  贷:库存现金 1 500

【任务实训】

根据【任务引例】中的相关内容请出纳员完成以下任务:

1.请出纳员完成【任务2—14】兴业公司填制银行承兑汇票的任务;

2.请出纳员完成【任务2—17】兴业公司填制现金收款收据的任务。

项目三 存货岗位

【知识目标】

1. 了解存货的确认条件和分类;

2. 掌握存货取得、发出的计价方法以及核算方法;

3. 掌握存货期末计价及清查,并能进行相应的账务处理。

【能力目标】

1. 能够正确计算存货的采购成本,会填写收料单、入库单等原始凭证;

2. 能够正确计算发出存货的成本,会填写出库单等原始凭证;

3. 能够正确运用成本与可变现净值孰低法对存货进行期末计量。

【素质目标】

1. 能够严格执行企业对各项存货的管理制度,保证各项存货的安全完整;

2. 能够与存货管理人员建立有效的账实核对机制;

3. 培养认真、细致的工作态度,形成良好的工作习惯。

工作情境

存货,是指企业在日常活动中持有以备出售的产成品或商品、处在生产过程中的在产品、在生产过程或提供劳务过程中储备的材料或物料等,包括各类材料、在产品、半成品、产成品、商品以及包装物、低值易耗品、委托代销商品等。

存货岗位的会计主要核算原材料、周转材料、委托加工物资、库存商品等存货。作为存货岗位会计,应明确岗位工作内容及岗位职责,存货会计岗位的职责总的来说就是做好存货的验收、入库、发出的计价核算以及存货的清查等工作。其具体内容如下:

1. 会同有关部门拟定存货核算管理制度;

2. 审查采购计划、控制采购成本、防止盲目采购;

3. 负责存货明细核算,对已验收入库但尚未付款的材料,月终要估价入账;

4.配合有关部门制定材料消耗定额,编制材料计划成本目录;

5.参与库存盘点,处理清查账务;

6.分析储备情况,防止呆滞积压。对于超过正常储备期和长期呆滞积压的存货,要分析原因,提出处理意见和建议,督促有关部门处理。

任务一　原材料实际成本法业务核算

【任务引例】

兴业公司对原材料采用实际成本法进行核算，2021年6月有关原材料收、发、结存的业务如下：

1.2日，兴业公司购进甲材料2 000千克，单价为20元，增值税专用发票上注明的价款为40 000元，增值税税额为5 200元，材料已验收入库，货款暂欠。

2.6日，兴业公司采用汇兑方式购进甲材料1 000千克，有关发票账单已经收到，增值税专用发票上注明的价款为19 000元，增值税税额为2 470元，材料尚未到达，全部款项已用银行存款支付；15日，材料运达并办理验收入库手续。

3.29日，兴业公司验收入库乙材料3 000千克，至月末仍未收到发票账单，货款未付，估价40 000元；次月5日收到上述购入材料的发票账单，增值税专用发票上注明的材料价款为36 000元，增值税税额为4 680元，全部款项已用银行存款支付。

4.30日，兴业公司本月甲材料收、发、结存情况如表3—1所示。

表3—1　甲材料收、发、结存情况表

单位：千克

业务	入库		发出数量（千克）	结存数量（千克）
	数量（千克）	单位成本		
6月1日结存	2 400	20		2 400
6月2日购进	2 000	18		4 400
6月4日领用			3 000	1 400
6月6日购进	1 000	19		2 400
6月20日领用			2 000	400

采用先进先出法计算本月发出甲材料的成本以及期末结存甲材料成本。

5.资料同业务4，采用月末一次加权平均法计算甲材料的加权平均单位成本、本月发出甲材料成本以及月末结存甲材料成本。

6.资料同业务4，采用移动加权平均法计算甲材料的移动加权平均单位成本、本月发出甲材料成本以及月末结存甲材料成本。

7.30日，本月发料凭证汇总表，如表3—2所示。

表 3－2 发料凭证汇总表

单位:千克

领用部门	原材料				合计
	原料及主要材料	辅助材料	燃料	修理用备件	
生产车间	230 000				230 000
车间一般耗用		20 000	4 000		24 000
行政部门		10 000		600	10 600
销售部门		30 000			30 000
合计	230 000	60 000	4 000	600	294 600

要求:编制 2021 年 6 月有关原材料按实际成本法计量收、发、结存业务的会计分录。

【任务准备】

一、原材料的认知

(一)原材料的概念

原材料,是指企业在生产过程中经加工改变其形态或性质,并构成产品主要实体的各种原料及主要材料、辅助材料、外购半成品、修理用备件、包装材料、燃料等。

(二)原材料的分类

1.原料及主要材料

原料及主要材料,是指经过加工后,构成产品主要实体的各种原料、材料等。原料与材料不同,原料是指通过人们的劳动直接取之于自然界的产品,如加工成面粉的小麦、制作成家具的原木等;主要材料是指已经加工过的劳动对象。

2.辅助材料

辅助材料,也称消耗品,是维持企业经营活动所必需的产品,但其本身并不能转化为实体产品的一部分,如催化剂、染料、润滑油等。

3.外购半成品

外购半成品,是指从外部购进需要本企业进一步加工或装配的已加工了的原材料,如轧钢厂外购的钢锭、汽车制造厂外购的轮胎等。

4.修理用备件

修理用备件,又称备品备件,是指为修理本企业的机器设备和运输工具所专用的各种物品,如修理机器和运输工具用的齿轮、轴承、轮胎等。

5.包装材料

包装材料,是指用于包装本企业商品产品的各种非容器类材料,如纸、绳、铁丝等。

6.燃料

燃料,是指在生产过程中用来燃烧和发热的各种材料,包括固体燃料、液体燃料和气体燃料,如动力用的汽油,电焊用的氧气等。

(三)原材料初始成本的计量

在实际成本法下,原材料取得时按照成本计量。外购材料的实际成本主要由购买价款、相关税费、运输费、运杂费、入库前的挑选整理费用以及运输途中的合理损耗构成。

1.购买价款,是指企业购入的原材料发票账单上列明的价款,但不包括按规定可以抵扣的增值税税额。

2.相关税费,是指企业购买原材料可能发生的进口关税、消费税、资源税和不能从销项税额中抵扣的增值税进项税额,应计入存货采购成本的税费。

3.运输费,是指企业购买原材料支付的运输费用,不包括按规定可以抵扣的增值税税额。

4.运杂费,是指企业购买原材料可能负担的装卸费、保险费、仓储费、包装费等。

5.运输途中的合理损耗,是指商品在运输过程中,因商品性质、自然条件及技术设备等因素所发生的自然或不可避免的零星散落、漏溢、挥发等损耗。运输途中的合理损耗,计入验收入库材料的采购成本中,相应地提高了入库材料的单位成本。

6.入库前的挑选整理费用,是指存货入库前在整理挑选过程中发生的人工费,必要损耗等扣除可回收下脚料价值后的费用。

【任务实施】

一、原材料实际成本法业务的核算

(一)账户设置

原材料采用实际成本计价核算,是指原材料的收、发、结存,无论是总分类核算还是明细分类核算,均按照实际成本计价,需要设置的会计账户主要有"在途物资"、"原材料"等账户。

企业应设置"在途物资"账户,用来核算企业采用实际成本进行原材料、周转材料、商品等物资的日常核算。该账户属于资产类账户,借方登记企业购入的在途物资的实际成本,贷方登记已验收入库在途物资的实际成本,期末余额在借方,反映在途物资的实际采购成本,该账户应按供应单位和物资品种设置明细账户进行明细分类核算。

企业应设置"原材料"账户,用来核算企业库存的各种原材料的收、发、结存情况。该账户属于资产类账户,在实际成本法下,借方登记验收入库的原材料的实际成本,贷方登记发出材料的实际成本,期末余额在借方,反映企业库存原材料的实际成本,该账户按材料的类别、品种和规格等进行明细核算。

(二)账务处理

1. 购进原材料

(1)发票账单与材料同时到达

对于发票账单与材料同时到达的采购业务,企业在原材料验收入库后,应根据发票账单等结算凭证确定的材料成本,借记"原材料"账户,根据取得的增值税专用发票上注明的税额,借记"应交税费——应交增值税(进项税额)"账户,按实际支付或应支付的金额,贷记"银行存款"、"应付账款"等账户。

【任务3-1】2日,兴业公司购进甲材料2 000千克,单价为20元,增值税专用发票上注明的价款为40 000元,增值税税额为5 200元,材料已验收入库,货款暂欠。

根据采购合同、增值税专用发票发票联、收料单编制会计分录如下:

借:原材料——甲材料　　　　　　　　　　　　40 000
　　应交税费——应交增值税(进项税额)　　　　5 200
　　贷:应付账款　　　　　　　　　　　　　　　　　45 200

(2)先收到发票账单,后收到材料并验收入库

对于发票账单已到,原材料未到的采购业务,应根据发票账单等结算凭证所确定的材料成本,借记"在途物资"、"应交税费——应交增值税(进项税额)"账户,按实际支付或应支付的金额,贷记"银行存款"、"应付账款"等账户;待材料到达验收入库后,再根据收料单借记"原材料"账户,贷记"在途物资"账户。

【任务3-2】6日,兴业公司采用汇兑方式购进甲材料1 000千克,有关发票账单已经收到,增值税专用发票上注明的价款为19 000元,增值税税额为2 470元,材料尚未到达,全部款项已用银行存款支付;15日,材料运达并办理验收入库手续。

6日,根据增值税专用发票发票联、银行付款通知编制会计分录如下:

借:在途物资——甲材料　　　　　　　　　　　19 000
　　应交税费——应交增值税(进项税额)　　　　2 470
　　贷:银行存款　　　　　　　　　　　　　　　　　21 470

15日,根据入库单编制会计分录如下:

借:原材料——甲材料　　　　　　　　　　　　19 000
　　贷:在途物资——甲材料　　　　　　　　　　　　19 000

(3)材料先到并验收入库,但发票账单未到

材料已到,发票账单未到,在这种情况下,无法确定材料的实际成本,月末应按照暂估价值先入账,下月初做相反的分录予以冲回;待收到发票账单后,再按照实际金额记账,按材料的暂估价值,借记"原材料"账户,贷记"应付账款——暂估应付账款"账户,下月初做相反的会计分录,借记"应付账款——暂估应付账款"账户,贷记"原材料"账户;待发票账单到达之后,借记"原材料"、"应交税费——应交增值税(进项税额)"账户,贷记"银行存款"、"应付

账款"等账户。

【任务3—3】 29日,兴业公司验收入库乙材料3 000千克,至月末仍未收到发票账单,货款未付,估价40 000元;次月5日收到上述购入材料的发票账单,增值税专用发票上注明的材料价款为36 000元,增值税税额为4 680元,全部款项已用银行存款支付。

29日,根据收料单编制会计分录如下:

借:原材料——乙材料　　　　　　　　　　　　　　40 000
　　贷:应付账款——暂估应付账款　　　　　　　　　40 000

次月1日,编制会计分录如下:

借:应付账款——暂估应付账款　　　　　　　　　　40 000
　　贷:原材料——乙材料　　　　　　　　　　　　　40 000

次月5日,根据增值税专用发票发票联、银行付款通知编制会计分录如下:

借:原材料——乙材料　　　　　　　　　　　　　　36 000
　　应交税费——应交增值税(进项税额)　　　　　　4 680
　　贷:银行存款　　　　　　　　　　　　　　　　　40 680

2. 发出材料的计量

(1) 先进先出法

先进先出法,是指以先购入的存货先发出(用于销售或耗用)这样一种存货实物流动假设为前提,对发出存货进行计价的一种方法。

采用这种方法,先购入的存货成本在后购入的存货成本之前转出,据此确定发出存货和期末存货的成本。具体方法是:收入存货时,逐笔登记收入存货的数量、单价和金额;发出存货时,按照先进先出的原则逐笔登记存货的发出成本和结存金额。

【任务3—4】 30日,兴业公司本月甲材料收、发、结存情况如表3—3所示。

表3—3　甲材料收、发、结存情况表

单位:千克

业务	入库		发出数量(千克)	结存数量(千克)
	数量(千克)	单位成本		
6月1日结存	2 400	20		2 400
6月2日购进	2 000	18		4 400
6月4日领用			3 000	1 400
6月6日购进	1 000	19		2 400
6月20日领用			2 000	400

企业采用先进先出法核算本月甲材料的收入、发出和结存情况,如表3—4所示。

表 3-4 原材料明细账——甲材料

单位:元

2021年		摘要	借方			贷方			结存		
月	日		数量	单价	金额	数量	单价	金额	数量	单价	金额
6	1	期末结存							2 400	20	48 000
	2	购进	2 000	18	36 000				2 400	20	48 000
									2 000	18	36 000
	4	领用				2 400	20	48 000			
						600	18	10 800	1 400	18	25 200
	6	购进	1 000	19	19 000				1 400	18	25 200
									1 000	19	19 000
	20	领用				1 400	18	25 200			
						600	19	11 400	400	19	7 600
	30	本月合计	3 000		55 000	5 000		95 400	400	19	7 600

6月4日领用甲材料成本 = 2 400×20+600×18 = 58 800(元)

6月20日领用甲材料成本 = 1 400×18+600×19 = 36 600(元)

本月发出甲材料总成本 = 58 800+36 600 = 95 400(元)

月末结存甲材料成本 = 400×19 = 7 600(元)

采用先进先出法的优点是,便于日常计算发出存货及结存存货的成本,使企业不能随意挑选存货计价以调整当期利润;缺点是工作量比较烦琐,特别对于存货进出量频繁的企业更是如此,并且当物价上涨时,会高估企业当期利润和库存存货价值;反之,会低估企业存货价值和当期利润。

(2)月末一次加权平均法

月末一次加权平均法,是指以本月全部进货数量加上月初存货数量作为权数,去除本月全部进货成本加上月初存货成本,计算出存货的加权平均单位成本,以此为基础计算出本月发出存货的成本和期末结存存货成本的一种方法。其计算公式如下:

$$\text{加权平均单位成本} = \frac{\text{月初结存存货成本}+\text{本月入库存货成本}}{\text{月初结存存货数量}+\text{本月入库存货数量}}$$

本月发出存货成本 = 本月发出存货数量×加权平均单位成本

月末库存存货成本 = 月末结存存货数量×加权平均单位成本

或,月末结存存货成本 = 月初结存存货成本+本月入库存货成本-本月发出存货成本

【任务3-5】根据【任务3-4】的资料,采用月末一次加权平均法计算,如表3-5所示。

表 3-5 原材料明细账——甲材料

单位:元

2021年		摘要	借方			贷方			结存		
月	日		数量	单价	金额	数量	单价	金额	数量	单价	金额
6	1	期末结存							2 400	20	48 000
	2	购进	2 000	18	36 000				4 400		
	4	领用				3 000			1 400		
	6	购进	1 000	19	19 000				2 400		
	20	领用				2 000			400		
	30	本月合计	3 000		55 000	5 000	19.07	95 350	400	19.07	7 650

加权平均单位成本=(2 400×20+2 000×18+1 000×19)÷(2 400+2 000+1 000)=19.07(元/千克)

本月发出甲材料的实际成本=5 000×19.07=95 350(元)

月末结存材料成本=48 000+55 000-95 350=7 650(元)

采用月末一次加权平均法,只在月末一次计算加权平均单位成本,计算简便,有利于简化成本计算工作,但由于平时无法从账上提供发出和结存存货的单价及金额,因此不利于存货成本的日常管理与控制。

(3)移动加权平均法

移动加权平均法,是指企业按实际成本进行材料明细分类核算时,以各批材料收入、数量和上批结余数量为权数,计算材料平均单位成本的一种方法。采用这种计价方法,每购进一批材料需重新计算一次加权平均单位成本,据以作为领用材料的单位成本。计算公式如下:

$$移动加权平均单位成本 = \frac{原有存货成本 + 本次入库存货成本}{原有存货数量 + 本次入库存货数量}$$

本次发出存货成本=本次发出存货数量×移动加权平均单位成本

【任务3-6】根据【任务3-4】的资料,采用移动加权平均法,如表3-6所示。

表 3-6 原材料明细账——甲材料

单位:元

2021年		摘要	借方			贷方			结存		
月	日		数量	单价	金额	数量	单价	金额	数量	单价	金额
6	1	期末结存							2 400	20	48 000
	2	购进	2 000	18	36 000				4 400	19.09	84 000
	4	领用				3 000	19.09	57 270	1 400	19.09	26 730
	6	购进	1 000	19	19 000				2 400	19.05	45 730
	20	领用				2 000	19.05	38 100	400	19.05	7 630
	30	本月合计	3 000		55 000	5 000		95 370	400	19.05	7 630

2 日甲材料移动加权平均单位成本＝(48 000＋36 000)÷(2 400＋2 000)
＝19.09(元/千克)

4 日领用甲材料成本＝3 000×19.09＝57 270(元)

6 日甲材料移动加权平均单位成本＝(26 730＋19 000)÷(1 400＋1 000)
＝19.05(元/千克)

20 日领用甲材料成本＝2 000×19.05＝38 100(元)

本月发出甲材料总成本＝57 270＋38 100＝95 370(元)

月末结存甲材料总成本＝48 000＋55 000－95 370＝7 630(元)

采用移动加权平均法计算出来的商品成本比较均衡和准确，但计算起来的工作量大，一般适用于经营品种不多，或者前后购进商品的单价相差幅度较大的商品流通企业。

(4)个别计价法

个别计价法，又称个别认定法，是指对发出的存货分别认定其单位成本和发出存货成本的方法。采用这种方法，要求具体存货项目具有明显的标志，而且数量不多、价值较大，如大件、贵重的物品。

计算方法为：期末存货的各项目，分别确定每种物品的单位成本和总成本，然后相加各种存货的成本，即为存货期末全部的成本。

采用个别计价法计算发出存货的成本和期末结存存货的成本比较合理、准确，但是实务操作的工作量繁重，困难较大。适用于容易识别、存货品种数量不多、单位成本较高的存货计价，例如贵重珠宝、名画等物品。

3.发出材料的账务处理

由于企业材料的日常收发业务比较频繁，为了简化日常核算工作，平时一般只登记材料明细分类账，反映各种材料的收、发、结存金额，月末或定期根据发料凭证，按领用部门和用途汇总编制"发料凭证汇总表"，据以编制记账凭证，主要账务处理如下：

按生产产品领用原材料金额，借记"生产成本"账户，按车间一般耗用领用原材料金额，借记"制造费用"账户，按行政管理部门领用原材料金额，借记"管理费用"账户，按销售部门领用原材料金额，借记"销售费用"账户，按对外出售原材料金额，借记"其他业务成本"账户，按照发出原材料金额，贷记"原材料"账户。

【任务 3—7】30 日，本月发料凭证汇总表，如表 3—7 所示。

表 3—7 发料凭证汇总表

单位：元

领用部门	原材料				合计
	原料及主要材料	辅助材料	燃料	修理用备件	
生产车间	230 000				230 000
车间一般耗用		20 000	4 000		24 000

续表

领用部门	原材料				合计
	原料及主要材料	辅助材料	燃料	修理用备件	
行政部门		10 000		600	10 600
销售部门		30 000			30 000
合计	230 000	60 000	4 000	600	294 600

借：生产成本　　　　　　　　　　　　　　230 000
　　制造费用　　　　　　　　　　　　　　 24 000
　　管理费用　　　　　　　　　　　　　　 10 600
　　销售费用　　　　　　　　　　　　　　 30 000
　贷：原材料——原料及主要材料　　　　　230 000
　　　　　——辅助材料　　　　　　　　　 60 000
　　　　　——燃料　　　　　　　　　　　 4 000
　　　　　——修理用备件　　　　　　　　　 600

【任务实训】

根据【任务引例】中的相关内容请完成以下任务：

1.请会计人员完成【任务3—1】兴业公司填制收料单的任务；

2.请会计人员完成【任务3—5】兴业公司甲材料明细账的登记任务。

任务二 原材料计划成本法业务核算

【任务引例】

兴业公司对原材料采用计划成本法进行核算，甲材料计划单位成本为每千克20元，该公司2021年6月有关甲材料收、发、结存的业务如下：

8.2日，兴业公司购进甲材料2 000千克，单价为20元，增值税专用发票上注明的价款为40 000元，增值税税额为5 200元，运输单据列明运费2 000元，增值税税额为180元，材料已验收入库，货款暂欠，甲材料计划单位成本为每千克20元。

9.6日，兴业公司采用汇兑方式购进甲材料1 000千克，有关发票账单已经收到，增值税专用发票上注明的价款为19 000元，增值税税额为2 470元，材料尚未到达，全部款项已用银行存款支付；15日，材料运达并办理验收入库手续，甲材料计划单位成本为每千克20元。

10.29日，兴业公司验收入库甲材料2 000千克，至月末仍未收到发票账单，货款未付，估价40 000元；次月5日收到上述购入材料的发票账单，增值税专用发票上注明的材料价款为36 000元，增值税税额4 680元，全部款项已用银行存款支付，甲材料计划单位成本为每千克20元。

11.兴业公司月初甲材料的计划成本为200 000元，成本差异为节约差异1 000元；当月入库甲材料的计划成本为300 000元，成本差异为超支差异2 000元；本月发出甲材料的计划成本为250 000元。

12.30日，兴业公司根据本月发料凭证汇总表做如下统计：本月发出甲材料50 000元，其中，生产车间领用40 000元，车间一般耗用8 000元，管理部门领用2 000元，本月材料成本差异率为2%。

要求：编制【任务3—8】—【任务3—12】的会计分录。

【任务准备】

一、计划成本法的认知

(一)计划成本法的概念

计划成本法，是指企业存货的日常收入、发出和结余均按预先制订的计划成本计价，同时另设"材料成本差异"账户，作为计划成本和实际成本联系的纽带，用来登记实际成本和计划成本的差额，月末，再通过对存货成本差异的分摊，将发出存货的计划成本和结存存货的计划成本调整为实际成本进行反映的一种核算方法。

【任务实施】

一、原材料计划成本法业务的核算

(一)账户设置

企业应设置"材料采购"账户,用于总括反映企业购入各种材料的采购成本。该账户属于资产类账户,借方登记外购材料的实际成本,贷方登记验收入库材料的计划成本,实际成本大于计划成本的超支差异,从本账户结转到"材料成本差异"账户的借方;实际成本小于计划成本的节约差异,结转到"材料成本差异"账户的贷方,该账户月末余额在借方,表示已取得但尚未运达到企业或未验收入库的在途材料的实际成本,该账户可按照供货单位或存货类别设置明细账。

企业应设置"原材料"账户,用于核算库存各种材料的收发和结存情况。该账户属于资产类账户,在材料采用计划成本核算时,其借方登记入库材料的计划成本,贷方登记发出材料的计划成本,期末余额在借方,反映企业库存材料的计划成本,该账户可按照材料的类别、品种设置明细账。

企业应设置"材料成本差异"账户,用来核算入库存货的实际成本与计划成本的差异。该账户属于资产类账户,借方登记采购业务中发生的实际成本大于计划成本的差异额(超支差异),贷方登记实际成本小于计划成本的差异额(节约差异),以及发出存货应分担的成本差异,期末余额表示各类库存存货实际成本与计划成本的差异,借方余额表示超支差异,贷方余额表示节约差异,本账户按照存货类别或品种设置明细账。

(二)账务处理

1. 购进原材料

(1)发票账单与材料同时到达

企业应根据材料有关发票账单,按采购材料的实际成本,借记"材料采购"、"应交税费——应交增值税(进项税额)"等账户,贷记"银行存款"、"应付账款"等账户;已购进的材料验收入库时,按计划成本借记"原材料"账户,贷记"材料采购"账户,已购进并已验收入库的材料,按实际成本大于计划成本的超支差异,借记"材料成本差异"账户,贷记"材料采购"账户;按实际成本小于计划成本的节约差异,借记"材料采购"账户,贷记"材料成本差异"账户。

【任务3—8】2日,兴业公司购进甲材料2 000千克,单价为20元,增值税专用发票上注明的价款为40 000元,增值税税额为5 200元,运输单据列明运费2 000元,增值税税额为180元,材料已验收入库,货款暂欠,甲材料计划单位成本为每千克20元。

根据增值税专用发票发票联编制会计分录如下:

借:材料采购——甲材料   42 000
  应交税费——应交增值税(进项税额) 5 380

　　　　贷：应付账款　　　　　　　　　　　　　　　　　　47 380
　　根据收料单编制会计分录如下：
　　　　借：原材料——甲材料　　　　　　　　　　　　　40 000
　　　　　　材料成本差异——甲材料　　　　　　　　　　 2 000
　　　　　　贷：材料采购——甲材料　　　　　　　　　　42 000

　　(2) 先收到发票账单，后收到材料并验收入库

　　企业先收到发票账单，则先作购进材料处理。根据有关发票账单，借记"材料采购"、"应交税费——应交增值税（进项税额）"等账户，贷记"银行存款"、"应付账款"等账户，待收到材料验收入库后，再根据收料单，按计划成本作相应的账务处理，会计处理同上述情况。

　　【任务3—9】6日，兴业公司采用汇兑方式购进甲材料1 000千克，有关发票账单已经收到，增值税专用发票上注明的价款为19 000元，增值税税额为2 470元，材料尚未到达，全部款项已用银行存款支付；15日，材料运达并办理验收入库手续，甲材料计划单位成本为每千克20元。

　　6日，根据增值税专用发票发票联、银行付款通知编制会计分录如下：
　　　　借：材料采购——甲材料　　　　　　　　　　　　19 000
　　　　　　应交税费——应交增值税（进项税额）　　　　 2 470
　　　　　　贷：银行存款　　　　　　　　　　　　　　　21 470
　　15日，根据收料单编制会计分录如下：
　　　　借：原材料——甲材料　　　　　　　　　　　　　20 000
　　　　　　贷：材料采购——甲材料　　　　　　　　　　19 000
　　　　　　　　材料成本差异——甲材料　　　　　　　　 1 000

　　(3) 材料先到并验收入库，但发票账单未到

　　由于材料验收入库时，发票账单尚未收到，所以尚未付款，通常在验收入库材料时暂不作会计处理，若等到月末发票账单仍未收到，则月末按计划成本估价入账，借记"原材料"账户，贷记"应付账款——暂估应付账款"账户，下月初做相反的会计分录予以转回，以便在下月收到发票账单后，按发票账单与材料同时到达的情况进行处理。

　　【任务3—10】29日，兴业公司验收入库甲材料2 000千克，至月末仍未收到发票账单，货款未付，估价40 000元；次月5日收到上述购入材料的发票账单，增值税专用发票上注明的材料价款为36 000元，增值税税额4 680元，全部款项已用银行存款支付，甲材料计划单位成本为每千克20元。

　　30日，根据收料单编制会计分录如下：
　　　　借：原材料——甲材料　　　　　　　　　　　　　40 000
　　　　　　贷：应付账款——暂估应付账款　　　　　　　40 000
　　次月1日，编制会计分录如下：

借：应付账款——暂估应付账款　　　　　　　　　40 000
　　　贷：原材料——甲材料　　　　　　　　　　　　　40 000
次月5日，根据增值税专用发票发票联、银行付款通知编制会计分录如下：
借：材料采购——甲材料　　　　　　　　　　　　36 000
　　应交税费——应交增值税(进项税额)　　　　 4 680
　　　贷：银行存款　　　　　　　　　　　　　　　　　40 680
借：原材料——甲材料　　　　　　　　　　　　　40 000
　　　贷：材料采购——甲材料　　　　　　　　　　　　36 000
　　　　　材料成本差异——甲材料　　　　　　　　　 4 000

2. 发出材料的计量

原材料按计划成本计价，在处理发出业务时，并不存在计算确定发出材料单位成本的问题，只需按事先制订的计划成本乘以发出材料数量，计算发出材料的计划成本，但在月末需将发出材料的计划成本调整为实际成本，即将材料成本差异在发出材料和结存材料之间进行分配，计算出发出材料应负担的成本差异。有关计算公式如下：

$$材料成本差异率=\frac{月初材料成本差异+本月收入材料成本差异}{月初结存材料计划成本+本月收入材料计划成本}\times100\%$$

发出材料应分摊的材料成本差异＝发出材料的计划成本×材料成本差异率

发出材料的实际成本＝发出材料的计划成本＋发出材料应分摊的材料成本差异

【任务3—11】兴业公司月初甲材料的计划成本为200 000元，成本差异为节约差异1 000元；当月入库甲材料的计划成本为300 000元，成本差异为超支差异2 000元；本月发出甲材料的计划成本为250 000元。

材料成本差异率＝(−1 000＋2 000)÷(200 000＋300 000)×100%＝0.2%

发出材料应分摊的材料成本差异＝250 000×0.2%＝500(元)

发出材料的实际成本＝250 000＋500＝250 500(元)

3. 发出材料的账务处理

企业按计划成本计价核算日常发出材料时，应根据材料用途，按发出材料的计划成本，借记"生产成本"、"制造费用"、"管理费用"、"销售费用"等账户，贷记"原材料"账户；然后根据本月材料成本差异率，将发出材料的计划成本调整为实际成本，按实际成本大于计划成本的差额，借记"生产成本"、"制造费用"、"管理费用"、"销售费用"等账户，贷记"材料成本差异"账户；如果实际成本小于计划成本的差异，做相反的会计分录。

【任务3—12】30日，兴业公司根据本月发料凭证汇总表做如下统计：本月发出甲材料50 000元，其中，生产车间领用40 000元，车间一般耗用8 000元，管理部门领用2 000元，本月材料成本差异率为2%。

根据领料单、发料凭证汇总表编制会计分录如下：

借：生产成本　　　　　　　　　　　　　　40 000
　　　制造费用　　　　　　　　　　　　　　8 000
　　　管理费用　　　　　　　　　　　　　　2 000
　　　贷：原材料——甲材料　　　　　　　　50 000

根据材料成本差异计算表编制会计分录如下：

借：生产成本　　　　　　　　　　　　　　800
　　　制造费用　　　　　　　　　　　　　　160
　　　管理费用　　　　　　　　　　　　　　40
　　　贷：材料成本差异——甲材料　　　　　1 000

【任务实训】

根据【任务引例】中的相关内容请会计人员完成以下任务：

1.请会计人员完成【任务3—12】兴业公司编制材料成本差异计算表的任务。

任务三 周转材料业务核算

【任务引例】

兴业公司2021年7月有关周转材料的业务如下：

13.3日，兴业公司本月生产车间为包装产品，领用包装物一批，计划成本为7 000元，材料成本差异率为2%。

14.5日，兴业公司在商品销售过程中领用包装物一批，实际成本为2 500元，该批包装物随同商品出售，单独计算售价为4 000元，增值税税额为520元，款项已收存银行。

15.7日，兴业公司因销售商品一批，领用不单独计价的包装物，实际成本为600元。

16.9日，兴业公司因销售商品给天津大兴商场时，随同商品出租新包装物一批，租金为4 000元（含税），该包装物实际成本为4 000元，当即收到现金押金8 000元；使用期满后，天津大兴商场退还包装物，租金从押金中扣除，增值税税率为13%。

17.11日，兴业公司生产车间领用一批专用工具，实际成本为2 000元，采用五五摊销法进行摊销。假设该批专用工具报废时没有残料入库。

要求：编制【任务3—13】—【任务3—17】的会计分录。

【任务准备】

一、周转材料的认知

(一)周转材料的概念

周转材料，是指企业能够多次使用，逐渐转移其价值，但仍然保持原有形态，不确认为固定资产的材料，包括包装物和低值易耗品。

(二)周转材料的分类

1.包装物

包装物，是指为包装产品而储备的各种包装容器，如桶、箱、瓶、坛、袋等用于储存和保管产品的材料。其核算内容包括：

(1)生产过程中用于包装产品作为产品组成部分的包装物；

(2)随同商品出售而不单独计价的包装物；

(3)随同商品出售，而单独计价的包装物；

(4)出租或出借给购买单位使用的包装物。

2.低值易耗品

低值易耗品,是指单项价值在规定限额以下,并且使用期限不满一年能多次使用,而基本保持其实物形态的劳动资料。按其用途可以分为以下几类:

(1)一般工具,是指生产中常用的各种工具,如刀具、量具等;

(2)专用工具,是指专门用于制造某一特定产品,或在某一特定工序上使用的工具,如专用的刀具;

(3)替换设备,是指容易磨损或被制造不同产品需要更换使用的各种设备,如轧钢用的钢棍;

(4)管理用具,是指在经营管理中使用的各种办公用具、家具等;

(5)劳保用品,是指为了安全生产、劳动保护而发给职工的工作服、工作鞋和各种劳动保护用品。

二、周转材料的摊销方法

(一)一次摊销法

一次摊销法,是指领用周转材料时,将其价值全部一次转入产品成本的方法。这种方法适用于价值低、使用期限短,或易于破损的物品等。

(二)五五摊销法

五五摊销法,是指在周转材料领用时先摊销其价值的50%,报废时再摊销其价值50%的方法。采用这种方法,低值易耗品报废以前在账面上一直保留其价值的一半,表明在使用中的低值易耗品占用着一部分资金,有利于对实物的使用进行管理,防止出现大量的账外存货。

(三)分次摊销法

分次摊销法,是指根据周转材料的账面价值和预计使用期限求得每期平均摊销额,将其价值分次摊入各期成本、费用的一种摊销方法。采用这种方法有利于成本、费用的合理、均衡负担,克服了一次摊销法各期成本、费用负担不均衡的缺点,它主要适用于使用期限较长、单位价值较高或一次领用数量较大的周转材料的摊销。

【任务实施】

一、周转材料业务的核算

(一)账户设置

企业应设置"周转材料"账户,核算和监督周转材料的收入、发出和结算情况。该账户属于资产类账户,借方登记企业库存以及在用周转材料的实际成本和计划成本,贷方登记发出周转材料的实际成本和计划成本,以及在用周转材料的摊销金额,期末余额在借方,反映企业在库周转材料的实际成本或计划成本,以及在用周转材料的摊余价值,本账户可按周转材料的种类——"包装物"、"低值易耗品"开设二级账户,还可分别用"在库"、"在用"、"摊销"开设三级账户。

(二)账务处理

1.摊销包装物的账务处理

(1)生产领用包装物

对于生产过程中领用的直接用于产品生产的周转材料,因其构成了产品的组成部分,应将周转材料的实际成本计入产品成本,借记"生产成本"账户,贷记"周转材料"账户;如果用于车间一般耗用,应作为间接生产费用,借记"制造费用"账户,贷记"周转材料"账户。

【任务3-13】3日,兴业公司本月生产车间为包装产品,领用包装物一批,计划成本为7 000元,材料成本差异率为2%。

根据出库单编制会计分录如下:

借:生产成本 7 140
　　贷:周转材料——包装物 7 000
　　　　材料成本差异——包装物 140

(2)随同商品出售单独计价的包装物

这类包装物在核算时,一方面需反映销售包装物的收入,计入"其他业务收入"等账户;另一方面需结转包装物的实际销售成本,计入"其他业务成本"账户。

【任务3-14】5日,兴业公司在商品销售过程中领用包装物一批,实际成本为2 500元,该批包装物随同商品出售,单独计算售价为4 000元,增值税税额为520元,款项已收存银行。

根据增值税专用发票记账联、银行收账通知编制会计分录如下:

借:银行存款 4 520
　　贷:其他业务收入——包装物 4 000
　　　　应交税费——应交增值税(销项税额) 520

根据出库单编制会计分录如下:

借:其他业务成本——包装物 2 500
　　贷:周转材料——包装物 2 500

(3)随同商品出售不单独计价的包装物

随同商品出售不单独计价的包装物,应于包装物发出时,借记"销售费用"账户,贷记"周转材料——包装物"账户。

【任务3-15】7日,兴业公司因销售商品一批,领用不单独计价的包装物,实际成本为600元。

根据出库单编制会计分录如下:

借：销售费用　　　　　　　　　　　　　　　　600
　　贷：周转材料——包装物　　　　　　　　　　　600

(4) 出租、出借包装物

企业出租周转材料收取押金时，借记"库存现金"、"银行存款"等账户，贷记"其他应付款"账户；退回押金时，编制相反会计分录；对于逾期未退周转材料，按没收的押金，借记"其他应付款"账户，按应交的增值税贷记"应交税费——应交增值税（销项税额）"等账户，按其差额贷记"其他业务收入"账户。

企业出租周转材料时，按实际收到的租金，借记"银行存款"账户，贷记"其他业务收入"、"应交税费——应交增值税（销项税额）"等账户；按摊销的周转材料价值，借记"其他业务成本"账户，贷记"周转材料"账户。

企业出借周转材料，是将周转材料借给客户暂时使用，会收取一定数额的押金，但不收取租金，故无须确认收入，企业出借周转材料时，应将其摊销成本转入"销售费用"账户，其相关核算可比照出租周转材料进行相应的账务处理。

【任务3—16】9日，兴业公司因销售商品给天津大兴商场时，随同商品出租新包装物一批，租金为4 000元（含税），该包装物实际成本为4 000元，当即收到现金押金8 000元；使用期满后，天津大兴商场退还包装物，租金从押金中扣除，增值税税率为13%。

根据收款收据（收款方凭证）编制会计分录如下：

借：库存现金　　　　　　　　　　　　　　　　8 000
　　贷：其他应付款——天津大兴商场　　　　　　8 000

根据出库单编制会计分录如下：

借：其他业务成本——包装物　　　　　　　　　4 000
　　贷：周转材料——包装物　　　　　　　　　　4 000

根据增值税专用发票记账联、收据（付款方凭证）编制会计分录如下：

借：其他应付款——天津大兴商场　　　　　　　8 000
　　贷：其他业务收入　　　　　　　　　　　　3 539.82
　　　　应交税费——应交增值税（销项税额）　　460.18
　　　　库存现金　　　　　　　　　　　　　　4 000

2. 摊销低值易耗品的账务处理

低值易耗品的摊销可以采用一次转销法进行摊销，也可以采用五五摊销法或分次摊销法进行摊销。采用五五摊销法，需要运用"在库"、"在用"、"摊销"三个明细账户，分别核算在库、在用和摊销的情况。

【任务3—17】11日，兴业公司生产车间领用一批专用工具，实际成本为2 000元，采用五五摊销法进行摊销。假设该批专用工具报废时没有残料入库。

根据出库单编制会计分录如下：

借:周转材料——低值易耗品(在用)   2 000
    贷:周转材料——低值易耗品(在库)   2 000

根据低值易耗品摊销表编制会计分录如下:

借:制造费用   1 000
    贷:周转材料——低值易耗品(摊销)   1 000
借:制造费用   1 000
    贷:周转材料——低值易耗品(摊销)   1 000

根据存货报废单编制会计分录如下:

借:周转材料——低值易耗品(摊销)   2 000
    贷:周转材料——低值易耗品(在用)   2 000

【任务实训】

根据【任务引例】中的相关内容请会计人员完成以下任务:

1.请会计人员完成【任务3—15】兴业公司编制包装物出库单的任务;

2.请会计人员完成【任务3—17】兴业公司编制存货报废单的任务。

任务四 委托加工物资业务核算

【任务引例】

兴业公司2021年7月有关委托加工物资的业务如下：

18.6日，兴业公司委托外单位加工应税消费品，发出原材料成本90 000元；取得货物运输增值税专用发票，以现金支付发出委托加工材料的运费为500元，增值税税额为45元；20日，支付加工费用30 000元（不含增值税），由受托方代收代缴的消费税3 000元，增值税税率为13%，加工费、增值税和消费税均以银行存款支付；26日，收回委托加工的应税消费品后继续生产应税消费品；若收回委托加工的应税消费品直接对外销售。

要求：编制委托方会计分录。

【任务准备】

一、委托加工物资的认知

(一)委托加工物资的概念

委托加工物资，是指企业委托外单位加工成新材料或包装物、低值易耗品等物资。委托加工物资的成本应当包括加工中实际耗用物资的成本、支付的加工费用及应负担的运杂费、支付的税金等。

【任务实施】

一、委托加工物资业务的核算

(一)账户设置

企业应设置"委托加工物资"账户，核算企业委托外单位加工的各种物资的实际成本。该账户属于资产类账户，借方登记委托加工物资的实际成本，贷方登记加工完毕验收入库的材料、或库存商品的实际成本、或退回的剩余材料物资的实际成本，期末余额在借方，反映尚未完工的委托加工物资的实际成本，该账户应按受托加工单位及委托加工物资品种设置明细账，进行明细分类核算。

(二)账务处理

1.拨付委托加工物资

企业发给外单位加工的物资,按物资的实际成本,借记"委托加工物资"账户,贷记"原材料"、"库存商品"等账户。

2.支付加工费、增值税、运输费等

企业支付的加工费、应负担的增值税、运输费等,借记"委托加工物资"、"应交税费——应交增值税(进项税额)"等账户,贷记"银行存款"、"应付账款"等账户。

3.缴纳消费税

需要缴纳消费税的委托加工物资,其由受托方代收代缴的消费税,应分别按以下情况处理:

(1)委托加工物资收回后,直接用于出售或用于非应税项目,或虽用于连续生产应税消费品,但按照《中华人民共和国消费税暂行条例》规定不准予抵扣受托方代收代缴的消费税的,委托方应将受托方代收代缴的消费税计入委托加工物资的成本,借记"委托加工物资"账户,贷记"银行存款"、"应付账款"等账户。

(2)委托加工物资收回后,用于连续生产应税消费品的,委托方应按准予抵扣的受托方代收代缴的消费税额,借记"应交税费——应交消费税"账户,贷记"银行存款"、"应付账款"等账户。

4.加工完成后收回加工物资

加工完成验收入库的物资和剩余的物资,按加工收回物资的实际成本和剩余物资的实际成本,借记"原材料"、"库存商品"、"周转材料"等账户,贷记"委托加工物资"账户。

【任务3—18】 6日,兴业公司委托外单位加工应税消费品,发出原材料成本90 000元;取得货物运输增值税专用发票,以现金支付发出委托加工材料的运费为500元,增值税税额为45元;20日,支付加工费用30 000元(不含增值税),由受托方代收代缴的消费税3 000元,增值税税率为13%,加工费、增值税和消费税均以银行存款支付;26日,收回委托加工的应税消费品后继续生产应税消费品;若收回委托加工的应税消费品直接对外销售。

6日,根据材料耗费分配表编制会计分录如下:

借:委托加工物资　　　　　　　　　　　　　　90 000
　　贷:原材料　　　　　　　　　　　　　　　　　　90 000

6日,根据货物运输增值税专用发票发票联编制会计分录如下:

借:委托加工物资　　　　　　　　　　　　　　500
　　应交税费——应交增值税(进项税额)　　　　45
　　贷:库存现金　　　　　　　　　　　　　　　　　545

20日,若收回后继续生产应税消费品,根据增值税专用发票发票联、银行付款通知,编制会计分录如下:

借：委托加工物资	30 000	
应交税费——应交增值税（进项税额）	3 900	
——应交消费税	3 000	
贷：银行存款		36 900

20日，若收回后直接对外出售，编制会计分录如下：

借：委托加工物资	33 000	
应交税费——应交增值税（进项税额）	3 900	
贷：银行存款		36 900

26日，若收回后继续生产应税消费品，根据收料单编制会计分录如下：

| 借：原材料 | 120 500 | |
| 贷：委托加工物资 | | 120 500 |

26日，若收回后直接对外出售，编制会计分录如下：

| 借：库存商品 | 123 500 | |
| 贷：委托加工物资 | | 123 500 |

【任务实训】

根据【任务引例】中的相关内容请会计人员完成以下任务：

1.请会计人员完成【任务3—18】兴业公司编制材料耗费分配表以及收料单的任务。

任务五 库存商品业务核算

【任务引例】

兴业公司2021年8月有关库存商品的业务如下：

19.3日，兴业公司验收入库一批自制电风扇200台，每台实际成本为70元。

20.10日，兴业公司销售自制电风扇150台，每台实际成本为70元。

21.兴业公司1日电风扇结存成本为73 000元，本月购进电风扇成本为42 500元，增值税税额为55 25元，款项以转账支票支付，本月销售收入为600 000元，销售退回5 000元，无销售折让；上个月该类商品毛利率为25%，计算本月已销商品和月末库存商品的成本并进行账务处理。

22.兴业公司1日笔记本电脑结存成本为600 000元，售价总额为720 000元；本月笔记本电脑的购货成本为1 000 000元，增值税税额为130 000元，售价总额为1 280 000元；本月笔记本电脑的销售收入为1 600 000元，购销款项已通过转账支票办理结算。

要求：编制【任务3—19】—【任务3—22】的会计分录。

【任务准备】

一、库存商品的认知

(一)库存商品的概念

库存商品，是指企业已完成全部生产过程并已验收入库，合乎标准规格和技术条件，可以按照合同规定的条件送交订货单位，或是可以作为商品对外销售的产品以及外购或委托加工完成验收入库用于销售的各种商品。

库存商品具体包括库存产成品、外购商品、存放在门市部准备出售的商品、发出展览的商品、寄存在外的商品、接受来料加工制造的代制品和为外单位加工修理的代修品等；制造行业的库存商品主要指产成品。

【任务实施】

一、库存商品业务的核算

(一)账户设置

企业应设置"库存商品"账户，用来核算库存商品的增减变化及其结存情况。该账户属于资产类账户,借方登记验收入库的库存商品成本,贷方登记发出的库存商品成本,期末余额在借方,反映各种库存商品的实际成本或计划成本,该账户可以按照商品种类或品名设置明细账户,进行明细核算。

(二)账务处理

1.库存商品入库的核算

企业自制产成品生产完工并验收入库时,应按实际成本,借记"库存商品"账户,贷记"生产成本"账户。

【任务3—19】3日,兴业公司验收入库一批自制电风扇200台,每台实际成本为70元。

根据入库单编制会计分录如下:

借:库存商品——电风扇　　　　　　　　　　14 000
　　贷:生产成本——电风扇　　　　　　　　　　　　14 000

2.库存商品发出的核算

制造型企业销售商品、确认收入时,应结转其销售成本,借记"主营业务成本"账户,贷记"库存商品"账户。

【任务3—20】10日,兴业公司销售自制电风扇150台,每台实际成本为70元。

根据出库单编制会计分录如下:

借:主营业务成本——电风扇　　　　　　　　10 500
　　贷:库存商品——电风扇　　　　　　　　　　　　10 500

3.商品流通企业库存商品的特殊核算

(1)毛利率法

毛利率法,是指根据本期销售净额乘以上期实际(或本期计划)毛利率匡算本期销售毛利,并据以计算发出存货和期末结存存货成本的一种方法。其计算公式为:

销售净额=商品销售收入-销售退回和折让

毛利率=(销售毛利÷销售净额)×100%

销售毛利=销售净额×毛利率

销售成本=销售净额-销售毛利

期末存货成本=期初存货成本+本期购货成本-本期销售成本

【任务3—21】兴业公司1日电风扇结存成本为73 000元,本月购进电风扇成本为425 000元,增值税税额为55 250元,款项以转账支票支付,本月销售收入为600 000元,销售退回5 000元,无销售折让;上个月该类商品毛利率为25%,计算本月已销商品和月末库存商品的成本并进行账务处理。

销售净额=600 000-5 000=595 000(元)

销售毛利=595 000×25%=148 750(元)

销售成本=595 000-148 750=446 250(元)

月末库存商品结存成本＝73 000＋425 000－446 250＝51 750(元)

根据增值税专用发票、入库单、转账支票存根编制会计分录如下：

借：库存商品——电风扇　　　　　　　　　　　　425 000
　　　应交税费——应交增值税(进项税额)　　　　 55 250
　　贷：银行存款　　　　　　　　　　　　　　　 480 250

根据出库单编制会计分录如下：

借：主营业务成本——电风扇　　　　　　　　　　446 250
　　贷：库存商品——电风扇　　　　　　　　　　　446 250

(2)售价金额核算法

售价金额核算法，是指平时商品存货的购进、加工收回、销售和结存均按商品售价记账，售价与进价之间的差额，通过"商品进销差价"账户核算，期末计算商品进销差价率和本期已销商品应分摊的商品进销差价，并据以调整本期销售成本的一种方法。计算公式如下：

$$商品进销差价率=\frac{月初库存商品进销差价＋本期购入商品进销差价}{月初库存商品售价＋本期购入商品售价}\times 100\%$$

本期已销商品应分摊的商品进销差价＝本期商品销售收入×商品进销差价率

本期已销商品实际成本＝本期商品销售收入－本期已销商品应分摊的商品进销差价

期末结存商品实际成本＝期初库存商品进价成本＋本期购进库存商品进价成本－本期销售商品的实际成本

为了反映商品的采购成本以及库存商品的收入、发出和结存情况，企业购入、加工收回以及销售退回等增加的库存商品，借记"库存商品"、"应交税费——应交增值税(进项税额)"等账户，贷记"银行存款"、"应付账款"等账户，按售价与进价之间的差额，贷记"商品进销差价"账户；期末分摊已销商品的进销差价，借记"商品进销差价"账户，贷记"主营业务成本"账户，"商品进销差价"账户期末贷方余额，反映企业库存商品的商品进销差价。

【任务3－22】兴业公司1日笔记本电脑结存成本为600 000元，售价总额为720 000元；本月笔记本电脑的购货成本为1 000 000元，增值税税额为130 000元，售价总额为1 280 000元；本月笔记本电脑的销售收入为1 600 000元，购销款项已通过转账支票办理结算。

根据增值税专用发票发票联、入库单、转账支票存根编制会计分录如下：

借：库存商品——笔记本电脑　　　　　　　　　1 280 000
　　　应交税费——应交增值税(进项税额)　　　　130 000
　　贷：银行存款　　　　　　　　　　　　　　　1 130 000
　　　　商品进销差价　　　　　　　　　　　　　　280 000

根据增值税专用发票记账联、银行收款通知编制会计分录如下：

借：银行存款　　　　　　　　　　　　　　　　1 808 000
　　贷：主营业务收入——笔记本电脑　　　　　　1 600 000

　　　　　应交税费——应交增值税（销项税额）　　　　　　　208 000
根据出库单编制会计分录如下：
　　借：主营业务成本——笔记本电脑　　　　　　　1 600 000
　　　　贷：库存商品——笔记本电脑　　　　　　　　　　1 600 000
　　商品进销差价率＝(120 000＋280 000)÷(720 000＋1 280 000)×100％＝20％
　　已销商品应分摊商品进销差价＝1 600 000×20％＝320 000(元)
根据商品进销差价分摊表编制会计分录如下：
　　借：商品进销差价——笔记本电脑　　　　　　　320 000
　　　　贷：主营业务成本——笔记本电脑　　　　　　　　320 000
　　本期销售商品的实际成本＝1 600 000－320 000＝1 280 000(元)
　　期末结存商品的实际成本＝600 000＋1 000 000－1 280 000＝320 000(元)

【任务实训】

根据【任务引例】中的相关内容请会计人员完成以下任务：

1.请会计人员完成【任务3—22】兴业公司编制商品进销差价分摊表的任务。

任务六　存货清查和减值业务核算

【任务引例】

兴业公司2021年12月有关存货和减值的业务如下：

23.30日，兴业公司在财产清查中盘盈甲材料200千克，每千克市场价为20元；经查属于材料收发计量方面的错误。

24.30日，兴业公司在财产清查中盘亏乙材料50千克，每千克市场价为15元；经查属于定额内合理损耗。

25.30日，兴业公司在财产清查中盘亏丙材料100千克，每千克市场价为25元，增值税税额为325元；经查是保管员管理不善造成的，研究决定，保管员赔偿1 000元，残料价值300元。

26.30日，兴业公司在财产清查中盘亏丁材料50千克，每千克市场价为10元；经查属于自然灾害造成的损失，保险公司同意赔偿全部损失的50%。

27.30日，兴业公司笔记本电脑的账面成本为500 000元，估计售价为400 000元，估计的销售费用及相关税费为10 000元，则该批笔记本电脑的价值是多少？

28.30日，兴业公司小型电机的账面实际成本为55 000元，市场购买价格为50 000元，假设不发生其他购买费用；由于小型电机价格下降，市场上用小型电机生产的电风扇的售价也由145 000元下降为130 000元，将小型电机加工成电风扇尚需投入80 000元，估计销售费用及相关税费为5 000元，则该批小型电机的价值是多少？

29.2020年6月30日，兴业公司电风扇账面余额为100 000元，可变现净值为95 000元；2020年12月31日，电风扇账面余额为105 000元，可变现净值为99 000元；2021年6月30日，电风扇账面余额为110 000元，可变现净值为107 500元；2021年12月31日，电风扇账面余额为97 500元，可变现净值为100 000元。采用成本与可变现净值孰低法对电风扇进行期末计量。

30.31日，兴业公司销售电风扇一批，账面成本为50 000元，应负担的存货跌价准备为3 000元。

要求：编制【任务3—23】—【任务3—30】的会计分录。

【任务准备】

一、存货清查的认知

存货清查，是指通过对存货的实地盘点，确定存货的实有数量，并与账面结存数核对，从而确定存货实存数与账面结存数是否相符的一种专门方法。

由于企业存货的种类很多，收发频繁，在日常的收发过程中可能发生计量和计算上的差错，还可能发生自然损耗、毁损、变质、被盗等情况，从而造成存货的账实不符，形成存货的盘盈盘亏。对于存货的盘盈盘亏，应填写存货盘点报告表，及时查明原因，按照规定程序报批处理。

二、存货减值的认知

（一）存货减值的概念

存货减值，是指存货的初始计量虽然以成本入账，但存货进入企业后可能发生毁损、陈旧、市价下跌等情况。资产负债表日，采用按照成本与可变现净值孰低法对存货进行减值测试。

（二）成本与可变现净值孰低法

成本与可变现净值孰低法，是指对期末存货按照成本与可变现净值两者中较低者计价的方法，即当成本低于可变现净值时，期末存货按成本计价；当可变现净值低于成本时，期末存货按可变现净值计价。

成本，是指存货的历史成本，也就是实际成本；可变现净值，是指在日常活动中，存货的估计售价减去至完工估计将要发生的成本、估计的销售费用以及相关税费后的金额。

【任务实施】

一、存货清查业务的核算

（一）账户设置

企业应设置"待处理财产损溢"账户，核算在财产清查过程中查明的各种财产的盘盈、盘亏和毁损的价值及其转销价值。该账户属于资产类账户，借方登记发生的各种财产物资的盘亏、毁损金额和经批准转销的盘盈金额，贷方登记发生的除固定资产以外的各种财产物资的盘盈金额和经批准转销的盘亏毁损金额，期末处理后该账户应无余额。该账户设置"待处理流动资产损溢"和"待处理固定资产损溢"两个明细账户。

（二）账务处理

1.存货盘盈的账务处理

存货盘盈，是指单位清查出无账面记录的库存材料、低值易耗品、在产品和产成品等。企业发生存货盘盈，应及时办理存货入账手续，调整账面记录，借记"原材料"、"周转材料"、"库存商品"等账户，贷记"待处理财产损溢——待处理流动资产损溢"账户；待有关部门批准后再冲减管理费用,借记"待处理财产损溢——待处理流动资产损溢"账户,贷记"管理费用"等账户。

【任务3-23】30日,兴业公司在财产清查中盘盈甲材料200千克,每千克市场价为20元;经查属于材料收发计量方面的错误。

根据存货盘点报告表编制会计分录如下:

借:原材料——甲材料　　　　　　　　　　　　　　4 000
　　贷:待处理财产损溢——待处理流动资产损溢　　　　　4 000

根据存货盘盈盘亏审批单编制会计分录如下:

借:待处理财产损溢——待处理流动资产损溢　　　　　4 000
　　贷:管理费用　　　　　　　　　　　　　　　　　　4 000

2.存货盘亏的账务处理

存货盘亏,是指盘点后存货的账面结存数大于实际结存数的情况,企业在生产经营过程中除正常损失外,因自然灾害、管理不善等造成存货的毁损。主要包括外购货物和自制半成品、在产品、产成品的短少。

(1)属于定额内损耗的,经批准可转入管理费用,借记"管理费用"账户,贷记"待处理财产损溢——待处理流动资产损溢"账户。

【任务3-24】30日,兴业公司在财产清查中盘亏乙材料50千克,每千克市场价为15元;经查属于定额内合理损耗。

根据存货盘点报告表编制会计分录如下:

借:待处理财产损溢——待处理流动资产损溢　　　　　750
　　贷:原材料——乙材料　　　　　　　　　　　　　　750

根据存货盘盈盘亏审批单编制会计分录如下:

借:管理费用　　　　　　　　　　　　　　　　　　　750
　　贷:待处理财产损溢——待处理流动资产损溢　　　　　750

(2)属于管理不善造成的存货短缺、毁损,能确定过失人责任的,应由过失人赔偿;属于保险责任范围的,应向保险公司索赔,扣除过失人或保险公司赔款和材料价值后,加上不允许抵扣的增值税进项税额,计入管理费用,借记"管理费用"账户,贷记"待处理财产损溢——待处理流动资产损溢"、"应交税费——应交增值税(进项税额转出)"等账户。

【任务3-25】30日,兴业公司在财产清查中盘亏丙材料100千克,每千克市场价为25元,增值税税额为325元;经查是保管员管理不善造成的,研究决定,保管员赔偿1 000元,残料价值300元。

根据存货盘点报告单编制会计分录如下:

借:待处理财产损溢——待处理流动资产损溢　　　　　2 825
　　贷:原材料——丙材料　　　　　　　　　　　　　　2 500

　　　　应交税费——应交增值税(进项税额转出)　　　　325
　　根据存货盘盈盘亏审批单编制会计分录如下：
　　　　借：其他应收款——保管员　　　　　　　　　　1 000
　　　　　　原材料——丙材料　　　　　　　　　　　　　300
　　　　　　管理费用　　　　　　　　　　　　　　　　1 525
　　　　　　贷：待处理财产损溢——待处理流动资产损溢　2 825

(3)属于非正常损失的存货毁损，扣除保险公司赔款和材料价值后，计入营业外支出，借记"营业外支出"账户，贷记"待处理财产损溢——待处理流动资产损溢"账户。

【任务3-26】30日，兴业公司在财产清查中盘亏丁材料50千克，每千克市场价为10元；经查属于自然灾害造成的损失，保险公司同意赔偿全部损失的50%。

　　根据存货盘点报告单编制会计分录如下：
　　　　借：待处理财产损溢——待处理流动资产损溢　　500
　　　　　　贷：原材料——丁材料　　　　　　　　　　　　500
　　根据存货盘盈盘亏审批单编制会计分录如下：
　　　　借：其他应收款——保险公司　　　　　　　　　250
　　　　　　营业外支出　　　　　　　　　　　　　　　250
　　　　　　贷：待处理财产损溢——待处理流动资产损溢　500

二、存货减值业务的核算

(一)账户设置

企业应设置"存货跌价准备"账户，为核算和监督存货跌价准备的计提、转回等情况。该账户属于资产类账户，是存货各项目的备抵调整账户，贷方登记企业计提的存货跌价准备金额，借方登记存货跌价准备的转回数和实际发生的存货跌价损失金额，期末余额一般在贷方，反映企业累计计提但尚未转销的存货跌价准备，该账户可按存货项目和类别进行明细核算。

(二)期末存货价值的确定方法

1.直接用于出售的存货可变现净值的确定

直接用于出售的存货，以存货的估计售价减去估计的销售费用和相关税费后的金额确定可变现净值；为执行销售合同而持有的存货，其可变现净值应当以合同价格为基础确定；企业持有存货的数量多于销售合同订购数量的，超出部分的存货的可变现净值，应当以一般销售价格为基础确定。

【任务3-27】30日，兴业公司笔记本电脑的账面成本为500 000元，估计售价为400 000元，估计的销售费用及相关税费为10 000元，则该批笔记本电脑的价值是多少？

笔记本电脑的可变现净值=估计售价-估计的销售费用及相关税费

$$=400\ 000-10\ 000=390\ 000(元)$$

笔记本电脑的可变现净值为390 000元，其账面成本为500 000元，按成本与可变现净值孰低法计量，该批笔记本电脑的价值应以可变现净值390 000元计量。

2.用于继续加工的存货可变现净值的确定

用于生产的材料、在产品或自制半成品等需要加工的存货，其可变现净值应根据在日常活动中存货的估计售价减去至完工时估计将要发生的成本、估计的销售费用以及相关税费后的金额确定，如果属于按订单生产，则应按协议价，而不是估计售价确定可变现净值。

【任务3-28】30日，兴业公司小型电机的账面实际成本为55 000元，市场购买价格为50 000元，假设不发生其他购买费用；由于小型电机价格下降，市场上用小型电机生产的电风扇的售价也由145 000元下降为130 000元，将小型电机加工成电风扇尚需投入80 000元，估计销售费用及相关税费为5 000元，则该批小型电机的价值是多少？

电风扇的可变现净值＝估计售价－估计销售费用及相关税费
$$=130\ 000-5\ 000=125\ 000(元)$$

加工完成电风扇的成本＝55 000＋80 000＝135 000(元)

电风扇的可变现净值为125 000元，低于其成本135 000元，价格的下降表明电风扇的可变现净值低于成本，小型电机应按可变现净值计量。

小型电机的可变现净值＝电风扇的估计售价－进一步加工费用－估计销售费用及相关税费
$$=130\ 000-80\ 000-5\ 000=45\ 000(元)$$

小型电机的可变现净值为45 000元，成本为55 000元，按成本与可变现净值孰低计量，该批小型电机的价值为其可变现净值45 000元。

(三)账务处理

1.存货跌价准备的计提或转回

本期应计提的存货跌价准备＝本期可变现净值低于成本的差额－"存货跌价准备"原有余额

计提或补提存货跌价准备时，借记"资产减值损失—计提存货跌价准备"账户，贷记"存货跌价准备"账户；存货跌价准备转回时，借记"存货跌价准备"账户，贷记"资产减值损失"账户，即做与计提或补提存货跌价准备相反的会计分录。

【任务3-29】2020年6月30日，兴业公司电风扇账面余额为100 000元，可变现净值为95 000元；2020年12月31日，电风扇账面余额为105 000元，可变现净值为99 000元；2021年6月30日，电风扇账面余额为110 000元，可变现净值为107 500元；2021年12月31日，电风扇账面余额为97 500元，可变现净值为100 000元。采用成本与可变现净值孰低法对电风扇进行期末计量。

2020年6月30日，根据存货跌价准备计算表编制会计分录如下：

期末应计提存货跌价准备＝100 000－95 000＝5 000(元)

借：资产减值损失　　　　　　　　　　　　　　5 000
　　　贷：存货跌价准备　　　　　　　　　　　　　　　5 000

2020年12月31日，根据存货跌价准备计算表编制会计分录如下：

期末应计提存货跌价准备＝(105 000－99 000)－5 000＝1 000(元)

借：资产减值损失　　　　　　　　　　　　　　1 000
　　　贷：存货跌价准备　　　　　　　　　　　　　　　1 000

2021年6月30日，根据存货跌价准备计算表编制会计分录如下：

期末应计提存货跌价准备＝(110 000－107 500)－6 000＝－3 500(元)

借：存货跌价准备　　　　　　　　　　　　　　3 500
　　　贷：资产减值损失　　　　　　　　　　　　　　　3 500

2021年12月31日，根据存货跌价准备计算表编制会计分录如下：

借：存货跌价准备　　　　　　　　　　　　　　2 500
　　　贷：资产减值损失　　　　　　　　　　　　　　　2 500

2.存货跌价准备的结转

企业对已计提存货跌价准备的商品，如果其中有部分商品已经销售，则企业在结转销售成本时，应同时结转对其已计提的存货跌价准备，借记"存货跌价准备"、"主营业务成本"等账户，贷记"库存商品"账户。

【任务3—30】31日，兴业公司销售电风扇一批，账面成本为50 000元，应负担的存货跌价准备为3 000元。

根据出库单、存货跌价准备分摊表编制会计分录如下：

借：主营业务成本——电风扇　　　　　　　　　47 000
　　　存货跌价准备——电风扇　　　　　　　　　 3 000
　　　贷：库存商品——电风扇　　　　　　　　　　　50 000

【任务实训】

根据【任务引例】中的相关内容请会计人员完成以下任务：

1.请会计人员完成【任务3—23】至【任务3—26】兴业公司存货盘点报告单的编制任务。

项目四 投资岗位

【知识目标】
1.熟悉交易性金融资产的核算范围及会计账户设置;
2.熟悉并掌握交易性金融资产的账务处理。

【能力目标】
1.能够正确处理交易性金融资产取得、持有期间的业务核算;
2.能够正确处理交易性金融资产在期末计量时、出售时的业务核算。

【素质目标】
1.能够了解金融相关知识,熟悉金融相关业务;
2.具备金融风险管理知识,尽量避免金融风险;
3.培养团队协作能力,形成良好的会计思维能力。

工作情境

投资岗位,是企业财会部门的重要会计岗位,企业为了获得收益或实现资本增值,可以将生产经营中的一些暂时闲置不用的资金,购买股票、债券、基金等有价证券,从而形成对外投资。

对外投资主要可以分为:以公允价值计量且其变动计入当期损益的金融资产、持有至到期投资、可供出售金融资产和长期股权投资,共四大类,其中,以公允价值计量且其变动计入当期损益的金融资产,可以进一步划分为交易性金融资产和直接指定为以公允价值计量且其变动计入当期损益的金融资产。本项目中主要介绍"交易性金融资产"。作为投资岗位的会计人员,应明确以下岗位职责:

1.进行投资可行性研究,编制投资可行性报告,为管理层的投资决策提供依据;
2.根据财务分析及领导指示,制订投资工作计划和工作方案,经领导审批后执行;
3.负责企业对外投资的明细分类核算。

任务一 交易性金融资产初始计量核算

【任务引例】

2021年6月，兴业公司有关交易性金融资产初始计量的业务如下：

1.1日，兴业公司从证券市场上购买中煤集团的股票20 000股，每股价格7元，其中包含0.3元的股利，另付税费500元，取得的增值税专用发票上列明的增值税税额为30元，共支付价款140 530元。

2.1日，兴业公司购入河汾医药集团于2020年7月1日发行的3年期债券作为交易性金融资产；该债券面值总额为150 000元，年利率为10%，兴业公司按175 000元的价格购入，另支付税费等相关费用800元，取得的增值税专用发票上列明的增值税税额为48元，该债券为一次性还本付息。

要求：编制【任务4—1】—【任务4—2】的会计分录。

【任务准备】

一、交易性金融资产的认知

(一)交易性金融资产的概念

交易性金融资产，主要是指企业为了在近期内出售而持有的金融资产，如企业以赚取差价为目的从二级市场购入的股票、债券、基金等。

(二)交易性金融资产应满足的条件

1.取得金融资产的目的主要是近期内出售、回购或赎回；

2.属于进行集中管理的可辨认金融工具组合的一部分，具有客观证据表明企业近期采用短期获利方式对该组合进行管理；

3.属于金融衍生工具。

(三)交易性金融资产的特点

1.企业持有的目的是短期性的，短期一般指的是不超过一年(含一年)；

2.该资产具有活跃市场的作用，公允价值能够通过活跃市场获取；

3.交易性金融资产持有期间不计提减值准备。

二、交易性金融资产的初始计量

交易性金融资产，应当按照取得时的公允价值作为初始确认金额，相关的交易费用在发生时计入当期损益，如果企业购入的各种股票、债券、基金，实际支付的价款中包含已宣告但尚未发放的现金股利或已到付息期但尚未领取的债券利息，应当单独确认为应收项目，不构成交易性金融资产的投资成本。

【任务实施】

一、交易性金融资产初始计量的核算

(一)账户设置

企业应设置"交易性金融资产"账户，核算企业分类为以公允价值计量且其变动计入当期损益的金融资产。该账户属于资产类账户，借方登记企业取得交易性金融资产的成本，资产负债表日交易性金融资产的公允价值高于其账面余额的差额等，贷方登记资产负债表日交易性金融资产的公允价值低于其账面余额的差额，以及出售时交易性金融资产的账面余额等内容，期末余额在借方，反映企业持有的交易性金融资产的公允价值。该账户可按照金融资产的类别和品种分别设置"成本"、"公允价值变动"进行明细核算。

(二)账务处理

企业取得的各种交易性金融资产，按其公允价值，借记"交易性金融资产——成本"账户，发生的交易费用，按照增值税专用发票列明的价款和税款分别借记"投资收益"、"应交税费——应交增值税(进项税额)"账户，按已宣告但尚未发放的现金股利或已到付息期但尚未领取的利息，借记"应收股利"或"应收利息"账户，按实际支付的金额，贷记"其他货币资金——存出投资款"账户。

【任务4-1】1日，兴业公司从证券市场上购买中煤集团的股票20 000股，每股价格7元，其中包含0.3元的股利，另付税费500元，取得的增值税专用发票上列明的增值税税额为30元，共支付价款140 530元。

根据证券业务交割单、银行付款通知编制会计分录如下：

借：交易性金融资产——成本　　　　　　　　　　134 000
　　应收股利　　　　　　　　　　　　　　　　　　6 000
　　投资收益　　　　　　　　　　　　　　　　　　　500
　　应交税费——应交增值税(进项税额)　　　　　　　30
　　贷：其他货币资金——存出投资款　　　　　　　　　　140 530

【任务4-2】1日，兴业公司购入河汾医药集团于2020年7月1日发行的3年期债券作为交易性金融资产；该债券面值总额为150 000元，年利率为10%，兴业公司按175 000元的价格购入，另支付税费等相关费用800元，取得的增值税专用发票上列明的增值税税额为48元，该债券为一次性还本付息。

根据证券业务交割单、银行付款通知编制会计分录如下：

借：交易性金融资产——成本　　　　　　　　　　175 000
　　投资收益　　　　　　　　　　　　　　　　　　800
　　应交税费——应交增值税(进项税额)　　　　　48
　贷：其他货币资金——存出投资款　　　　　　　　　　175 848

【任务实训】

根据【任务引例】中的相关内容请会计人员完成以下任务：

1.请会计人员完成【任务4—1】兴业公司银行付款通知的编制任务。

任务二 交易性金融资产后续计量核算

【任务引例】

2021年，兴业公司有关交易性金融资产后续计量的业务如下：

3.沿用【任务4—1】的资料，6月10日，兴业公司收到现金股利6 000元。

4.沿用【任务4—1】的资料，7月10日中煤集团宣告于7月25日发放股利，每股派发0.2元股利，持有中煤集团股票20 000股。

5.兴业公司持有一项交易性金融资产，该项交易性金融资产的初始成本为195 000元，6月30日的公允价值为250 000元，12月31日的公允价值为310 000元。

要求：编制【任务4—3】—【任务4—5】的会计分录。

【任务实施】

一、交易性金融资产后续计量的核算

(一)账户设置

企业应设置"公允价值变动损益"账户，核算以公允价值计量且其变动计入当期损益的资产，公允价值变动形成的应计入当期损益的利得或损失。该账户属于损益类账户，贷方登记资产负债表日公允价值高于其账面余额的差额，借方登记资产负债表日公允价值低于账面余额的差额，期末应将该账户余额转入"本年利润"账户，结转后该账户无余额。

(二)账务处理

1.买价中包含的应收股利和应收利息

交易性金融资产取得时，实际支付的价款中包含有已宣告但尚未发放的现金股利或已到付息期但尚未领取的债券利息，在收到时应冲减已记录在债权账户中的应收股利或应收利息，不确认为投资收益；当实际收到这部分款项时，借记"其他货币资金——存出投资款"账户，贷记"应收股利"、"应收利息"等账户。

【任务4—3】沿用【任务4—1】的资料，6月10日，兴业公司收到现金股利6 000元。

根据银行收款凭证编制会计分录如下：

借：其他货币资金——存出投资款　　　　　　6 000
　　贷：应收股利　　　　　　　　　　　　　　　　6 000

2.交易性金融资产持有期间取得的股利和利息

交易性金融资产持有期间，被投资单位宣告发放的现金股利或利息，借记"应收股利"、

"应收利息"等账户,贷记"投资收益"账户;实际收到时,借记"其他货币资金——存出投资款"账户,贷记"应收股利"、"应收利息"等账户。

【任务4—4】沿用【任务4—1】的资料,7月10日中煤集团宣告于7月25日发放股利,每股派发0.2元股利,持有中煤集团股票20 000股。

7月10日,根据股利分配公告、股利计算表编制会计分录如下:

借:应收股利　　　　　　　　　　　　　　　4 000
　　贷:投资收益　　　　　　　　　　　　　　　　　4 000

7月25日,根据银行收款凭证编制会计分录如下:

借:其他货币资金——存出投资款　　　　　　4 000
　　贷:应收股利　　　　　　　　　　　　　　　　　4 000

3.交易性金融资产公允价值的变动

期末按交易性金融资产的公允价值高于其账面余额的差额,借记"交易性金融资产——公允价值变动"账户,贷记"公允价值变动损益"账户;如果交易性金融资产的公允价值低于其账面余额,则借记"公允价值变动损益"账户,贷记"交易性金融资产——公允价值变动"账户。

【任务4—5】兴业公司持有一项交易性金融资产,该项交易性金融资产的初始成本为195 000元,6月30日的公允价值为250 000元,12月31日的公允价值为310 000元。

6月30日,根据证券价值计算表编制会计分录如下:

借:交易性金融资产——公允价值变动　　　55 000
　　贷:公允价值变动损益　　　　　　　　　　　　55 000

12月31日,根据证券价值计算表编制会计分录如下:

借:交易性金融资产——公允价值变动　　　60 000
　　贷:公允价值变动损益　　　　　　　　　　　　60 000

【任务实训】

根据【任务引例】中的相关内容请完成以下任务:

1.请会计人员完成【任务4—4】兴业公司股利计算表的编制任务。

任务三 交易性金融资产处置核算

【任务引例】

2022年,兴业公司有关交易性金融资产后续计量的业务如下:

6.沿用【任务4—5】中的资料,兴业公司于1月10日将该项交易性金融资产出售,售价370 000元。

7.沿用【任务4—6】中的资料,兴业公司1月10日将该项交易性金融资产出售需要确认应交增值税的金额。

要求:编制[任务4—5]—[任务4—6]的会计分录。

【任务实施】

一、交易性金融资产处置的核算

(一)账户设置

企业应设置"应交税费——转让金融商品应交增值税"账户,核算增值税纳税人转让金融商品发生的增值税应纳税额。该账户贷方登记产生金融商品转让收益时计算的增值税应纳税额,借方登记产生金融商品转让损失时结转下月抵扣的增值税税额,年末该账户如有借方余额,转入"投资收益"账户。

(二)账务处理

1.交易性金融资产出售的业务核算

出售交易性金融资产,按实际收到的金额,借记"其他货币资金——存出投资款"账户,按该交易性金融资产的账面余额,贷记"交易性金融资产——成本"、"交易性金融资产——公允价值变动"账户,按其差额贷记或借记"投资收益"账户。

【任务4—6】沿用【任务4—5】中的资料,兴业公司于1月10日将该项交易性金融资产出售,售价370 000元。

根据证券业务交割单编制会计分录如下:

借:其他货币资金——存出投资款　　　　　370 000
　　贷:交易性金融资产——成本　　　　　　195 000
　　　　　　　　　　——公允价值变动　　　115 000
　　　　投资收益　　　　　　　　　　　　　60 000

2.交易性金融资产出售时应交增值税的业务核算

交易性金融资产转让时,如产生转让收益,按增值税应纳税额,借记"投资收益"账户,贷记"应交税费——转让金融商品应交增值税"账户;如产生转让损失,则按可结转下月抵扣税额,借记"应交税费——转让金融商品交增值税"账户,贷记"投资收益"账户。

【任务4—7】沿用【任务4—6】中的资料,兴业公司1月10日将该项交易性金融资产出售需要确认应交增值税的金额。

转让金融商品应交增值税=(370 000−195 000)÷(1+6%)×6%=9 905.66(元)

借:投资收益　　　　　　　　　　　　　　　　　　9 905.66
　　贷:应交税费——转让金融商品应交增值税　　　　　9 905.66

【任务实训】

根据【任务引例】中的相关内容请会计人员完成以下任务:

1.请会计人员完成【任务4—6】证券公司开具给兴业公司证券业务交割单的编制任务。

项目五 非流动资产会计岗位

【知识目标】

1.了解固定资产、无形资产的概念、特征及分类,熟悉长期待摊费用的核算内容及核算原则;

2.掌握固定资产的取得、计提折旧、后续支出、处置、减值的账务处理;

3.掌握无形资产内部研究开发费用、摊销、减值、处置的会计处理;

4.掌握长期待摊费用的账务处理。

【能力目标】

1.能够正确处理固定资产取得、折旧、处置、清查等业务的账务处理;

2.能够准确地把握固定资产的折旧方法、无形资产摊销方法,会利用各种方法进行业务核算和账务处理;

3.正确计算固定资产计提折旧额和无形资产的摊销额,并进行完整的账务处理;

4.能够针对长期待摊费用事项作出正确的账务处理。

【素质目标】

1.形成较强的团队协作能力,养成良好的会计思维能力和语言表达能力;

2.培养踏实肯干的工作作风和主动、热情、耐心的服务意识;

3.培养诚信品格和社会责任感。

工作情境

李明明是一名初涉职场的大学毕业生,成功应聘到一家企业的财会部门工作,从事的是核算岗位,主要负责非流动资产的核算。非流动资产核算岗位是按照有关规章和制度,办理本单位的非流动资产的相关账务处理工作。根据《会计法》《会计基础工作规范》《会计职业道德规范》等财会法规明确规定的职责和权限工作,非流动资产核算岗位具有以下岗位职责:

1.会同有关部门拟定非流动资产的核算与管理制度。

2.制定固定资产、无形资产、其他长期资产的目录,协助主管人员确定非流动资产会计政策。

3.参与编制固定资产更新改造和大修理计划。

4.负责非流动资产的明细核算和有关报表的编制。

5.按一定的方法计提固定资产折旧,无形资产摊销等,及时取得并严格审核有关原始凭证及计划、合同、批件,进行固定资产的取得、折旧、修理、改扩建、处置、报废清查的核算;进行无形资产的取得、摊销、处置的核算等。

6.建立非流动资产台账,监督各项资产的购建、保管、使用、修理、处置、报废。

7.协同有关部门定期对固定资产进行盘点。

8.期末对固定资产、无形资产进行价值检查,重新估计固定资产使用年限,按规定计提固定资产、无形资产减值准备。

任务一 固定资产岗位核算

【任务引例】

大学毕业生李明明应聘到牡丹江市兴业商贸有限公司(以下简称兴业公司)(该公司为一般纳税人,下同)财务部任职非流动资产核算岗位,该公司位于牡丹江市和平路13号,电话:0453—6572002,开户行:工商行十二支行,账号:211040003—91,该公司成立于2021年7月,李明明于2021年9月初接管非流动资产核算岗位工作,该公司8月末固定资产账面余额为500 000元,无形资产账面余额为1 000 000元,长期待摊费用账面余额为60 000元,该公司发生下列有关经济业务:

1.9月1日,兴业公司购入不需要安装的设备一台,买价60 000元,进项增值税7 800元,包装费800元,运杂费500元,款项以银行存款支付,设备已交付生产车间使用。

2.9月5日,兴业公司开出转账支票一张,购入一台需要安装的生产用机器,买价200 000元,进项增值税26 000元,途中保险费700元,运输费1 000元;该机器委托一安装公司负责安装,以现金支付安装公司安装费2 000元;安装设备时,领用本公司外购原材料一批,价值为30 000元;领用自制产品一批,成本为40 000元;发生安装人员薪酬10 000元;上述机器安装完毕后,交付生产车间使用。

3.9月11日,兴业公司向乙公司一次购入3套不同型号且具有不同生产能力的设备A、B和C。兴业公司为该批设备共支付货款5 000 000元,增值税进项税额650 000元,保险费17 000元,装卸费3 000元,全部以银行转账支付;假定A、B和C设备分别满足固定资产确认条件,公允价值分别为1 560 000元、2 340 000元和1 300 000元。假定不考虑其他相关税费。

4.9月11日开始,兴业公司自建厂房一幢,用银行存款购入为工程准备的各种物资600 000元,支付的增值税税额为78 000元,全部用于工程建设;9月18日,工程领用生产用原材料一批,该批材料实际成本30 000元;9月25日,工程领用本公司生产的库存商品一批,实际成本为90 000元,税务部门确定的计税价格为100 000元,增值税税率为13%;9月31日,分配应计工程人员工资80 000元;10月20日,以银行存款支付的其他费用40 000元;12月25日,工程完工并达到预定可使用状态。

5.9月12日,兴业公司将一幢库房的建造工程出包给甲公司,按估计的发包工程进度和合同规定,兴业公司以银行存款向W公司结算进度款800 000元,工程完工后,收到甲公司有关工程结算单据,同时以银行存款补付工程款 200 000 元,工程完工并达到预定可使用状态。

6.9 月 17 日,兴业公司收到 M 公司投入的大型机床一套,该机床合同约定的价值 400 000 元,增值税专用发票上标明的进项税额为 52 000 元;投资双方同意按合同约定的价值确认投资额。

7.9 月 17 日,接受捐赠的设备一台,对方提供的有关凭据上标明的价值为 300 000 元(不含税),估计折旧 100 000 元,支付包装费等计 1 000 元;该公司适用的所得税税率为 25%。

8.9 月 18 日,兴业公司某项固定资产的原价为 1 000 000 元,预计可使用 10 年,预计净残值率为 4%。

9.9 月 19 日,兴业公司某项固定资产的原价为 1 000 000 元,预计可使用 10 年,预计净残值为 4 000 元。

10.9 月 19 日,兴业公司的一辆货车的原价为 500 000 元,预计总行驶里程为 400 000 公里,预计净残值率为 4%,本月行驶 4 000 公里。

11.9 月 20 日,兴业公司一项固定资产的原价为 100 000 元,预计使用年限为 5 年,预计净残值为 1 000 元,按双倍余额递减法计提折旧。

12.(承 11)假如采用年数总和法,计算各年折旧额。

13.9 月 30 日,兴业公司应计提的折旧额为 600 000 元,其中,一车间应计提折旧额 200 000 元,二车间应计提折旧额 300 000 元,管理部门应计提折旧额 70 000 元,销售部门应计提折旧额 30 000 元。

14.11 月 31 日,兴业公司固定资产计提折旧情况如下:基本生产一车间厂房计提折旧 400 000 元,机器设备计提折旧 50 000 元;基本生产二车间厂房计提折旧 500 000 元,机器设备计提折旧 100 000 元;管理部门房屋建筑物计提折旧 300 000 元,运输工具计提折旧 50 000 元;销售部门房屋建筑物计提折旧 160 000 元,运输工具计提折旧 40 000 元。另外,当月新购买汽车一辆,价值为 5 000 000 元,预计行驶里程为 500 000 公里,预计净残值率为 5%,采用工作量法计提折旧。

15.12 月 10 日,兴业公司对一条生产线进行更新改造,该生产线的原价 7 000 000 元,已计提折旧额为 4 800 000 元,更改过程中发生各项支出 500 000 元(假设均以银行存款支付),取得的变价收入 20 000 元存入银行,替换掉部件的原价为 200 000 元,已计提折旧 50 000 元。12 月 27 日,该生产线更改完毕,达到预定可使用状态。

16.12 月 11 日,兴业公司对现有的一台管理用设备进行日常修理,修理过程中发生的材料费 15 000 元,应支付的维修人员工资为 6 000 元。

17.12 月 12 日,兴业公司对一车间生产设备进行修理,以存款向承修单位支付专用发票所列的修理费 15 000 元,增值税 1 500 元;分配结转应负担机修车间(辅助生产车间)成本 26 000 元。

18.12月12日,兴业公司出售一座建筑物(系2017年6月1日自建完工),原价(成本)为2 000 000元,已计提折旧1 500 000元,未计提减值准备。实际出售价格为1 200 000元,增值税税率为9%,增值税税额为108 000元,款项已存入银行。

19.12月13日,兴业公司报废生产设备一台,该设备系2015年1月1日购入的,原价为1 000 000元,已计提折旧600 000元,未计提减值准备,并以银行存款支付清理费用1 000元,报废时的残料变价收入为10 000元。

20.12月11日,兴业公司因地震毁损一座厂房,该厂房原价为6 000 000元,已计提折旧2 000 000元,未计提减值准备。以银行存款支付清理费用30 000元,清理过程中收回残料价值60 000元,已办理入库手续。经核定应由保险公司赔偿损失2 400 000元,赔款尚未收到。

21.12月31日,兴业公司在财产清查过程中,发现一台未入账的设备,重置成本为50 000元(假定与其计税基础不存在差异)。假定兴业公司按净利润的10%提取法定盈余公积金,不考虑相关税费及其他因素。根据《企业会计准则》的规定,该盘盈固定资产作为前期会计差错进行处理。

22.12月31日,兴业公司在财产清查中发现盘亏一台设备,其原值为200 000元,已计提折旧160 000元。

23.12月31日,兴业公司对使用不正常B类生产设备检查,发现存在减值迹象,B类生产设备账面原值800 000元,预计净残值率为5%,预计使用寿命为10年,已计提折旧420 000元。经确认设备公允价值为350 000元(净值),清理处置费用预计10 000元;设备尚可使用期间和处置的预计未来现金流量的现值为350 000元。

要求:

根据上述经济业务分别编制有关会计分录。

【任务准备】

一、固定资产认知

(一)固定资产的概念

固定资产,是指为了生产商品、提供劳务、出租或经营管理而持有的,使用寿命超过一个会计年度的有形资产。

(二)固定资产应具备以下三个特征

第一,企业持有的目的,是为了生产商品、提供劳务、出租或经营管理的需要而不是为了对外出售。

第二,使用期限较长,其使用寿命一般超过一个会计年度。

第三,固定资产是有形资产,而且在使用中能保持原有实物形态不变的资产。

(三)固定资产的分类

为了加强对固定资产的管理,便于对固定资产的核算,企业需对固定资产进行科学、合理的分类,主要有以下几种分类方法。

1.按其经济用途分类

固定资产按其经济用途分类,可分为生产经营用固定资产和非生产经营用固定资产。

(1)生产经营用固定资产,是指直接服务于企业生产、经营过程的各种固定资产,如生产经营用的房屋、机器、设备、运输工具、器具等。

(2)非生产经营用固定资产,是指不直接服务于生产、经营过程的各种固定资产,如职工宿舍、食堂、幼儿园、托儿所等使用的房屋、设备等其他的固定资产。

通过这种分类,可以更好地考核和分析企业固定资产的利用情况,有利于企业合理地配置固定资产。

2.按其综合分类

固定资产按其经济用途和使用情况等综合分类,可将固定资产分为七大类。

(1)生产经营用固定资产。

(2)非生产经营用固定资产。

(3)租出固定资产(指在经营租赁方式下出租给外单位使用的固定资产)。

(4)不需用固定资产。

(5)未使用固定资产。

(6)土地,是指过去已经估价单独入账的土地。因征地而支付的补偿费,应计入与土地有关的房屋、建筑物的价值中,不单独作为土地价值入账。企业取得的土地使用权,应作为无形资产管理。

(7)租入固定资产,是指企业除短期租赁和低价值资产租赁租入的固定资产,在租赁期内,应视同自有固定资产进行管理。

由于各企业的经营性质和经营规模各不相同,对固定资产的分类也不可能完全统一,企业可按管理的需要进行必要的分类,在实际工作中,企业大多采用综合分类的方法作为对固定资产进行分类和进行核算的依据。

二、固定资产折旧

(一)固定资产折旧的概念

固定资产折旧,是指在固定资产使用寿命内,按照确定的方法对应计折旧额进行的系统分摊。

应计折旧额,是指应当计提折旧的固定资产的原价扣除其预计净残值后的金额。已计提减值准备的,还应当扣除已计提的固定资产减值准备的累计金额。

企业应当根据固定资产的性质和使用情况,合理确定固定资产的使用寿命和预计净残值。固定资产的使用寿命,预计净残值一经确定,不得随意变更。

(二)影响固定资产折旧的因素

1.固定资产原价,是指固定资产的取得成本。

2.预计净残值,是指预计固定资产报废时可以收回的残值收入扣除预计清理费用后的金额。

3.固定资产的使用寿命,是指企业使用固定资产的预计期间。固定资产使用寿命的长短,直接影响各期应提折旧额的多少。

企业确定固定资产使用寿命时,主要应当考虑下列因素:①该资产预计生产能力或实物产量;②考虑固定资产的有形损耗;③考虑固定资产的无形损耗;④有关资产使用的法律或者类似规定的限制。

4.固定资产减值准备,是指固定资产已计提的减值准备的金额。它会影响到固定资产的账面价值。

(三)固定资产折旧的范围

1.固定资产计提折旧的项目范围

(1)应计提折旧的固定资产。固定资产由于有形损耗或无形损耗的客观存在,一般均应计提折旧。应计提折旧的固定资产包括:

①生产经营用、非生产经营用固定资产;

②出租固定资产;

③租入固定资产(除短期租赁和低价值资产租赁);

④季节性、大修理停用固定资产;

⑤未使用、不需要固定资产;

⑥已达到预定可使用状态但尚未办理竣工决算的固定资产。

(2)不应计提折旧的固定资产。对不发生价值损耗或已经取得价值补偿的固定资产,则不应计提折旧,具体有:

①已提足折旧仍然继续使用的固定资产;

②单独计价入账的土地;

③已全额计提减值准备的固定资产;

④提前报废固定资产,不再补提折旧;

⑤划分为持有待售的固定资产。

2.固定资产计提折旧的时间范围

企业固定资产应当按月计提折旧,同时为了保证固定资产计提折旧的可靠、合理与完整,计提固定资产折旧的时间范围统一规定为:

(1)固定资产应当按月计提折旧,当月增加的固定资产,当月不计提折旧,从下月起计提折旧;当月减少的固定资产,当月仍计提折旧,从下月起不计提折旧。

(2)固定资产提足折旧后,不论能否继续使用,均不再计提折旧。所谓提足折旧,是指已经提足该项固定资产的应计折旧额。

(3)已达到预定可使用状态但尚未办理竣工决算的固定资产,应当按照估计价值确定其成本,并计提折旧;待办理竣工决算后,再按实际成本调整原来的暂估价值,但不需要调整原已计提的折旧额。

【任务实施】

一、固定资产取得核算

固定资产应按取得成本进行初始计量,固定资产的成本,是指固定资产从开始购建到达到预定可使用状态所发生的一切合理必要的支出,包括买价、运杂费、相关税费及安装费等。在实务中,企业取得固定资产的方式是多种多样的,包括外购、自行建造、投资者投入以及非货币性资产交换、债务重组、企业合并等,取得的方式不同,其取得成本的构成内容及确定方法也不尽相同。

1.设置账户

为了进行固定资产取得的核算,企业一般需要设置"固定资产"、"在建工程"、"工程物资"等账户。

(1)"固定资产"账户。资产类账户,核算企业固定资产原价(原值)增减变化及余额,借方登记企业增加的固定资产原价,贷方登记企业减少的固定资产原价,期末借方余额,反映企业期末固定资产的账面原价。企业应当设置"固定资产登记簿"和"固定资产卡片",按固定资产类别、使用部门对固定资产进行明细核算。

(2)"在建工程"账户。资产类账户,核算企业基建、更新改造等在建工程发生的支出,借方登记企业各项在建工程发生的实际支出,贷方登记完工工程转出的工程成本,期末借方余额反映企业尚未达到预定可使用状态的在建工程的成本。该账户按工程项目设明细账,进行明细核算。

(3)"工程物资"账户。资产类账户,核算企业为在建工程而准备的各种物资的实际成本。该账户借方登记企业购入工程物资的成本,贷方登记领用工程物资的成本,期末借方余额,反映企业为在建工程准备的各种物资的成本。该账户按工程物资的种类设明细账,进行明细核算。

2.账务处理

(1)外购固定资产的核算

企业外购的固定资产,应按实际支付的购买价款、相关税费、使固定资产达到预定可使用状态前所发生的可归属于该项固定资产的运输费、装卸费、安装费和专业人员服务费等,作为固定资产的取得成本入账。一般纳税人企业购入固定资产不包括增值税抵扣凭证所列的增值税。

①企业购入不需要安装的固定资产

企业购入不需要安装的固定资产应按实际支付的购买价款、相关税费以及使固定资产达到预定可使用状态前所发生的可归属于该项资产的运输费、装卸费和专业人员服务费等，作为固定资产成本，若企业为增值税一般纳税人，则购进生产设备等固定资产的进项税额可以在销项税中抵扣，不计入固定资产成本，即购入固定资产时，按固定资产的成本借记"固定资产"科目，按可以抵扣的进项税额借记"应交税费——应交增值税（进项税额）"科目，贷记"银行存款"等科目。

【任务5—1】9月1日，兴业公司购入不需要安装的设备一台，买价60 000元，进项增值税7 800元，包装费800元，运杂费500元，款项以银行存款支付，设备已交付生产车间使用。兴业公司账务处理如下：

借：固定资产　　　　　　　　　　　　　　　　　　　61 300
　　应交税费——应交增值税（进项税额）　　　　　　 7 800
　　贷：银行存款　　　　　　　　　　　　　　　　　　　　69 100

②购入需要安装的固定资产

购入需要安装的固定资产，应在购入的固定资产取得成本的基础上加上安装调试成本等，作为购入固定资产的成本，先通过"在建工程"科目核算，待安装完毕达到预定可使用状态时，再由"在建工程"科目转入"固定资产"科目。

企业购入固定资产时，按实际支付的购买价款、运输费、装卸费和其他相关税费等，借记"在建工程"科目，若允许抵扣进项税，则按支付的增值税借记"应交税费——应交增值税（进项税额）"科目，贷记"银行存款"等科目；支付安装费用等时，借记"在建工程"科目，贷记"银行存款"等科目；安装完毕达到预定可使用状态时，按其实际成本，借记"固定资产"科目，贷记"在建工程"科目。

【任务5—2】9月5日，兴业公司开出转账支票一张，购入一台需要安装的生产用机器，买价200 000元，进项增值税26 000元，途中保险费700元，运输费1 000元；该机器委托一安装公司负责安装，以现金支付安装公司安装费2 000元；安装设备时，领用本公司外购原材料一批，价值为30 000元；领用自制产品一批，成本为40 000元；发生安装人员薪酬10 000元；上述机器安装完毕后，交付生产车间使用。兴业公司账务处理如下：

(1)购入时根据有关原始凭证：

借：在建工程　　　　　　　　　　　　　　　　　　　201 700
　　应交税费——应交增值税（进项税额）　　　　　　26 000
　　贷：银行存款　　　　　　　　　　　　　　　　　　　　227 700

(2)支付安装费时：

借：在建工程　　　　　　　　　　　　　　　　　　　　2 000

贷：库存现金　　　　　　　　　　　　　　2 000
(3)领用本公司原材料、自制产品：
借：在建工程　　　　　　　　　　　　　　70 000
　　　贷：原材料　　　　　　　　　　　　　　30 000
　　　　　库存商品　　　　　　　　　　　　　40 000
(4)发生安装人员薪酬：
借：在建工程　　　　　　　　　　　　　　10 000
　　　贷：应付职工薪酬　　　　　　　　　　　10 000
(5)设备安装完毕交付使用时（达到预定可使用状态）：
　　　固定资产成本＝201 700＋70 000＋10 000＋2 000＝283 700(元)
借：固定资产　　　　　　　　　　　　　　283 700
　　　贷：在建工程　　　　　　　　　　　　　283 700
③外购固定资产的特殊考虑

在实际工作中，企业可能以一笔款项购入多项没有单独标价的资产。如果这些资产均符合固定资产的定义，并满足固定资产的确认条件，则应将各项资产单独确认为固定资产，并按各项固定资产公允价值的比例对总成本进行分配，分别确定各项固定资产的成本。

【任务5—3】9月11日，兴业公司向乙公司一次购入3套不同型号且具有不同生产能力的设备A、B和C。兴业公司为该批设备共支付货款5 000 000元，增值税进项税额650 000元，保险费17 000元，装卸费3 000元，全部以银行转账支付；假定A、B和C设备分别满足固定资产确认条件，公允价值分别为1 560 000元、2 340 000元和1 300 000元。假定不考虑其他相关税费。

(1)确定应计入固定资产成本的金额，包括购买价款、保险费、装卸费等，即：
　　　5 000 000＋17 000＋3 000＝5 020 000(元)
(2)确定设备A、B和C的价值分配比例：
A设备应分配的固定资产价值比例为：
　　　1 560 000÷(1 560 000＋2 340 000＋1 300 000)×100％＝30％
B设备应分配的固定资产价值比例为：
　　　2 340 000÷(1 560 000＋2 340 000＋1 300 000)×100％＝45％
C设备应分配的固定资产价值比例为：
　　　1 300 000÷(1 560 000＋2 340 000＋1 300 000)×100％＝25％
(3)确定A、B和C设备各自的成本：
　　　A设备的成本＝5 020 000×30％＝1 506 000(元)
　　　B设备的成本＝5 020 000×45％＝2 259 000(元)
　　　C设备的成本＝5 020 000×25％＝1 255 000(元)

(4)兴业公司账务处理如下：

借：固定资产——A设备　　　　　　　　　　　　1 506 000
　　　　　　——B设备　　　　　　　　　　　　2 259 000
　　　　　　——C设备　　　　　　　　　　　　1 255 000
　　应交税费——应交增值税(进项税额)　　　　　650 000
　　贷：银行存款　　　　　　　　　　　　　　　5 670 000

(2)自行建造固定资产的核算

企业自行建造固定资产，应按建造该项资产达到预定可使用状态前所发生的必要支出，作为固定资产的成本。

自建固定资产应先通过"在建工程"账户核算，工程达到预定可使用状态时，再从"在建工程"账户转入"固定资产"账户。企业自建固定资产，主要有自营和出包两种方式，无论采用何种方式，所建工程都应当按照实际发生的支出确定其工程成本并单独核算。

①自营方式建造固定资产的核算

自营方式建造固定资产，是指企业自行组织工程物资采购、自行组织施工人员施工的建筑、安装等。根据自营方式发生的各项支出，企业应作如下会计处理：

企业购入工程物资时，应借记"工程物资"科目，若允许抵扣进项税，则按支付的增值税借记"应交税费——应交增值税(进项税额)"科目，贷记"银行存款"等科目。

领用工程物资时，借记"在建工程"科目，贷记"工程物资"科目。

在建工程领用本企业原材料时，借记"在建工程"科目，贷记"原材料"科目，若需要转出进项税，则同时贷记"应交税费——应交增值税(进项税额转出)"。

在建工程领用本企业生产的商品时，借记"在建工程"科目，按商品成本贷记"库存商品"、按计税价与增值税税率确定的增值税额，贷记"应交税费——应交增值税(销项税额)"科目。

自营工程发生的其他费用(如分配工程人员工资等)，借记"在建工程"科目，贷记"银行存款"、"应付职工薪酬"等科目。

自营工程达到预定可使用状态时，按其成本，借记"固定资产"科目，贷记"在建工程"科目。

【任务5-4】9月11日开始，兴业公司自建厂房一幢，用银行存款购入为工程准备的各种物资600 000元，支付的增值税税额为78 000元，全部用于工程建设；9月18日，工程领用生产用原材料一批，该批材料实际成本30 000元；9月25日，工程领用本公司生产的库存商品一批，实际成本为90 000元，税务部门确定的计税价格为100 000元，增值税税率为13%；9月31日，分配应计工程人员工资80 000元；10月20日，以银行存款支付的其他费用40 000元；12月25日，工程完工并达到预定可使用状态。

兴业公司账务处理如下：

(1)9月11日，购入工程物资及工程领用工程物资时：

借：工程物资　　　　　　　　　　　　　　　　600 000
　　应交税费——应交增值税(进项税额)　　　　 78 000
　　　贷：银行存款　　　　　　　　　　　　　　　　　678 000

借：在建工程　　　　　　　　　　　　　　　　600 000
　　　贷：工程物资　　　　　　　　　　　　　　　　　600 000

(2)9月18日，工程领用生产用原材料时：

借：在建工程　　　　　　　　　　　　　　　　 30 000
　　　贷：原材料　　　　　　　　　　　　　　　　　　 30 000

(3)9月25日，工程领用本企业生产的库存商品时：

借：在建工程　　　　　　　　　　　　　　　　103 000
　　　贷：库存商品　　　　　　　　　　　　　　　　　 90 000
　　　　　应交税费——应交增值税(销项税额)　　　　 13 000

本题中应计入在建工程的金额为：90 000+100 000×13％=103 000(元)

(4)9月31日，分配工程人员工资时：

借：在建工程　　　　　　　　　　　　　　　　 80 000
　　　贷：应付职工薪酬　　　　　　　　　　　　　　　 80 000

(5)10月20日，支付工程发生的其他费用时：

借：在建工程　　　　　　　　　　　　　　　　 40 000
　　　贷：银行存款　　　　　　　　　　　　　　　　　 40 000

(6)12月25日，工程完工达到预定可使用状态时：

　　固定资产成本=600 000+30 000+103 000+80 000+40 000=853 000(元)

借：固定资产　　　　　　　　　　　　　　　　853 000
　　　贷：在建工程　　　　　　　　　　　　　　　　　853 000

②出包方式建造固定资产

出包方式建造固定资产，是指企业通过招标等方式将工程项目发包给建造承包商，由建造承包商组织施工的建筑、安装工程。企业采用出包方式建造的固定资产，其工程的具体支出主要由建造承包商核算，在这种方式下，"在建工程"科目主要是企业与建造承包商办理工程价款的结算账户，企业支付给建造承包商的工程价款通过"在建工程"科目核算。企业按合同规定向建造承包商结算的进度款，借记"在建工程"科目，贷记"银行存款"等科目；工程完成时按合同规定补付的工程款，借记"在建工程"科目，贷记"银行存款"等科目；工程达到预定可使用状态时，按工程成本，借记"固定资产"科目，贷记"在建工程"科目。

【任务5—5】9月12日，兴业公司将一幢库房的建造工程出包给甲公司，按估计的发包工程进度和合同规定，兴业公司以银行存款向W公司结算进度款700 000元，工程完工后，收到甲公司有关工程结算单据,同时以银行存款补付工程款 300 000 元,工程完工并达到预定可使用状态。

兴业公司账务处理如下:

(1)按发包工程进度和合同规定向 W 公司结算进度款时:

借:在建工程　　　　　　　　　　　　　　700 000
　　贷:银行存款　　　　　　　　　　　　　　　　700 000

(2)补付工程款时:

借:在建工程　　　　　　　　　　　　　　300 000
　　贷:银行存款　　　　　　　　　　　　　　　　300 000

(3)工程完工并达到预定可使用状态时:

借:固定资产　　　　　　　　　　　　　1 000 000
　　贷:在建工程　　　　　　　　　　　　　　　1 000 000

③投资者投入固定资产的核算

企业接受投资者作价投入的房屋、建筑物、机器设备等固定资产,应按投资合同或协议约定价值确定固定资产价值(但投资合同或协议约定价值不公允的除外)。

【任务5—6】9月17日,兴业公司收到 M 公司投入的大型机床一套,该机床合同约定的价值 400 000 元,增值税专用发票上标明的进项税额为 52 000 元;投资双方同意按合同约定的价值确认投资额。兴业公司账务处理如下:

借:固定资产　　　　　　　　　　　　　　400 000
　　应交税费——应交增值税(进项税额)　　52 000
　　贷:实收资本——M 公司　　　　　　　　　　452 000

④接受捐赠固定资产

企业取得捐赠固定资产时,应按确认的价值和支付的相关费用之和,借记"固定资产"科目,按根据规定可以抵扣的增值税额,借记"应交税费——应交增值税(进项税额)"科目;按确认的接受捐赠资产的价税额,贷记"营业外收入——捐赠利得"科目,按支付的费用,贷记"银行存款"科目等。

【任务5—7】9月17日,接受捐赠的设备一台,对方提供的有关凭据上标明的价值为 300 000 元(不含税),估计折旧 100 000 元,支付包装费等计 1 000 元;该公司适用的所得税税率为25%。

兴业公司账务处理如下:

借:固定资产　　　　　　　　　　　　　　300 000
　　应交税费——应交增值税(进项税额)　　39 000
　　贷:营业外收入——捐赠利得　　　　　　　　339 000

二、固定资产折旧

(一)固定资产折旧的计算方法

固定资产折旧的计算方法包括年限平均法、工作量法、双倍余额递减法、年数总和法等。年限平均法和工作量法属直线折旧法;双倍余额递减法和年数总和法属于快速折旧法,折旧方法一经确定,不得随意变更。如需变更,应将变更的内容及原因在变更当期会计报表附注中说明。

1. 年限平均法

年限平均法,又称直线法,是将固定资产的应计提折旧额在固定资产预计使用寿命内进行平均分摊的一种方法。有关计算公式如下:

固定资产年折旧额=(固定资产原值−预计净残值)÷预计使用寿命×100%

=固定资产原价×(1−预计净残值率)÷预计使用寿命×100%

月折旧额=年折旧额÷12

=固定资产原值×月折旧率

年折旧率=年折旧额÷固定资产原价×100%

=(1−预计净残值率)÷预计使用年限×100%

月折旧率=年折旧率÷12

【任务5−8】9月18日,兴业公司某项固定资产的原价为1 000 000元,预计可使用10年,预计净残值率为4%。

该固定资产的折旧率和折旧额的计算如下:

年折旧率=(1−4%)÷10×100%=9.6%

月折旧率=9.6%÷12=0.8%

月折旧额=1 000 000×0.8%=8 000(元)

【任务5−9】9月19日,兴业公司某项固定资产的原价为1 000 000元,预计可使用10年,预计净残值为4 000元,该固定资产的折旧额的计算如下:

年折旧额=(1 000 000−4 000)÷10=99 600(元)

月折旧额=99 600÷12=8 300(元)

年限平均法按照时期平均计算折旧,易于理解,便于掌握,因而得到广泛的运用。但它只是考虑固定资产的使用寿命,而没有考虑固定资产不同使用期间的负荷及折耗程度,仅以时期进行平均分摊,缺乏整体意义上的合理性。

2. 工作量法

工作量法,是指根据固定资产实际工作量计算期应计提折旧额的一种方法。工作量法的基本计算公式如下:

单位工作量折旧额=(固定资产原值−预计净残值)÷预计总工作量

=［固定资产原价×(1－预计净残值率)］÷预计总工作量

某项固定资产月折旧额＝该项固定资产当月工作量×单位工作量折旧额

【任务5-10】9月19日，兴业公司的一辆货车的原价为500 000元，预计总行驶里程为400 000公里，预计净残值率为4%，本月行驶4 000公里。

该辆汽车的月折旧额计算如下：

单位工作量(每公里)折旧额＝500 000×(1－4%)÷400 000＝1.2(元/公里)

本月折旧额＝4 000×1.2＝4 800(元)

采用工作量法计提固定资产折旧，可以体现每期固定资产工作量的大小，工作量大的会计期间，计提的折旧额就多；反之，计提的折旧额就少。它适用于各期完成工作量不均衡的固定资产，如一些独立的大型机械、大型施工设施、运输设备等固定资产折旧的计提。

3.双倍余额递减法

双倍余额递减法，是指在不考虑固定资产预计净残值的情况下，根据每期期初固定资产原价减去累计折旧后的余额和双倍的直线法折旧率计算固定资产折旧的一种方法。双倍余额递减法属于加速折旧方法。

双倍余额递减法的计算公式如下：

年折旧率＝2÷预计使用寿命×100%

月折旧率＝年折旧率÷12

月折旧额＝每月月初固定资产账面净值×月折旧率

＝(固定资产原价－累计折旧)×月折旧率

【任务5-11】9月20日，兴业公司一项固定资产的原价为100 000元，预计使用年限为5年，预计净残值为1 000元，按双倍余额递减法计提折旧。

每年的折旧额计算如下：

年折旧率＝2÷5×100%＝40%

第1年应计提的折旧额＝100 000×40%＝40 000(元)

第2年应计提的折旧额＝(100 000－40 000)×40%＝24 000(元)

第3年应计提的折旧额＝(100 000－40 000－24 000)×40%＝14 400(元)

从第4年起改用年限平均法(直线法)计提折旧

第4年、第5年应计提的年折旧额＝［(100 000－40 000－24 000－14 400)－1 000］÷2＝10 300(元)

每年各月折旧额根据年折旧额除以12来计算。

应注意的是，双倍余额递减法的特点是以逐年递减的固定资产净值为基数，以不变的双倍于直线法的折旧率计算各期折旧额，各期折旧额前多后少，逐年递减，严谨合理，体现加速折旧法的优点。一般应在固定资产使用寿命到期前2年内，将固定资产账面净值扣除预计净残值后的余额平均分摊。

4.年数总和法

年数总和法,又称年限合计法,是指将固定资产的原价减去预计净残值后的余额,乘以一个逐年递减的分数计算每年的折旧额,这个分数的分子代表固定资产尚可使用寿命,分母代表固定资产预计使用寿命逐年数字之和。年数总和法也是一种加速折旧的方法。年数总和法计算公式如下:

年折旧率=(预计使用寿命-已使用年限)÷[预计使用寿命×(预计使用寿命+1)÷2]×100%

=尚可使用年限÷预计使用寿命的年数总和×100%

月折旧率=年折旧率÷12

月折旧额=(固定资产原值-预计净残值)×月折旧率

【任务5-12】(承11)假如采用年数总和法,计算各年折旧额。

计算各年折旧额如表5-1所示。

表5-1 各年折旧额

金额单位:元

年份	尚可使用年限	原价-净残值	年折旧率	年折旧额	累计折旧额
第1年	5	99 000	5/15	33 000	33 000
第2年	4	99 000	4/15	26 400	59 400
第3年	3	99 000	3/15	19 800	79 200
第4年	2	99 000	2/15	13 200	92 400
第5年	1	99 000	1/15	6 600	99 000

如表5-1:

第一年折旧额=(100 000-1 000)×5÷15=33 000(元)

第二年折旧额=(100 000-1 000)×4÷15=26 400(元)

第三年折旧额=(100 000-1 000)×3÷15=19 800(元)

第四年折旧额=(100 000-1 000)×2÷15=13 200(元)

第五年折旧额=(100 000-1 000)×1÷15=6 600(元)

年数总和法是以固定不变的应计提折旧额为基数,以逐年递减的固定资产尚可使用年限与年数总和的比率为折旧率计算各期折旧额,年折旧额逐年递减,体现了加速折旧法的优点,不存在最后2年改为直线法的问题。

(二)固定资产折旧的账务处理

1.设置账户

企业计提的固定资产折旧,应设置"累计折旧"账户进行核算。"累计折旧"账户是"固定资产"账户的备抵账户。该账户贷方登记企业按月计提的固定资产折旧,借方登记处置固定资产转出的累计折旧,期末余额在贷方,表示企业固定资产的累计折旧额。该账户可按固定资产的类别或项目进行明细核算。

2. 账务处理

企业应在每月末计提固定资产折旧,按照固定资产折旧的计算方法编制固定资产折旧计算表,企业当月应计提的折旧额应通过以下方法计算:

本月应计提的折旧额＝上月计提的折旧额＋上月增加固定资产应计提折旧额－上月减少固定资产应计提折旧额

企业按月计提的折旧,应根据固定资产用途计入相关资产的成本或当期损益:车间的固定资产折旧,应记入制造费用;厂部的固定资产折旧,应记入管理费用;专设销售机构的固定资产折旧,应记入销售费用;自行建造固定资产过程中使用的固定资产,其计提的折旧应计入在建工程成本;出租的固定资产折旧,应记入其他业务成本;用于无形资产研发的固定资产折旧,应记入研发支出等。企业计提固定资产折旧时,借记"制造费用"、"销售费用"、"管理费用"、"在建工程"、"其他业务成本"等科目;贷记"累计折旧"科目。

【任务5—13】9月30日,兴业公司应计提的折旧额为600 000元,其中,一车间应计提折旧额200 000元,二车间应计提折旧额300 000元,管理部门应计提折旧额70 000元,销售部门应计提折旧额30 000元。

兴业公司账务处理如下:

借:制造费用——一车间   200 000
     ——二车间   300 000
 管理费用   70 000
 销售费用   30 000
 贷:累计折旧   600 000

【任务5—14】11月31日,兴业公司固定资产计提折旧情况如下:基本生产一车间厂房计提折旧400 000元,机器设备计提折旧50 000元;基本生产二车间厂房计提折旧500 000元,机器设备计提折旧100 000元;管理部门房屋建筑物计提折旧300 000元,运输工具计提折旧50 000元;销售部门房屋建筑物计提折旧160 000元,运输工具计提折旧40 000元。另外,当月新购买汽车一辆,价值为5 000 000元,预计行驶里程为500 000公里,预计净残值率为5%,采用工作量法计提折旧。

兴业公司账务处理如下:

借:制造费用——一车间   450 000
     ——二车间   600 000
 管理费用   350 000
 销售费用   200 000

贷：累计折旧　　　　　　　　　　　　　　　　　　1 600 000

三、固定资产后续支出

　　固定资产后续支出，是指企业为了保持固定资产的正常运转和使用，充分发挥固定资产的使用效能，对现有固定资产进行的更新改造和修理等发生的支出。例如，通过对厂房进行改建、扩建而使其更加坚固耐用；通过对流水生产线更新改造，提高设备的生产能力等。企业的固定资产投入使用后，由于各个组成部分耐用程度不同或者使用的条件不同，因而往往发生固定资产的局部损坏，为维护固定资产的使用效能，保证固定资产的正常使用，因此必须对其进行必要的后续支出。

　　1.资本化后续支出的核算

　　与固定资产有关的后续支出中，满足固定资产确认条件的支出，属于资本化后续支出，应当计入固定资产成本，如有被替换的部分，应同时将被替换部分的账面价值从该固定资产原账面价值中扣除。

　　企业对原有固定资产的更新改造、装修工程等，一般属于资本化的后续支出。

　　在对固定资产发生可资本化的后续支出时，企业应先将该固定资产的原价、已计提的折旧额和减值准备全部予以转销，将固定资产的账面价值转入在建工程；固定资产发生的可资本化的后续支出，通过"在建工程"账户核算。更改过程中取得的变价收入，应冲减工程成本，在固定资产更改完工并达到预定可使用状态时，从"在建工程"账户转入"固定资产"账户。

　　【任务5－15】12月10日，兴业公司对一条生产线进行更新改造，该生产线的原价7 000 000元，已计提折旧额为4 800 000元，更改过程中发生各项支出500 000元（假设均以银行存款支付），取得的变价收入20 000元存入银行，替换掉部件的原价为200 000元，已计提折旧50 000元。12月27日，该生产线更改完毕，达到预定可使用状态。

　　兴业公司账务处理如下：

　　(1)将生产线的账面价值转入"在建工程"：

　　借：在建工程　　　　　　　　　　　　　　　　　　2 200 000
　　　　累计折旧　　　　　　　　　　　　　　　　　　4 800 000
　　　贷：固定资产　　　　　　　　　　　　　　　　　7 000 000

　　(2)发生更改支出时：

　　借：在建工程　　　　　　　　　　　　　　　　　　　500 000
　　　贷：银行存款　　　　　　　　　　　　　　　　　　500 000

　　(3)取得变价收入时：

　　借：银行存款　　　　　　　　　　　　　　　　　　　 20 000
　　　贷：在建工程　　　　　　　　　　　　　　　　　　 20 000

　　(4)替换掉部件的账面价值＝200 000－50 000＝150 000

借：营业外支出——非流动资产处置损失	150 000	
贷：在建工程		150 000

(5)12月27日生产线更改结束，达到预定可使用状态：

借：固定资产	2 530 000	
贷：在建工程		2 530 000

2.费用化后续支出的核算

固定资产的后续支出中，不满足固定资产确认条件的固定资产修理费用等，属于费用化后续支出，应当在发生时计入当期损益。

企业生产车间（部门）和行政管理部门等发生的固定资产修理费用等后续支出，不满足固定资产的确认条件，该项后续支出发生时应计入当期费用，借记"管理费用"科目，贷记"银行存款"等科目；企业发生的与专设销售机构相关的固定资产修理费用等后续支出，借记"销售费用"科目，贷记"银行存款"等科目。

【任务5—16】12月11日，兴业公司对现有的一台管理用设备进行日常修理，修理过程中发生的材料费15 000元，应支付的维修人员工资为6 000元。

兴业公司账务处理如下：

借：管理费用	21 000	
贷：原材料		15 000
应付职工薪酬		3 000

【任务5—17】12月12日，兴业公司对一车间生产设备进行修理，以存款向承修单位支付专用发票所列的修理费15 000元，增值税1 500元；分配结转应负担机修车间（辅助生产车间）成本26 000元。

兴业公司账务处理如下：

借：管理费用——修理费	41 000	
应交税费——应交增值税（进项税额）	1 500	
贷：银行存款		16 500
生产成本——辅助生产成本（机修车间）		26 000

四、固定资产处置、清查和减值

（一）固定资产处置

固定资产处置，是指企业在生产经营过程中，可能将不适用或不需用的固定资产，包括对外出售、转让、报废、毁损、对外投资、对外捐赠、债务重组等。固定资产的处置清理，应按程序区别情况进行明细核算。

【任务5—18】12月12日，兴业公司出售一座建筑物（系2017年6月1日自建完工），原价（成本）为2 000 000，已计提折旧1 500 000元，未计提减值准备。实际出售价格为 1 200 000 元，增值税税率为 9%，增值税税额为 108 000 元，税款已存入银行。兴业公司账务处如下：

(1) 将出售固定资产转入清理时：

借：固定资产清理　　　　　　　　　　　　　500 000
　　累计折旧　　　　　　　　　　　　　　 1 500 000
　　贷：固定存款　　　　　　　　　　　　 2 000 000

(2) 收到出售固定资产的价款和税款时：

借：银行存款　　　　　　　　　　　　　 1 308 000
　　贷：固定资产清理　　　　　　　　　　 1 200 000
　　　　应交税费——应交增值税（销项税额）　108 000

(3) 结转出售固定资产实现的利得时：

借：固定资产清理　　　　　　　　　　　　　700 000
　　贷：资产处置损益　　　　　　　　　　　　700 000

在本例中，固定资产清理完毕时，"固定资产清理"科目为贷方余额 700 000 元（1 200 000－500 000）属于处置净收益，应结转至"资产处置损益"科目的贷方。结转后"固定资产清理"科目无余额。

企业固定资产的出售报废、毁损、对外投资、债务重组、对外捐赠等，应通过"固定资产清理"账户核算。该账户属资产类账户，用来核算企业因报废、毁损、对外投资、非货币性资产交换、债务重组等原因转出的固定资产价值、在清理过程中发生的费用、清理过程中收回的残料及变价收入和保险赔偿等，借方登记转出的固定资产的账面价值、清理过程中支付的清理费用，贷方登记固定资产清理过程中取得的出售价款、变价收入、应收或已收的保险赔偿等。期末借方余额，反映企业尚未清理完毕固定资产清理的净损失。期末如为贷方余额，反映企业尚未清理完毕固定资产清理的净收益。

(1) 固定资产转入清理。企业因报废、毁损、对外投资、非货币性资产交换、债务重组等转出的固定资产，按该项固定资产的账面价值，借记"固定资产清理"科目，按已计提的累计折旧，借记"累计折旧"科目，按已计提的减值准备，借记"固定资产减值准备"科目，按其账面原价，贷记"固定资产"科目。

(2) 发生的清理费用等。固定资产清理过程中支付的清理费用及其可抵扣的增值税进项税额，借记"固定资产清理"、"应交税费——应交增值税（进项税额）"科目，贷记"银行存款"等科目。

(3) 收回出售固定资产的价款及增值税销项税，借记"银行存款"科目，贷记"固定资产清理"、"应交税费——应交增值税（销项税额）"等科目。

(4) 取得残料价值、变价收入或应由保险公司或由过失人赔偿的损失等，借记"原材料"、"银行存款"、"其他应收款"等科目，贷记"固定资产清理"科目。

(5)结转清理净损益。①因固定资产已丧失使用功能或因自然灾害发生毁损等而报废清理产生的利得或损失应计入营业外收支。若为清理净损失,属于生产经营期间正常的处理损失,借记"营业外支出——处置非流动资产损失"科目,贷记"固定资产清理"科目;属于自然灾害等非正常原因造成的损失,借记"营业外支出——非常损失"科目,贷记"固定资产清理"科目。若为清理净收益,则借记"固定资产清理"科目,贷记"营业外收入——处置非流动资产收益"科目。②因出售、转出等产生的固定资产处置利得或损失应计入资产处置损益。确认处置净损失,借记"资产处置损益"科目,贷记"固定资产清理"科目;如为净收益,借记"固定资产清理"科目,贷记"资产处置损益"科目。

【任务5—19】12月13日,兴业公司报废生产设备一台,该设备系2015年1月1日购入的,原价为1 000 000元,已计提折旧600 000元,未计提减值准备,并以银行存款支付清理费用1 000元,报废时的残料变价收入为10 000元。

兴业公司账务处理如下:

(1)将出售固定资产转入清理时:

借:固定资产清理	400 000
累计折旧	600 000
贷:固定资产	1 000 000

(2)支付清理费用时:

借:固定资产清理	1 000
贷:银行存款	1 000

(3)收回残料变价收入时:

借:银行存款	10 000
贷:固定资产清理	10 000

(4)结转出售固定资产实现的利得时:

借:营业外支出——非流动资产处置损失	391 000
贷:固定资产清理	391 000

【任务5—20】12月11日,兴业公司因地震毁损一座厂房,该厂房原价为6 000 000元,已计提折旧2 000 000元,未计提减值准备。以银行存款支付清理费用30 000元,清理过程中收回残料价值60 000元,已办理入库手续。经核定应由保险公司赔偿损失2 400 000元,赔款尚未收到。

兴业公司账务处理如下:

(1)将毁损的仓库转入清理时:

借:固定资产清理	4 000 000
累计折旧	2 000 000
贷:固定资产	6 000 000

(2)支付清理费用时：

借：固定资产清理　　　　　　　　　　　　30 000
　　贷：银行存款　　　　　　　　　　　　　　　30 000

(3)残料入库时：

借：原材料　　　　　　　　　　　　　　　60 000
　　贷：固定资产清理　　　　　　　　　　　　　60 000

(4)确定应由保险公司赔偿时：

借：其他应收款——保险公司　　　　　　2 400 000
　　贷：固定资产清理　　　　　　　　　　　　2 400 000

(5)结转毁损固定资产发生的损失时：

借：营业外支出——非常损失　　　　　　1 570 000
　　贷：固定资产清理　　　　　　　　　　　　1 570 000

(二)固定资产清查

1.固定资产清查的目的

固定资产清查，是指通过对固定资产的盘点和核对，确定固定资产的实存数，检查账存数与实存数是否相符的一种专门方法。

为了保证企业固定资产的安全完整、核算的真实性，充分挖掘企业现有固定资产的潜力，企业应定期或不定期地对所有固定资产进行清查盘点。在固定资产清查过程中，如果发现盘盈、盘亏的固定资产，应填制固定资产盘盈盘亏报告表。并及时查明原因，按照规定程序报批处理。

2.固定资产清查的账务处理

(1)固定资产盘盈

企业在财产清查中发现固定资产实存数大于账存数时，说明发生了固定资产盘盈，盘盈的固定资产，应作为前期会计差错，按管理权限报经批准处理前应先通过"以前年度损益调整"科目核算。

企业盘盈的固定资产，应按重置成本确定其入账价值，借记"固定资产"科目，贷记"以前年度损益调整"科目。按规定程序报批结转时，借记"以前年度损益调整"科目，贷记"盈余公积"、"利润分配——未分配利润"科目。

【任务5—21】12月31日，兴业公司在财产清查过程中，发现一台未入账的设备，重置成本为50 000元（假定与其计税基础不存在差异）。假定兴业公司按净利润的10%提取法定盈余公积金，不考虑相关税费及其他因素。根据《企业会计准则》的规定，该盘盈固定资产作为前期会计差错进行处理。

兴业公司账务处理如下：

(1)盘盈固定资产时：

借：固定资产　　　　　　　　　　　　　　　　　　50 000
　　贷：以前年度损益调整　　　　　　　　　　　　　　50 000

(2)结转为留存收益时：

借：以前年度损益调整　　　　　　　　　　　　　　50 000
　　贷：盈余公积——法定盈余公积　　　　　　　　　 5 000
　　　　利润分配——未分配利润　　　　　　　　　　45 000

(2)固定资产盘亏

企业在财产清查过程中发现固定资产盘亏，应及时注销其原值、已计提折旧额和已计提固定资产减值准备。按已计提的累计折旧，借记"累计折旧"科目，按已计提固定资产减值准备，借记"固定资产减值准备"科目，按其账面价值，借记"待处理财产损溢——待处理固定资产损溢"科目；按固定资产账面原值，贷记"固定资产"科目。已查明原因处理时，按盘亏的固定资产的净值，贷记"待处理财产损溢——待处理固定资产损溢"科目，按可收回的保险赔偿或过失人赔偿，借记"其他应收款"科目，按其差额借记"营业外支出——盘亏损失"科目。管理不善原因造成的固定资产盘亏，还应将其增值税进项税额转为"进项税额转出"。

【任务5—22】12月31日，兴业公司在财产清查中发现盘亏一台设备，其原值为200 000元，已计提折旧160 000元。

兴业公司账务处理如下：

(1)发现盘亏时：

借：待处理财产损溢——待处理固定资产损溢　　　　40 000
　　累计折旧　　　　　　　　　　　　　　　　　　160 000
　　贷：固定资产　　　　　　　　　　　　　　　　　200 000

(2)报经有关部门审批后：

借：营业外支出——盘亏损失　　　　　　　　　　　40 000
　　贷：待处理财产损溢——待处理固定资产损溢　　　40 000

五、固定资产减值

(一)判断固定资产减值的主要迹象

为了客观、真实、准确地反映期末固定资产的实际价值，企业在资产负债表日，应合理地确定固定资产的期末价值。同时，固定资产在使用过程中，由于存在有形损耗（如自然磨损等）和无形损耗（如技术陈旧等）以及其他原因，导致其可收回金额低于其账面价值，如果发现存在下列情况，应当计算固定资产的可收回金额，以确定资产是否已经发生减值，并计提相应的固定资产减值准备。

1.固定资产市价大幅度下跌，其跌幅大大高于因时间推移或正常使用而预计的下跌，并且预计在近期内不可能恢复。

2.企业所处经营环境，如技术、市场、经济或法律环境，或者产品营销市场在当期发生或在近期发生重大变化，并对企业产生负面影响。

3.同期市场利率等大幅度提高，很可能影响企业计算固定资产可收回金额的折现率，并导致固定资产可收回金额大幅度降低。

4.固定资产陈旧过时或发生实体损坏等。

5.固定资产预计使用方式发生重大不利变化，如企业计划终止或重组该资产所属的经营业务、提前处置资产等情形，而对企业产生负面影响。

6.其他有可能表明资产已发生减值的情况。

(二)固定资产减值的账务处理

固定资产发生减值，企业应按确认的减值额，计提的固定资产减值准备，借记"资产减值损失"科目，贷记"固定资产减值准备"科目。如果已提取了固定资产减值准备的资产，以后其可收回金额又高于其账面价值时，不得冲减已提减值准备。

【任务5—23】12月31日，兴业公司对使用不正常B类生产设备检查，发现存在减值迹象，B类生产设备账面原值800 000元，预计净残值率为5%，预计使用寿命为10年，已计提折旧420 000元。经确认设备公允价值为350 000元(净值)，清理处置费用预计10 000元；设备尚可使用期间和处置的预计未来现金流量的现值为350 000元。

兴业公司账务处理如下：

资产减值=(800 000－420 000)－350 000(两者中较高者)=30 000(元)

借：资产减值损失——固定资产减值　　　　30 000
　　贷：固定资产减值准备　　　　　　　　　　　30 000

【任务实训】

根据【任务引例】中的相关内容请会计人员完成以下任务：

1.请会计人员根据【任务5—1】至【任务5—23】完成兴业公司收到的增值税专用发票审核任务；

2.请会计人员根据【任务5—1】至【任务5—23】完成兴业公司固定资产目录的编制任务；

3.请会计人员根据【任务5—1】至【任务5—23】完成兴业公司固定资产总账和明细账的登记任务；

4.请会计人员根据【任务5—8】至【任务5—12】完成兴业公司固定资产折旧的账务处理；

5.请会计人员根据【任务5—1】至【任务5—23】完成兴业公司记账凭证的编制任务。

任务二 无形资产岗位核算

【任务引例】

大学毕业生李明明应聘到牡丹江市兴业商贸有限公司(以下简称兴业公司)(该公司为一般纳税人,下同)财务部任职非流动资产核算岗位,该公司位于牡丹江市和平路13号,电话0453—6572002,开户行:工商行十二支行,账号:211040003—91,该公司成立于2021年7月,李明明于2021年9月初接管非流动资产核算岗位工作,该公司8月末固定资产账面余额500 000元,无形资产账面余额1 000 000元,长期待摊费用账面余额为60 000元,该公司发生下列有关经济业务:

24.9月5日,兴业公司为扩大产品销售,从乙公司购入一项商标权,支付转让费600 000元,增值税税额为36 000元,款项通过银行转账支付。

25.9月10日,兴业公司自行研究、开发一项技术,发生研发支出合计1 000 000元,经测试该项研发活动完成了研究阶段,从2021年10月1日开始进入开发阶段,发生开发支出500 000元,假定符合《企业会计准则第6号——无形资产》规定的开发支出资本化的条件。2021年12月31日,该项研发活动结束,最终开发出一项非专利技术。

26.9月12日,兴业公司接受某公司投资转入的非专利技术一项,双方确认的价值为560 000元(假定该价值公允,不考虑增值税等相关税费),已办妥相关手续。

27.9月15日,兴业公司接受某科研机构捐赠的一项无形资产,捐赠机构提供普通发票确认的价值为100 000元。并以银行存款支付普通发票所列的费用5 000元。

28.9月16日,兴业公司购买了一项特许权,成本为2 400 000元,合同规定受益年限为10年。

29.9月21日,兴业公司将其自行开发完成的非专利技术出租给某公司,该非专利技术成本为1 200 000元,双方约定的租赁期限为10年。

30.9月23日,兴业公司将商标权出租给某公司使用,租期为4年,每年收取含税租金127 200元。租金收入适用的增值税税率为6%,兴业公司在出租期间内不再使用该商标权。该商标权系兴业公司2021年1月1日购入的,初始入账价值为1 000 000元,预计使用年限为10年,采用直线法摊销。假定不考虑增值税以外的其他税费并按年摊销。

31.9月26日,兴业公司将一商标权以800 000元的价款转让给某公司,该商标权的成本为100 000元,已摊销400 000元,应交税费48 000元,实际取得款项848 000元已存入银行。

32.9月28日,兴业公司经核查发现,专利权H由于科技进步等原因已丧失使用价值,不能为企业带来经济利益,予以转销。该项专利权账面成本150 000元,累计摊销额120 000元,已计提无形资产减值准备10 000元。

33.9月30日,市场上某项技术生产的产品销售势头较好,已对兴业公司产品的销售产生重大不利影响。兴业公司外购的专利技术的账面价值为500 000元、剩余摊销年限为5年,经减值测试,该专利技术的可收回金额为400 000元,由于该专利权在资产负债表日的账面价值为500 000元,可收回金额为400 000元,可收回金额低于其账面价值。

要求:

根据上述经济业务分别编制有关会计分录。

【任务准备】

一、无形资产概念和特征

无形资产是指企业拥有或者控制的没有实物形态的可辨认非货币性资产。无形资产具有如下基本特征:

1.不具有实物形态

无形资产是不具有实物形态的非货币性资产,它不像固定资产、存货等有形资产具有实物形态。

2.具有可辨认性

资产满足下列条件之一的,符合无形资产定义中的可辨认性标准:

(1)能够从企业中分离或者划分出来,并能单独或者与相关合同、资产或负债一起,用于出售、转让、授予许可、租赁或者交换;

(2)源自合同性权利或其他法定权利,无论这些权利是否可以从企业或其他权利和义务中转移或者分离。

商誉的存在无法与企业自身分离而存在,不具有可辨认性,不属于无形资产。

3.有偿取得

企业取得无形资产是要付出代价的,凡没有作出专门支付行为的,会计核算上一般不能作为无形资产入账。

4.属于非货币性长期资产

无形资产属于非货币性资产且能够在多个会计期间为企业带来经济利益。无形资产的使用年限在1年以上,其价值将在各个受益期间逐渐摊销。

二、无形资产的确认

无形资产同时满足以下两个条件时才能予以确认。

1.与该资产有关的经济利益很可能流入企业。
2.该无形资产的成本能够可靠地计量。

三、无形资产的内容

无形资产一般包括专利权、商标权、土地使用权、特许权、著作权和非专利技术等。

1.专利权。专利权是指国家专利主管机关依法授予申请人在法定期限内所享有的专制、专销和使用其发明创造成果的一种专门权利。专利权依法授予，受法律保护；拥有人独自享有权利；法定时间内有效。

2.商标权。商标是用来辨认特定商品或劳务的标记。商标权是指企业专门在某种指定的产品或商品上使用特定的名称、图案和标记的权利。商标权注册人依法取得，受法律保护；法定有效期限为十年，期满前可继续申请延长注册期；商标权包括独占使用权和禁止使用权两个方面。

3.土地使用权。土地使用权是指国家准许某一企业或单位在一定期间内对国有土地享有开发、利用、经营的权利。

4.特许权。特许权也称专营权，是指在某一地区经营或销售某种特定商品的权利，或是一家企业接受另一家企业使用其商标、商号、技术秘密等的权利。前者是指由政府机构以授权、准许企业使用或在一定地区享有经营某种业务的特权，如水、电、邮政通信等专营权，烟草专卖权等；后者是指企业间按照合同，有限期或无限期使用另一家企业的某些权利，如连锁分店使用总店的名称等。

5.著作权。著作权也称版权，是指著作权人对其著作依法享有的出版、发行等方面的专有权利。著作权包括精神权利（人身权利）和经济权利（财产权利）两个方面。著作除了文学、艺术作品外，还应包括工程设计、产品设计图纸及其说明、计算机软件、美术作品、建筑作品、摄影作品等。

6.非专利技术。非专利技术也称专有技术，是指发明人垄断的，不公开的（未申请专利），可以带来经济利益的先进技术、技能、诀窍等。非专利技术包括工业技术、商业（贸易）技术和管理技术等，具有经济性、秘密性和动态性的特点。非专利技术实际上具有专利权的效用，但不受法律保护，所有人依靠自我保密方式来维护其独占权。只要不泄密，非专利技术可以长期拥有。

企业自行开发研究非专利技术，可能成功也可能失败，因此，研究过程中所发生的费用，根据谨慎性要求，应将研究阶段的支出列入当期损益，不计入无形资产价值。只有符合确认条件的开发阶段的支出以及相关费用，才能列为无形资产。对于从外部购入的非专利技术，应将其实际发生的支出予以资本化，作为无形资产入账。

无形资产岗位核算

企业取得无形资产,应设置"无形资产"进行核算。该账户借方登记取得的资产的成本,贷方登记处置、转出无形资产的成本,期末余额在借方,表示企业无形资产的成本。

(一)无形资产的取得

无形资产应当按照成本进行初始计量,企业取得无形资产的主要方式有外购、自行研究开发等。取得的方式不同,其会计处理也有所差别。

1. 外购无形资产

外购无形资产的成本包括购买价款、相关税费以及直接归属于使该项资产达到预定用途所发生的其他支出。其中,其他支出包括使无形资产达到预定用途所发生的专业服务费用、测试无形资产是否能够正常发挥作用的费用等,不包括为引入新产品进行宣传发生的广告费、管理费用及其他间接费用,也不包括在无形资产已经达到预定用途以后发生的费用。无形资产达到预定用途后所发生的支出,不构成无形资产的成本。

企业购入的无形资产,一般纳税人如果能取得可抵扣增值税专用发票,按增值税专用发票上注明的价款和增值税额,借记"无形资产"科目和"应交税费——应交增值税(进项税额)"科目,贷记"银行存款"等科目;小规模纳税人增值税不能抵扣,按增值税发票上注明的价款和增值税额之和,借记"无形资产"科目,贷记"银行存款"等科目。

【任务5—24】9月5日,兴业公司为扩大产品销售,从乙公司购入一项商标权,支付转让费 600 000 元,增值税税额为 36 000 元,款项通过银行转账支付。兴业公司的账务处理如下:

借:无形资产——商标权　　　　　　　　　　600 000
　　应交税费——应交增值税(进项税额)　　 36 000
　　贷:银行存款　　　　　　　　　　　　　　636 000

2. 自行研究开发无形资产

企业内部研究开发项目所发生的支出应区分研究阶段支出和开发阶段支出。

研究是指为获取并理解新的科学或技术知识而进行的独创性有计划的调查;开发是指在进行商业性生产或使用前,将研究成果或其他知识应用于某项计划或设计,以生产出新的或具有实质性改进的材料、装置、产品等。

企业内部研究和开发无形资产,其在研究阶段的支出全部费用化,计入当期损益,开发支出符合资本化条件的支出全部资本化,不符合资本化条件的支出全部费用化,计入当期损益。如果确实无法区分研究阶段的支出和开发阶段的支出,应将其所发生的研发支出全部费用化,计入当期损益。

企业应当设置"研发支出"科目,核算企业进行研究与开发无形资产过程中发生的各项支出,按照研究开发项目,分别以"费用化支出"与"资本化支出"进行明细核算,企业自行开发无形资产发生的研发支出,无论是否满足资本化条件,均应先在"研发支出"科目中归集。不满足资本化条件的,借记"研发支出——费用化支出"科目,满足资本化条件的,借记"研发支出——资本化支出"科目,贷记"原材料"、"银行存款"、"应付职工薪酬"等科目。期末,对于不符合资本化条件的"研发支出——费用化支出",转入当期"管理费用";符合资本化条件但尚未完成的开发费用,继续保留在"研发支出——资本化支出"科目中,待开发项目完成达到预定用途形成无形资产时,再将其发生的实际成本转入无形资产。

【任务5-25】9月10日,兴业公司自行研究、开发一项技术,发生研发支出合计1 000 000元,经测试该项研发活动完成了研究阶段,从2021年10月1日开始进入开发阶段,发生开发支出500 000元,假定符合《企业会计准则第6号——无形资产》规定的开发支出资本化的条件。2021年12月30日,该项研发活动结束,最终开发出一项非专利技术。兴业公司的账务处理如下:

(1)9月10日,发生研发支出:

借:研发支出——费用化支出　　　　　　　　1 000 000
　　贷:银行存款等　　　　　　　　　　　　　　　1 000 000

(2)9月10日,发生的研发支出全部属于研究阶段的支出:

借:管理费用　　　　　　　　　　　　　　　1 000 000
　　贷:研发支出——费用化支出　　　　　　　　　1 000 000

(3)10月1日,发生开发支出并满足资本化确认条件:

借:研发支出——资本化支出　　　　　　　　　500 000
　　贷:银行存款等　　　　　　　　　　　　　　　　500 000

(4)12月30日,该技术研发完成并形成无形资产:

借:无形资产　　　　　　　　　　　　　　　　500 000
　　贷:研发支出——资本化支出　　　　　　　　　　500 000

3.投资者投入的无形资产

投资者投入的无形资产,企业应按投资各方确认的价值(假定该价值公允),借记"无形资产"科目,按增值税专用发票上注明的增值税税额,借记"应交税费——应交增值税(进项税额)"科目,贷记"实收资本"或"股本"等科目。

【任务5-26】9月12日,兴业公司接受某公司投资转入的非专利技术一项,双方确认的价值为560 000元(假定该价值公允,不考虑增值税等相关税费),已办妥相关手续。兴业公司的账务处理如下:

借:无形资产——非专利技术　　　　　　　　　560 000
　　贷:实收资本　　　　　　　　　　　　　　　　　560 000

4.接受捐赠的无形资产

企业接受捐赠的无形资产,应根据按规定确定的入账价值,借记"无形资产"科目,贷记

"营业外收入"等科目。企业因接受捐赠无形资产而支付的相关税费(不含可以抵扣的增值税),也应记入"无形资产"科目。

【任务5—27】9月15日,兴业公司接受某科研机构捐赠的一项无形资产,捐赠机构提供普通发票确认的价值为100 000元。并以银行存款支付普通发票所列的费用5 000元。

兴业公司的账务处理如下:

借:无形资产　　　　　　　　　　　　　　　　105 000
　　贷:银行存款　　　　　　　　　　　　　　　　5 000
　　　　营业外收入　　　　　　　　　　　　　　100 000

(二)无形资产的摊销

无形资产能在较长时期给企业带来经济效益,伴随着无形资产为企业经济利益的提供,其价值也会发生转移。因此,企业取得无形资产,应分析判断其使用寿命。使用寿命有限的无形资产应进行摊销。使用寿命不确定的无形资产不应摊销。对于使用寿命有限的无形资产应当自可供使用(其达到预定用途)当月起开始摊销,处置当月不再摊销。

使用寿命有限的无形资产,其残值一般应当视为零,但存在下列任一情况除外:①有第三方承诺在无形资产使用寿命结束时购买该无形资产;②可以根据活跃市场得到预计残值信息,并且该市场在无形资产使用寿命结束时很可能存在。

无形资产的应摊销金额是指无形资产的成本扣除预计残值后的金额。已计提减值准备的无形资产,还应扣除已计提的无形资产减值准备累计金额。

无形资产摊销方法包括直线法、生产总量法等。企业选择的无形资产的摊销方法,应当反映与该项无形资产有关的经济利益的预期实现方式。无法可靠确定预期实现方式的应当采用直线法摊销。

企业使用寿命有限的无形资产应按规定进行摊销。企业无形资产的摊销应设置"累计摊销"账户进行核算。该账户是"无形资产"账户的备抵账户,贷方登记按月的无形资产摊销,借方登记处置、转出无形资产的累计摊销额,期末余额在贷方,表示企业无形资产的累计摊销额。

企业自用的无形资产,其摊销金额计入管理费用,借记"管理费用"科目,贷记"累计摊销"科目;出租的无形资产,其摊销金额计入其他业务成本,借记"其他业务成本"科目,贷记"累计摊销"科目。某项无形资产包含的经济利益通过所生产的产品或其他资产实现,其摊销金额应当计入相关资产成本,借记"制造费用"等科目,贷记"累计摊销"科目。

【任务5—28】9月16日,兴业公司购买了一项特许权,成本为2 400 000元,合同规定受益年限为10年。兴业公司每月应摊销20 000(2 400 000÷10÷12)元。兴业公司的账务处理如下:

借:管理费用　　　　　　　　　　　　　　　　20 000
　　贷:累计摊销　　　　　　　　　　　　　　　20 000

【任务5—29】9月21日,兴业公司将其自行开发完成的非专利技术出租给某公司,该非专利技术成本为1 200 000元,双方约定的租赁期限为10年,兴业公司每月应摊销10 000(1 200 000÷10÷12)元。兴业公司的账务处理如下:

借:其他业务成本　　　　　　　　　　　　　　　　　　　10 000
　　贷:累计摊销　　　　　　　　　　　　　　　　　　　　　10 000

(三)无形资产的处置

无形资产的处置主要是指无形资产对外出租、出售、报废。

1.无形资产的出租

出租无形资产,就是无形资产使用权(不包括土地使用权)的转让,出租方并未丧失对原有无形资产的所有权。企业让渡无形资产使用权并收取租金,在满足收入确认条件的情况下,应确认相关的收入和费用。

出租无形资产取得租金收入时,借记"银行存款"等科目,贷记"其他业务收入"、"应交税费——应交增值税(销项税额)"等科目;摊销出租无形资产的成本和发生与转让有关的各种费用支出时,借记"其他业务成本"等科目,贷记"累计摊销"等科目。

【任务5—30】9月23日,兴业公司将商标权出租给某公司使用,租期为4年,每年收取含税租金127 200元。租金收入适用的增值税税率为6%,兴业公司在出租期间内不再使用该商标权。该商标权系兴业公司2021年1月1日购入的,初始入账价值为1 000 000元,预计使用年限为10年,采用直线法摊销。假定不考虑增值税以外的其他税费并按年摊销。兴业公司的账务处理如下:

(1)每年取得租金:

借:银行存款　　　　　　　　　　　　　　　　　　　　　127 200
　　贷:其他业务收入　　　　　　　　　　　　　　　　　　　120 000
　　　　应交税费——应交增值税(销项税额)　　　　　　　　　7 200

(2)按年对该商标权进行摊销:

借:其他业务成本　　　　　　　　　　　　　　　　　　　100 000
　　贷:累计摊销　　　　　　　　　　　　　　　　　　　　　100 000

2.无形资产的出售

企业出售无形资产是企业转让无形资产所有权(包括土地使用权)的行为,企业应当将取得的价款扣除该无形资产账面价值以及出售相关税费后的差额确认为处置非流动资产的利得或损失,计入资产处置损益。

无形资产的账面价值是无形资产账面余额扣减累计摊销和累计减值准备后的金额,企业处置无形资产时,应按实际收到的金额,借记"银行存款"等科目,按已计提的累计摊销,借记"累计摊销"科目,按已计提的减值准备,借记"无形资产减值准备"科目,按应支付的相关税费及其他费用,贷记"银行存款"、"应交税费"等科目,按无形资产账面余额贷记"无形资产"科目,按其差额,贷记或借记"资产处置损益"科目。

【任务5—31】9月26日,兴业公司将一商标权以800 000元的价款转让给某公司,该商标权的成本为100 000元,已摊销400 000元,应交税费48 000元,实际取得款项848 000元已存入银行。兴业公司的账务处理如下:

借:银行存款　　　　　　　　　　　　　　848 000
　　累计摊销　　　　　　　　　　　　　　400 000
　贷:无形资产　　　　　　　　　　　　　　1 000 000
　　　应交税费——应交增值税(销项税额)　　48 000
　　　资产处置损益　　　　　　　　　　　　200 000

3.无形资产的报废

无形资产如果预期不能为企业带来经济利益时,也不再符合无形资产的定义,企业应将该无形资产的账面价值予以转销,账面价值转入当期损益,已计提减值准备的,还应同时结转已计提的减值准备。

转销时,应按已计提的累计摊销,借记"累计摊销"科目;按其账面余额(原值),贷记"无形资产"科目;按已计提的减值准备,借记"无形资产减值准备"科目;按其差额,借记"营业外支出"科目。

【任务5—32】9月28日,兴业公司经核查发现,专利权H由于科技进步等原因已丧失使用价值,不能为企业带来经济利益,予以转销。该项专利权账面成本150 000元,累计摊销额120 000元,已计提无形资产减值准备10 000元。兴业公司的账务处理如下:

借:营业外支出　　　　　　　　　　　　　20 000
　　无形资产减值准备　　　　　　　　　　10 000
　　累计摊销——专利权H　　　　　　　　120 000
　贷:无形资产——专利权H　　　　　　　　150 000

(四)无形资产减值

企业拥有的无形资产由于科学技术的进步或经济原因,可能会发生减值。根据资产减值准则的规定,企业应当在资产负债表日判断资产是否存在可能发生减值的迹象,有确凿证据表明资产存在减值迹象的应当计提减值准备。

无形资产减值是指无形资产可收回金额低于账面价值的差额。企业应当将该无形资产的账面价值减记至可收回金额,减记的金额确认为减值损失,计入当期损益,同时计提相应的资产减值准备,按应减记的金额、借记"资产减值损失——计提的无形资产减值准备"科目,贷记"无形资产减值准备"科目,无形资产减值损失一经确认,在以后会计期间不得转回。

【任务5—33】9月30日,市场上某项技术生产的产品销售势头较好,已对兴业公司产品的销售产生重大不利影响。兴业公司外购的专利技术的账面价值为500 000元、剩余摊销年限为5年,经减值测试,该专利技术的可收回金额为400 000元,由于该专利权在资产负债表日的账面价值为 500 000 元,可收回金额为 400 000 元,可收回金额低于其账面价值。应按其差额 100 000(500 000－400 000)元计提减值准备。兴业公司的账务处理如下:

  借:资产减值损失——计提的无形资产减值准备   100 000
    贷:无形资产减值准备   100 000

【任务实训】

根据【任务引例】中的相关内容请会计人员完成以下任务:

1.请会计人员根据【任务5-24】至【任务5-33】完成兴业公司对收到的增值税专用发票的审核任务;

2.请会计人员根据【任务5-24】至【任务5-33】完成兴业公司无形资产总账和明细账的登记任务;

3.请会计人员根据【任务5-24】至【任务5-33】完成兴业公司记账凭证的填制任务。

任务三 其他资产岗位核算

【任务引例】

大学毕业生李明明应聘到牡丹江市兴业商贸有限公司(以下简称兴业公司)(该公司为一般纳税人,下同)财务部任职非流动资产核算岗位,该公司位于牡丹江市和平路13号,电话0453—6572002,开户行:工商行十二支行,账号:211040003—91,该公司成立于2021年7月,李明明于2021年9月初接管非流动资产核算岗位工作,该公司8月末固定资产账面余额500 000元,无形资产账面余额1 000 000元,长期待摊费用账面余额为60 000元,该公司发生下列有关经济业务:

34.9月1日,兴业公司对其以经营租赁方式新租入的办公楼开始进行装修,发生以下有关支出:辅助生产车间为该装修工程提供的劳务支出为80 000元;有关人员工资等职工薪酬120 000元,另为装修发生其他费用400 000元,假定均以银行存款支付。2021年12月1日,该办公楼装修完工,达到预定可使用状态并交付使用,并按租赁期10年开始进行摊销。

要求:

根据上述经济业务分别编制有关会计分录。

【任务准备】

其他资产是指除货币资金、交易性金融资产、应收及预付款项、存货、长期股权投资、固定资产、无形资产等以外的资产,如长期待摊费用等。

一、长期待摊费用的概念

长期待摊费用,是指企业已经发生,应由本期和以后各期负担的,摊销期在一年以上的各项费用。长期待摊费用本质上不属于资产,但由于它一般数额较大,受益期较长,所以将其列为资产项目,在受益期内转销或分期摊销。

二、长期待摊费用的内容

1.经营租赁方式租入固定资产改良支出。经营租赁方式租入固定资产改良支出,是指能改进以经营租赁方式租入固定资产的效用或延长其使用寿命的改装、装饰、改建等支出。这种改良支出是承租人在租赁期限和使用权限内发生的,它能改善该项固定资产的使用效能,但不能列入租入固定资产的价值,因而应列为长期待摊费用处理。

2.预付租入资产租金。预付租入资产租金,是指因临时性需要企业租入资产预付一年以上的租金费用。如企业以经营方式租入固定资产预付一年以上的租金等。

3.其他长期待摊费用。这是指不属于上述各项的各种摊销期超过一年的待摊费用。

【任务实施】

其他资产岗位核算

(一)设置账户

企业发生的长期待摊费用,应设置"长期待摊费用"账户进行核算。该账户借方登记企业发生的各项长期待摊费用,贷方登记摊销的长期待摊费用,期末借方余额反映企业尚未摊销完毕的长期待摊费用。该账户可按费用项目进行明细核算。

长期待摊费用应按费用项目进行归集,并在各费用项目受益期进行摊销或结转。各项费用摊销期限和方法为:经营租赁方式租入固定资产改良支出,应在租赁期限与租赁资产尚可使用年限两者孰短的期限内平均摊销;预付租入固定资产租金,应按合同确定的租赁年限期摊销;其他长期待摊费用应按照受益期限平均摊销。摊销的长期待摊费用,一般是按受益部门或用途列入相关成本、费用。

(二)账务处理

企业发生长期待摊费用时,借记"长期待摊费用"科目,贷记"银行存款"、"应付职工薪酬"等科目;分期摊销费用时,应按受益部门分别借记"制造费用"、"销售费用"、"管理费用"等科目,贷记"长期待摊费用"科目。

【任务5—34】9月1日,兴业公司对其以经营租赁方式新租入的办公楼开始进行装修,发生以下有关支出:辅助生产车间为该装修工程提供的劳务支出为80 000元;有关人员工资等职工薪酬120 000元,另为装修发生其他费用400 000元,假定均以银行存款支付。2021年12月1日,该办公楼装修完工,达到预定可使用状态并交付使用,并按租赁期10年开始进行摊销。

假定不考虑其他因素,兴业公司的账务处理如下:

(1)辅助生产车间为装修工程提供劳务时:

借:长期待摊费用　　　　　　　　　　　　　　　　80 000
　　贷:生产成本——辅助生产成本　　　　　　　　　　80 000

(2)确认工程人员职工薪酬时:

借:长期待摊费用　　　　　　　　　　　　　　　　120 000
　　贷:应付职工薪酬　　　　　　　　　　　　　　　120 000

(3)以银行存款支付其他费用:

借:长期待摊费用　　　　　　　　　　　　　　　　400 000

贷：银行存款　　　　　　　　　　　　　　　400 000
(4)12月1日，摊销装修支出时：
借：管理费用　　　　　　　　　　　　　　　5 000
　　　贷：长期待摊费用　　　　　　　　　　　　　5 000

【任务实训】

根据【任务引例】中的相关内容请会计人员完成以下任务：

1.请会计人员根据【任务5—34】完成兴业公司其他资产岗位核算的登记任务；

2.请会计人员根据【任务5—34】完成兴业公司其他资产记账凭证的填制任务。

项目六 筹资岗位

【知识目标】
1. 熟悉短期借款、实收资本、资本公积、留存收益的概念;
2. 熟悉实收资本、资本公积、盈余公积的管理规定;
3. 掌握短期借款取得、利息金额的计算、计提利息及归还本息的会计处理;
4. 掌握实收资本、资本公积、盈余公积的会计处理。

【能力目标】
1. 能够根据短期借款业务准确地编制记账凭证并登记相关账户的总账和明细账;
2. 能够正确处理接受实收资本、资本公积、留存收益业务的核算;
3. 能够准确阐述资本公积的来源及其与实收资本、留存收益、其他资本公积的区别。

【素质目标】
1. 形成较强的团队协作能力,养成良好的会计思维能力和语言表达能力;
2. 培养细致、踏实的工作作风,具有较强的语言表达能力;
3. 建立良好的心理素质和社会责任感。

工作情境

张明芳是一名初涉职场的大学毕业生,成功应聘到一家企业的财会部门工作,从事的是筹资核算岗位,主要负责筹资业务的核算。筹资业务核算岗位是按照有关规章和制度,办理本单位的资金筹集的相关账务处理工作。根据《会计法》、《会计基础工作规范》、《会计职业道德规范》等财会法规明确规定的职责和权限,筹资岗位具备以下岗位职责:

1. 会同有关部门拟定负债筹资和所有者权益筹资的核算与管理制度。
2. 制定债务筹资和所有者权益筹资的会计政策。
3. 负责筹资岗位的明细核算和有关报表的编制。
4. 负责债务筹资和所有者权益筹资的账务处理。
5. 协同有关部门做好债务清偿。

任务一　负债筹资业务核算

【任务引例】

大学毕业生张明芳应聘到牡丹江市兴业商贸有限公司(以下简称兴业公司)(该公司为一般纳税人,下同)财务部任职筹资业务核算岗位,该公司位于牡丹江市和平路13号,电话0453—6572002,开户行:工商行十二支行,账号:211040003—91,该公司成立于2021年7月,张明芳于2021年9月初接管筹资核算岗位工作,该公司8月末短期借款账面余额400 000元,实收资本账面余额1 000 000元,盈余公积账面余额为50 000元,未分配利润账面余额为0元,该公司发生下列有关经济业务:

1.9月1日,兴业公司因生产经营的临时性需要,从交通银行高新支行取得一笔为期2个月的临时借款300 000元,每月应付利息1 400元,共计2 800元利息,于借款到期时连同本金一起支付(数额不大)。

2.10月1日,兴业公司向银行借入一笔生产经营用短期借款,共计120 000元,期限为9个月,年利率4%,根据与银行签署的借款协议,该项借款的利息按季支付,本金到期一次归还。

3.10月1日,兴业公司向银行借入6 000 000元,期限5个月,年利率4%,该借款合同约定到期一次还本付息。

要求:

根据上述经济业务分别编制有关会计分录。

【任务准备】

一、负债的认知

(一)负债的定义

负债是指企业过去的交易或者事项形成的、预期会导致经济利益流出企业的现时义务。根据负债的定义,负债主要有以下三个特征。

1.负债是企业承担的现时义务

现时义务是负债的基本特征。义务是指企业要以一定方式履行的责任,而现时义务是指企业在现行条件下已经承担的义务。企业未来发生的交易或事项形成的义务,不属于现时义务,不构成负债,比如公司预计在明年购买一辆50万元的汽车,由于只是一个意向或假设,没有实质的业务发生,所以不构成企业今年的负债。

2.负债预期会导致经济利益流出企业

预期会导致经济利益流出企业也是负债的一个本质特征,只有企业在履行义务时会导致经济利益流出企业的,才符合负债的定义。

3.负债是企业由过去的交易或事项形成的

负债和资产相同,负债是企业由过去的交易或事项形成的。简言之,就是只有过去的交易或事项才能形成负债,企业将来发生的承诺、经营亏损或签订合同等交易或事项均不构成负债。

(二)负债的确认条件

1.与该义务有关的经济利益很可能流出企业;
2.未来流出经济利益的金额能够可靠地估计。

(三)负债的分类

负债按流动性进行分类,分为流动负债和非流动负债。

1.流动负债

流动负债主要是在正常的营业周期内发生的期限在一年以内(含一年)的负债,主要包括短期借款、交易性金融负债、应付票据、应付账款、预收账款、应付职工薪酬、应交税费、应付利息、应付股利、其他应付款等。

2.非流动负债

非流动负债,是指流动负债以外的负债。非流动负债主要是企业为筹集长期投资项目所需资金而发生的,如企业为购买大型设备而向银行借入的中长期贷款等。非流动负债主要包括长期借款、应付债券、长期应付款、预计负债等。

二、短期借款的概述

1.短期借款的概念

短期借款是企业向银行或其他金融机构借入的期限在一年以下(含一年)的各种款项,短期借款一般是企业为维持正常的生产经营活动或为抵偿某项债务而向金融机构借入的款项。

2.短期借款的内容

(1)临时借款。指企业由于临时性、季节性等原因申请取得的借款。一般借款期在3个月左右。

(2)周转借款。指企业为了满足当期生产经营活动资金的需要申请借入的款项。一般借款期为一年。

(3)票据贴现借款。指持有商业汇票的企业,在资金发生困难时,向银行申请取得票据贴现的借款(一般在银行有追索权的情况下形成)。

【任务实施】

短期借款的核算

(一)设置账户

为了核算和监督企业短期借款的取得、偿还和结存情况,企业应当设置"短期借款"账户。该账户贷方登记贷入的短期借款本金数额,借方登记偿还的短期借款本金数额,期末金额在贷方,表示尚未偿还的短期借款,本账户可按债权人名称、币种设置明细账,短期借款的核算涉及取得借款、借款利息、到期偿还借款三方面的核算内容。

(二)账务处理

企业从银行或其他金融机构取得短期借款时,借记"银行存款"科目,贷记"短期借款"科目。企业日常所发生的短期借款业务由于利息支付的方式不同,其账务处理也不一样,通常的利息支付方式有三种:一是按月计算并支付;二是分期付息到期一次还本;三是到期一次还本付息。

短期借款利息一般按单利计算,计算公式为:

短期借款利息=借款本金×借款利率×借款期限

企业的短期借款利息属于企业的筹资费用,按照权责发生制的原则,一般采用每月月末预提的方式计入当月"财务费用"进行核算,银行一般于每季度末收取短期借款利息。企业应当在每个资产负债表日按照计算确定的短期借款利息费用,借记"财务费用"科目,贷记"应付利息"科目,实际支付利息时,根据已预提的利息,借记"应付利息"科目,根据应计利息,借记"财务费用"科目,根据应付利息总额,贷记"银行存款"科目。

1.按月计算并支付

【任务6—1】9月1日,兴业公司因生产经营的临时性需要,从交通银行高新支行取得一笔为期2个月的临时借款300 000元,每月应付利息1 400元,共计2 800元利息,于借款到期时连同本金一起支付(数额不大)。

兴业公司账务处理如下:

(1)9月1日,取得借款时:

借:银行存款　　　　　　　　　　　　　　　　300 000
　　贷:短期借款——临时借款(交通银行高新支行)　　300 000

(2)11月1日,借款到期,归还本金并支付利息时:

借:短期借款——临时借款(交通银行高新支行)　　300 000
　　财务费用——利息支出　　　　　　　　　　　2 800
　　贷:银行存款　　　　　　　　　　　　　　　302 800

2.分期付息,到期一次还本

【任务6—2】10月1日,兴业公司向银行借入一笔生产经营用短期借款,共计120 000元,期限为9个月,年利率4%,根据与银行签署的借款协议,该项借款的利息按季支付,本金到期一次归还。

兴业公司账务处理如下:

(1)10月1日借入短期借款时:

借:银行存款　　　　　　　　　　　　　　　　120 000
　　贷:短期借款　　　　　　　　　　　　　　　120 000

(2)10月末,计提10月应付利息:

本月应计提的利息金额=120 000×4%÷12=400(元)

借：财务费用　　　　　　　　　　　　　　　　　　400
　　贷：应付利息　　　　　　　　　　　　　　　　　　　400
11月末计提11月利息费用的处理与10月相同。

(3)12月末，支付第四季度银行借款利息：
借：财务费用　　　　　　　　　　　　　　　　　　400
　　应付利息　　　　　　　　　　　　　　　　　　800
　　贷：银行存款　　　　　　　　　　　　　　　　　　1 200
下年度的，第一、第二季度的会计处理同上。

(4)2022年7月1日偿还银行借款本金：
借：短期借款　　　　　　　　　　　　　　　　　120 000
　　贷：银行存款　　　　　　　　　　　　　　　　　120 000

3.到期一次还本付息

【任务6-3】10月1日，兴业公司向银行借入6 000 000元，期限5个月，年利率4%，该借款合同约定到期一次还本付息。兴业公司账务处理如下：

(1)10月1日借入款项时：
借：银行存款　　　　　　　　　　　　　　　　6 000 000
　　贷：短期借款　　　　　　　　　　　　　　　　　6 000 000

(2)10月末计提本月应付利息时：
借：财务费用　　　　　　　　　　　　　　　　　20 000
　　贷：应付利息　　　　　　　　　　　　　　　　　　20 000
10月末计提本月应付利息＝6 000 000×4%÷12＝20 000(元)
11、12月末2022年1月末计提当月利息的会计处理同上。

(3)2022年3月1日归还借款利息和本金时：
借：短期借款　　　　　　　　　　　　　　　　6 000 000
　　应付利息　　　　　　　　　　　　　　　　　80 000
　　财务费用　　　　　　　　　　　　　　　　　20 000
　　贷：银行存款　　　　　　　　　　　　　　　　　6 100 000

【任务实训】

根据【任务引例】中的相关内容请会计人员完成以下任务：

1.请会计人员根据【任务6-1】至【任务6-3】完成兴业公司短期借款总账和明细账的登记任务；

2.请会计人员根据【任务6-1】至【任务6-3】完成兴业公司借款单据的填制任务；

3.请会计人员根据【任务6-1】至【任务6-3】完成兴业公司记账凭证的填制任务。

任务二 所有者权益业务核算

【任务引例】

大学毕业生张明芳应聘到牡丹江市兴业商贸有限公司（以下简称兴业公司）（该公司为一般纳税人，下同）财务部任职筹资业务核算岗位，该公司位于牡丹江市和平路13号，电话0453—6572002，开户行：工商行十二支行，账号：211040003—91，该公司成立于2021年7月，张明芳于2021年9月初接管筹资核算岗位工作，该公司8月末短期借款账面余额400 000元，实收资本账面余额1 000 000元，盈余公积账面余额为50 000元，未分配利润账面余额为0元，该公司发生下列有关经济业务：

4.甲、乙、丙共同投资设立兴业公司，注册资本为4 000 000元，甲、乙、丙持股比例分别为12.5%、50%、37.5%。按章程规定：甲、乙、丙投入资本分别为500 000元、2 000 000元、1 500 000元。兴业公司已如期收到各投资者一次缴足的款项。

5.兴业公司在设立时收到乙公司作为资本投入的不需要安装的机器设备一台，合同约定该机器设备的价值为2 000 000元，增值税进项税为260 000元（由投资方支付税款，并提供或开具专用发票）。经约定，兴业公司接受乙公司的投入资本为2 260 000元，合同约定的固定资产价值与公允价值相符，不考虑其他因素。

6.兴业公司于设立时收到B公司作为资本投入的原材料一批，该批原材料投资合同或协议约定价值为100 000元（不含可抵扣增值税进项税额部分），增值税进项税额为13 000元（由投资方支付税款，并提供或开具增值税专用发票）。假设合同约定价值与公允价值相符，不考虑其他因素，原材料按实际成本进行日常核算。

7.兴业公司于创立时收到A公司作为资本投入的非专利技术一项，该非专利技术投资合同约定价值60 000元；同时收到B公司作为资本投入的土地使用权一项，投资合同约定价值80 000元，假设兴业公司接受该非专利技术和土地使用权符合国家注册资本管理的有关规定，可按合同约定作实收资本入账，合同约定价值与公允价值相符，不考虑其他因素。

8.甲、乙、丙三人共同投资设立了兴业公司，原注册资本为4 000 000元，甲、乙、丙分别出资500 000元、2 000 000元和1 500 000元。为扩大经营规模，经批准，兴业公司注册资本扩大为5 000 000元，甲、乙、丙按原出资比例分别追加投资125 000元、500 000元和375 000元。

9.（承任务6—8）因扩大经营规模，经批准，兴业公司按原出资比例将资本公积1 000 000

元转增资本。兴业公司应分别按照12.5%、50%、37.5%的原出资份额。

10.（承任务6—8）因扩大经营规模需要，经批准，兴业公司按原出资比例将盈余公积1 000 000元转增资本。兴业公司应分别按照12.5%、50%、37.5%的原出资份额。

11.兴业公司由两位投资者投资200 000元设立，每人各出资100 000元。一年后为扩大经营规模，经批准，将注册资本增加到300 000元，并引入第三位投资者。按照投资协议，新投资者需缴入现金110 000元，同时享有该公司1/3的股份。兴业公司已收到该现金投资。假定不考虑其他因素。

12.兴业公司首次公开发行普通股50 000 000元，每股面值1元，发行价格4元，兴业公司与证券公司约定，按发行收入的3%收取佣金，从发行收入中扣除，假定收到的股款已存入银行。

13.兴业公司于2021年9月1日向F公司投资8 000 000元，拥有该公司20%的股份，并对该公司有重大影响，因而对F公司长期股权投资采用权益法核算。2021年12月31日，F公司除净损益、其他综合收益和利润分配之外的所有者权益增加了1 000 000元。假定除此之外，F公司的所有者权益没有其他变化，兴业公司的持股比例没有变化，F公司资产账面价值与公允价值一致，不考虑其他因素。

14.（承任务6—11）兴业公司经核准将资本公积10 000元用于转增资本，公司已按规定程序办理完增资手续。

15.兴业公司本年实现净利润5 000 000元，年初未分配利润为0元。经股东大会批准，兴业公司按当年净利润的10%提取法定盈余公积。假定不考虑其他因素。

16.经股东会批准，兴业公司用以前年度提取的盈余公积弥补当年亏损，当年要弥补亏损的数额为600 000元。假定不考虑其他因素。

17.因扩大经营规模需要，经股东大会批准，兴业公司将法定盈余公积400 000元转增资本。假定不考虑其他因素。

18.兴业公司2020年12月31日股本总额为50 000 000元（每股面值1元），可供投资者分配的利润为5 000 000元，盈余公积为20 000 000元。2021年3月20日，股东大会批准2020年度利润分配方案，按10股2元发放现金股利，兴业公司共需要分派10 000 000元现金股利，其中动用可供投资者分配的利润5 000 000元，盈余公积5 000 000元，假定不考虑其他因素。

19.兴业公司年初未分配利润为0元，本年实现净利润2 000 000元，本年提取法定盈余公积200 000元，宣告发放现金股利800 000元。假定不考虑其他因素。

要求：
根据上述经济业务分别编制有关会计分录。

【任务准备】

所有者权益的认知

所有者权益是指企业资产扣除负债后由所有者享有的剩余权益。股份有限公司所有者权益又称股东权益。

(一)所有者权益的主要特征

1. 对资产的要求权不具有优先性；
2. 参与企业经营管理、重大决策和利润分配的权利；
3. 收益具有不确定性；
4. 金额取决于资产和负债的计量；
5. 收回没有时间性，除非发生减值、清算或分派现金股利。

(二)所有者权益构成

1. 所有者投入的资本，是指所有者实际投入企业经营活动的各种财产物资，如投入的货币性资产、存货、固定资产、无形资产等。投入资本按投资主体具体分为国家投入资本、法人投入资本和个人投入资本等。

2. 直接计入所有者权益的利得和损失，是指不应计入当期损益、会导致所有者权益发生增减变动的、与所有者投入资本或者向所有者分配利润无关的利得或者损失。

3. 留存收益包括从税后净利润中提取的各种盈余公积和尚未向所有者分配的、留存于企业的未分配利润。

所有者权益从经济内容看，包括实收资本(或股本)、资本公积、盈余公积和未分配利润四个部分。

【任务实施】

一、实收资本的核算

(一)实收资本的概述

实收资本是指企业按照章程规定或合同、协议约定，接受投资者投入企业的资本。实收资本的构成比例即投资者的出资比例或股东的股份比例，是企业进行利润分配或股利分配的主要依据，同时还是企业清算时所有者对净资产的要求权的依据。

(二)账务处理

为了核算和监督所有者投入资本的增减变动情况，企业需设置"实收资本"账户，该账户属于所有者权益类账户，用于非股份有限公司投资者投入资本的核算，贷方登记增加的实收资本金额；借方登记按法定程序减少资本金额；余额在贷方，表示企业实际结存的实收资本金额，该账户可按投资者名称设置明细账户进行详细核算。

股份有限公司应设置"股本"账户。

1.接受现金资产投资

【任务6-4】甲、乙、丙共同投资设立兴业公司,注册资本为4 000 000元,甲、乙、丙持股比例分别为12.5%、50%、37.5%。按章程规定:甲、乙、丙投入资本分别为500 000元、2 000 000元、1 500 000元。兴业公司已如期收到各投资者一次缴足的款项。

兴业公司账务处理如下:

借:银行存款　　　　　　　　　　　　　　　　　　　4 000 000
　　贷:实收资本——甲　　　　　　　　　　　　　　　　500 000
　　　　　　　　——乙　　　　　　　　　　　　　　　2 000 000
　　　　　　　　——丙　　　　　　　　　　　　　　　1 500 000

2.接受非现金资产投资

(1)接受投入固定资产

企业接受投资者作价投入的房屋、建筑物、机器设备等固定资产,应按投资合同或协议约定的价格确定固定资产价值和在注册资本中应享有的份额(但投资合同或协议约定价值不公允的除外)。

【任务6-5】兴业公司在设立时收到乙公司作为资本投入的不需要安装的机器设备一台,合同约定该机器设备的价值为2 000 000元,增值税进项税为260 000元(由投资方支付税款,并提供或开具专用发票)。经约定,兴业公司接受乙公司的投入资本为2 260 000元,合同约定的固定资产价值与公允价值相符,不考虑其他因素。

兴业公司账务处理如下:

借:固定资产　　　　　　　　　　　　　　　　　　　2 000 000
　　应交税费——应交增值税(进项税额)　　　　　　　　260 000
　　贷:实收资本——乙公司　　　　　　　　　　　　　2 260 000

(2)接受投入材料物资

企业接受投资者作价投入的材料物资,应按投资合同或协议约定价值确定材料物资价值和在注册资本中应享有的份额(投资合同或协议约定价值不公允的除外)。

【任务6-6】兴业公司于设立时收到B公司作为资本投入的原材料一批,该批原材料投资合同或协议约定价值为100 000元(不含可抵扣增值税进项税额部分),增值税进项税额为13 000元(由投资方支付税款,并提供或开具增值税专用发票)。假设合同约定价值与公允价值相符,不考虑其他因素,原材料按实际成本进行日常核算。

兴业公司账务处理如下:

借:原材料　　　　　　　　　　　　　　　　　　　　　100 000
　　应交税费——应交增值税(进项税额)　　　　　　　　 13 000
　　贷:实收资本——B公司　　　　　　　　　　　　　　113 000

(3)接受投入无形资产

企业收到以无形资产方式投入的资本,应按投资合同或协议约定价值确定无形资产价值和在注册资本中应享有的份额(但合同或协议约定不公允的除外)。

【任务6—7】兴业公司于创立时收到A公司作为资本投入的非专利技术一项,该非专利技术投资合同约定价值60 000元;同时收到B公司作为资本投入的土地使用权一项,投资合同约定价值80 000元,假设兴业公司接受该非专利技术和土地使用权符合国家注册资本管理的有关规定,可按合同约定作实收资本入账,合同约定价值与公允价值相符,不考虑其他因素。兴业公司账务处理如下:

借:无形资产——非专利技术　　　　　　　　　60 000
　　　　　　——土地使用权　　　　　　　　　80 000
　贷:实收资本——A公司　　　　　　　　　　60 000
　　　　　　——B公司　　　　　　　　　　　80 000

3.实收资本(或股本)的增减变动

企业的实收资本相对固定不变,但在某些特定情况下,实收资本也可能发生变化,当实收资本比原注册资金增加或减少的幅度超过20%时,应持资金使用证明或者验资证明向原登记主管机关申请变更登记。

(1)实收资本(或股本)的增加

一般企业增加资本有三个途径:

①接受投资者追加投资。
②资本公积转增资本。
③盈余公积转增资本。

需要注意的是:由于资本公积和盈余公积均属于所有者权益,其转增资本时,如果是独资企业比较简单,直接结转即可;如果是股份有限公司或有限责任公司应该按照原投资者各自出资比例相应增加各投资者的出资额。

【任务6—8】甲、乙、丙三人共同投资设立了兴业公司,原注册资本为4 000 000元,甲、乙、丙分别出资500 000元、2 000 000元和1 500 000元。为扩大经营规模,经批准,兴业公司注册资本扩大为5 000 000元,甲、乙、丙按原出资比例分别追加投资125 000元、500 000元和375 000元。兴业公司如期收到甲、乙、丙追加的现金投资。

兴业公司账务处理如下:

借:银行存款　　　　　　　　　　　　　　　　1 000 000
　贷:实收资本——甲　　　　　　　　　　　　　125 000
　　　　　　——乙　　　　　　　　　　　　　500 000
　　　　　　——丙　　　　　　　　　　　　　375 000

【任务6—9】(承任务6—8)因扩大经营规模,经批准,兴业公司按原出资比例将资本公积

1 000 000 元转增资本。兴业公司应分别按照 12.5%、50%、37.5% 的原出资份额。兴业公司账务处理如下：

借：资本公积　　　　　　　　　　　　　1 000 000
　　贷：实收资本——甲　　　　　　　　　　　　125 000
　　　　　　　　——乙　　　　　　　　　　　　500 000
　　　　　　　　——丙　　　　　　　　　　　　375 000

【任务 6—10】（承任务 6—8）因扩大经营规模需要，经批准，兴业公司按原出资比例将盈余公积 1 000 000 元转增资本。兴业公司应分别按照 12.5%、50%、37.5% 的原出资份额。兴业公司账务处理如下：

借：盈余公积　　　　　　　　　　　　　1 000 000
　　贷：实收资本——甲　　　　　　　　　　　　125 000
　　　　　　　　——乙　　　　　　　　　　　　500 000
　　　　　　　　——丙　　　　　　　　　　　　375 000

(2) 实收资本（或股本）的减少

企业减少实收资本必须按法定程序报经批准，办理资本变更手续。减少资本的原因不同，账务处理也不尽相同：

①有限责任公司经营规模缩小而减资，企业在按法定程序报经批准后将注册资本返还给投资者时，借记"实收资本"科目，贷记"银行存款"科目；严重亏损而减资，企业发生连续、重大亏损，短期内无力用盈余公积、利润弥补的，可采用减资补亏。经工商行政管理部门批准后，借记"实收资本"科目，贷记"利润分配——未分配利润"科目。

②股份有限公司采用收购本公司股票方式减资的，通过"库存股"科目核算回收股份的金额。减资时，按股票面值和注销股数计算的股票面值总额冲减股本，按注销库存股的账面余额与所冲减股本的差额冲减股本溢价，股本溢价不足冲减的，依次冲减"盈余公积"、"利润分配——未分配利润"等科目。如果回购股票支付的价款低于面值总额的，所注销库存股的账面余额与所冲减股本的差额作为增加资本公积（股本溢价）处理。

二、资本公积的核算

(一) 资本公积的来源

资本公积是企业收到投资者出资额超出其在注册资本或股本中所占份额的部分，以及其他资本公积等。资本公积包括资本溢价（或股本溢价）和其他资本公积等。

形成资本溢价（或股本溢价）的原因有溢价发行股票、投资者超额缴入资本等。

其他资本公积是指除净损益、其他综合收益和利润分配以外所有者权益的其他变动。如企业的长期股权投资采用权益法核算时，因被投资单位除净损益、其他综合收益和利润分配以外所有者权益的其他变动，投资企业按应享有份额而增加或减少的资本公积。

(二)资本公积的账务处理

为了核算资本公积的增减变动情况,应设置"资本公积"账户,该账户是所有者权益类账户,贷方登记"资本公积"增加的数额,借方登记"资本公积"减少的数额,余额在贷方,表示资本公积的结存数额,在该账户下分别设置"资本溢价(或股本溢价)"、"其他资本公积"等进行明细核算。

1.资本公积形成

(1)资本溢价(或股本溢价)

股份有限公司以外的其他类型企业在创立时,投资者认缴的出资额与注册资本一致,不会产生资本溢价。但在企业重组或有新的投资者加入时,常会出现资本溢价。因为在企业步入正常生产经营后,其资本利润率通常高于企业初创阶段。另外,企业有内部积累,新投资者加入企业后,对这些积累也要进行分享,所以新加入的投资者往往要付出大于原投资者的出资额,才能取得与原投资者相同的出资比例,投资多缴的部分就形成了资本溢价。

【任务6-11】兴业公司由两位投资者投资200 000元设立,每人各出资100 000元。一年后为扩大经营规模,经批准,将注册资本增加到300 000元,并引入第三位投资者。按照投资协议,新投资者需缴入现金110 000元,同时享有该公司1/3的股份。兴业公司已收到该现金投资。假定不考虑其他因素。

兴业公司账务处理如下:

借:银行存款　　　　　　　　　　　　　　　　　110 000
　　贷:实收资本　　　　　　　　　　　　　　　　100 000
　　　　资本公积—资本溢价　　　　　　　　　　　 10 000

股本溢价的数额等于股份有限公司发行股票时实际收到的款项超过股票面值总额的部分。企业发行股票取得的收入,按面值发行股票取得的收入部分,应全部记入"股本"账户;超出股票面值的溢价收入扣除相关的手续费、佣金等交易费用的净溢价记入"资本公积——股本溢价"账户。

【任务6-12】兴业公司首次公开发行普通股50 000 000元,每股面值4元,发行价格1元,兴业公司与证券公司约定,按发行收入的3%收取佣金,从发行收入中扣除,假定收到的股款已存入银行。兴业公司账务处理如下:

　　　　收到证券公司转来的发行收入=50 000 000×4×(1-3%)=194 000 000(元)
　　　　应记入"资本公积"科目的金额=溢价收入-发行佣金
　　　　　　　　　　　　　　　　　=50 000 000×(4-1)-50 000 000×4×3%
　　　　　　　　　　　　　　　　　=144 000 000(元)

借:银行存款　　　　　　　　　　　　　　　　　194 000 000
　　贷:股本　　　　　　　　　　　　　　　　　　 50 000 000
　　　　资本公积——股本溢价　　　　　　　　　　144 000 000

其他资本公积。企业对被投资单位的长期股权投资采用权益法核算的,在持股比例不变的情况下,对因被投资单位除净损益、其他综合收益和利润分配以外的所有者权益的其他变动,应按持股比例计算其应享有或应分担被投资单位所有者权益的增减数额。在处置长期股权投资时,应转销该笔投资相关的其他资本公积。

【任务6-13】兴业公司于2021年9月1日向F公司投资8 000 000元,拥有该公司20%的股份,并对该公司有重大影响,因而对F公司长期股权投资采用权益法核算。2021年12月31日,F公司除净损益、其他综合收益和利润分配之外的所有者权益增加了1 000 000元。假定除此之外,F公司的所有者权益没有其他变化,兴业公司的持股比例没有变化,F公司资产账面价值与公允价值一致,不考虑其他因素。

兴业公司对F公司投资增加的资本公积＝1 000 000×20%＝200 000(元)

借:长期股权投资——F公司　　　　　　　　　　200 000
　　贷:资本公积——其他资本公积　　　　　　　　　　200 000

2.资本公积转增资本

经股东大会或类似机构决议,用资本公积转增资本时,应冲减资本公积,同时按照转增资本前的实收资本(或股本)的结构或比例,将转增的金额记入"实收资本"或"股本"科目下各所有者的明细分类账中。

【任务6-14】(承任务6-11),兴业公司经核准将资本公积10 000元用于转增资本,公司已按规定程序办理完增资手续。按甲、乙两投资者的出资比例分别为65%和35%转增资本,公司的账务处理为:

借:资本公积——资本溢价　　　　　　　　　　10 000
　　贷:实收资本——甲　　　　　　　　　　　　　　6 500
　　　　　　　　——乙　　　　　　　　　　　　　　3 500

三、留存收益的核算

留存收益是指企业从历年实现的利润中提取或留存于企业的内部积累。留存收益来源于企业生产经营活动所实现的净利润,用于扩大生产经营或弥补亏损,包括盈余公积和未分配利润两部分。

(一)盈余公积

盈余公积是指企业按照规定从实现的净利润中提取的公积金。提取盈余公积的主要目的是扩大经营范围,增强企业实力,预防亏损。公司制企业的盈余公积包括法定盈余公积和任意盈余公积。

法定盈余公积,公司制企业按照净利润(减弥补以前年度亏损,下同)的10%提取,计提的法定盈余公积累计达到注册资本的50%时,可以不再提取。非公司制企业法定盈余公积的提取比例可超过净利润的10%。

任意盈余公积,是指公司在提取法定盈余公积后,经股东大会或类似机构批准,按照规定的比例从净利润中提取的盈余公积,其提取比例由企业权力机构自行确定。非公司制企业经类似权力机构批准,也可提取任意盈余公积。

值得注意的是,法定盈余公积和任意盈余公积的区别在于其各自计提的依据不同,前者是以国家的法律法规为依据,后者由企业权力机构自行决定。

1.盈余公积概述

企业提取的盈余公积可用于弥补亏损、扩大生产、转增资本或派送股票等。

为了核算和监督盈余公积的提取和使用等增减变动情况,企业应设置"盈余公积"账户,该账户属于所有者权益类账户,贷方反映企业提取的盈余公积数;借方反映企业使用的盈余公积数;余额在贷方,表示企业盈余公积的实有数额。

该账户应分别设置"法定盈余公积"、"任意盈余公积"等明细账户,进行明细分类核算。

2.盈余公积账务处理

(1)提取盈余公积

【任务6—15】兴业公司本年实现净利润5 000 000元,年初未分配利润为0元。经股东大会批准,兴业公司按当年净利润的10%提取法定盈余公积。假定不考虑其他因素,兴业公司账务处理如下:

本年提取法定盈余公积金额5 000 000×10%=500 000(元)

借:利润分配——提取法定盈余公积　　　　500 000
　　贷:盈余公积——法定盈余公积　　　　　　　　500 000

(2)盈余公积补亏

【任务6—16】经股东会批准,兴业公司用以前年度提取的盈余公积弥补当年亏损,当年要弥补亏损的数额为600 000元。假定不考虑其他因素。兴业公司账务处理如下:

借:盈余公积　　　　　　　　　　　　　　600 000
　　贷:利润分配——盈余公积补亏　　　　　　　　600 000

(3)盈余公积转增资本

【任务6—17】因扩大经营规模需要,经股东大会批准,兴业公司将法定盈余公积400 000元转增资本。假定不考虑其他因素。兴业公司账务处理如下:

借:盈余公积——法定盈余公积　　　　　　400 000
　　贷:股本　　　　　　　　　　　　　　　　　　400 000

(4)用盈余公积发放现金股利或利润

【任务6—18】兴业公司2020年12月31日股本总额为50 000 000元(每股面值1元),可供投资者分配的利润为5 000 000元,盈余公积为20 000 000元。2021年3月20日,股东大会批准2020年度利润分配方案,按10股2元发放现金股利,兴业公司共需要分派10 000 000元现金股利,其中动用可供投资者分配的利润5 000 000

元,盈余公积 5 000 000 元,假定不考虑其他因素。兴业公司账务处理如下:

(1)发放现金股利时:

借:利润分配——应付现金股利　　　　　　　　　5 000 000
　　盈余公积　　　　　　　　　　　　　　　　　　5 000 000
　　　贷:应付股利　　　　　　　　　　　　　　　　　　　10 000 000

(2)支付现金股利时:

借:应付股利　　　　　　　　　　　　　　　　　　10 000 000
　　　贷:银行存款　　　　　　　　　　　　　　　　　　　10 000 000

(二)未分配利润

1.未分配利润概述

未分配利润是指企业留待以后年度进行分配的结存利润。企业年度终了,要根据国家有关规定和企业章程、投资协议等对当年可供分配的利润进行分配。

可供分配的利润＝当年实现的净利润(或净亏损)＋年初未分配利润(或－年初未弥补亏损)＋其他转入(盈余公积补亏)

根据我国《公司法》及《税法》等相关法律的规定,公司应当按照如下顺序进行利润分配:

(1)弥补以前年度亏损,但不得超过税法规定的弥补期限,近五年内;

(2)缴纳所得税。即公司应依我国《企业所得税法》缴纳企业所得税;

(3)提取法定盈余公积;

(4)提取任意盈余公积;

(5)向投资者分配利润。

剩余的利润留存在企业,待以后年度分配。

2.未分配利润核算

为了核算企业利润的分配(或亏损的弥补)和历年分配(或弥补)后的未分配利润(或未弥补亏损)情况,企业应设置"利润分配"科目。该账户属于所有者权益账户,借方登记本年度实际分配的利润数及年末转入的全年亏损;贷方登记年末转入的全年实现的净利润及盈余公积弥补的亏损;期末余额如为贷方,表示企业未分配的利润数额;期末余额如为借方,表示企业累积未弥补亏损的数额。

该科目下应分别设置"提取法定盈余公积"、"提取任意盈余公积"、"应付现金股利或利润"、"盈余公积补亏"和"未分配利润"等明细科目进行明细核算。企业未分配利润通过"利润分配——未分配利润"明细科目进行核算,年度终了,企业应将全年实现的净利润或发生的净亏损由"本年利润"科目转入"利润分配——未分配利润"科目。按照利润分配顺序,经利润分配之后,将"利润分配"科目下的其他明细科目的余额结转到"利润分配——未分配利润"明细科目。结转后,只有"利润分配——未分配利润"这一明细科目会有余额,其他利润分配的明细科目均无余额。

【任务6—19】兴业公司年初未分配利润为0元，本年实现净利润2 000 000元，本年提取法定盈余公积200 000元，宣告发放现金股利800 000元。假定不考虑其他因素。兴业公司账务处理如下：

(1)结转本年实现净利润时：

借：本年利润　　　　　　　　　　　　　　　　2 000 000
　　贷：利润分配——未分配利润　　　　　　　　　　　2 000 000

(2)提取法定盈余公积、宣告发放现金股利时：

借：利润分配——提取法定盈余公积　　　　　　　200 000
　　　　　　——应付现金股利　　　　　　　　　800 000
　　贷：盈余公积　　　　　　　　　　　　　　　　　200 000
　　　　应付股利　　　　　　　　　　　　　　　　　800 000

(3)将"利润分配"科目所属其他明细科目的余额结转至"未分配利润"明细科目：

借：利润分配——未分配利润　　　　　　　　　1 000 000
　　贷：利润分配——提取法定盈余公积　　　　　　　200 000
　　　　　　　　——应付现金股利　　　　　　　　800 000

【任务实训】

根据【任务引例】中的相关内容请会计人员完成以下任务：

1.请会计人员根据【任务6—4】至【任务6—19】完成兴业公司所有者权益的总账和明细账的登记任务；

2.请会计人员根据【任务6—4】至【任务6—19】完成兴业公司作为股份有限公司时的全部账务处理；

3.请会计人员根据【任务6—4】至【任务6—19】完成兴业公司记账凭证的编制任务。

项目七 薪筹岗位

【知识目标】

1.熟练掌握职工薪酬的内容；

2.掌握短期薪酬中货币性薪酬的会计处理；

3.熟练掌握短期薪酬中非货币性职工薪酬的计量和会计处理；

4.熟悉设定提存计划业务的核算。

【能力目标】

1.能够准确地划分职工薪酬类别；

2.能够正确处理货币性薪酬业务的会计核算；

3.能够正确计算非货币性职工福利入账价值；

4.能够正确处理非货币性薪酬业务的会计核算。

【素质目标】

1.培养细致、踏实的工作作风；

2.具有较强的语言表达能力；

3.拥有严谨、踏实的工作作风。

工作情境

李明是一名初涉职场的大学毕业生，成功应聘到一家企业的财会部门工作，从事的是薪酬岗位核算，主要负责职工薪酬的核算。职工薪酬业务核算是按照有关规章和制度，办理本单位的负债的相关账务处理工作。根据《会计法》、《会计基础工作规范》、《会计职业道德规范》等财会法规明确规定的职责和权限，薪酬业务核算岗位应具备以下岗位职责：

1.会同有关部门拟定职工薪酬的核算与管理制度。

2.制定薪酬核算的会计政策。

3.负责职工薪酬明细核算。

4.负责工资结算表的编制。

5.负责社会保险费计提表的编制。

任务一　职工薪酬的认知

一、职工薪酬的内容

职工薪酬，是指企业为了获得职工提供的服务或解除劳动关系而给予的各种形式的报酬或补偿。职工薪酬包括：短期薪酬、离职后福利、辞退福利和其他长期职工福利。企业提供给职工配偶、子女、受赡养人、已故员工遗属及其他受益人等的福利，也属于职工薪酬。这里所称的"职工"主要包括三类人员：一是与企业订立劳动合同的所有人员，含全职、兼职和临时职工；二是未与企业订立劳动合同但由企业正式任命的企业治理层和管理层人员，如董事会成员、监事会成员等；三是在企业计划和控制下，虽未与企业订立劳动合同或未由其正式任命，但向企业所提供服务与职工所提供服务类似的人员，也属于职工的范畴，包括通过企业与劳动中介公司签订用工合同而向企业提供服务的人员。

职工薪酬的内容主要包括以下四个方面：

（一）短期薪酬

短期薪酬，是指企业在职工提供相关服务的年度报告期间结束后 12 个月内需要全部予以支付的职工薪酬，因解除与职工的劳动关系给予的补偿除外。短期薪酬具体包括：

(1)职工工资、奖金、津贴和补贴，指企业按照构成工资总额的计时工资、计件工资、支付给职工的超额劳动报酬和增收节支的劳动报酬、为补偿职工特殊或额外劳动消耗和因其他特殊原因支付给职工的津贴，以及为保证职工工资不受物价影响支付给职工的物价补贴等，其中，企业按照短期奖金计划向职工发放的奖金属于短期薪酬，按照长期奖金计划向职工发放的奖金属于其他长期职工福利。

(2)职工福利费，指企业向职工提供的生活困难补助、丧葬补助费、抚恤费、职工异地安家费、防暑降温费等职工福利支出。

(3)医疗保险费、工伤保险费等社会保险费，指企业按照国家规定的基准和比例计算，向社会保险经办机构缴纳的医疗保险费、工伤保险费。

(4)住房公积金，指企业按照国家规定的基准和比例计算，向住房公积金管理机构缴存的住房公积金。

(5)工会经费和职工教育经费，指企业为了改善职工文化生活、为职工学习先进技术提高文化水平和业务素质，用于开展工会活动和职工教育及职业技能培训等相关支出。

(6)短期带薪缺勤,指职工虽然缺勤但企业仍然向其支付的报酬,包括年休假、病假、婚假、产假、丧假、探亲假等。长期带薪缺勤属于其他长期职工福利。

(7)短期利润分享计划,指因职工提供服务而与职工达成的基于利润或其他经营成果提供薪酬的协议。长期利润分享计划属于其他长期职工福利。

(8)非货币性福利,是企业以非货币形式向职工提供的福利,如企业以自产产品作为福利发放给职工、企业无偿向职工提供住房等。

(9)其他短期薪酬,指除上述薪酬以外的其他为获得职工提供的服务而给予的短期薪酬。

(二)离职后福利

离职后福利,是指企业为获得职工提供的服务而在职工退休或与企业解除劳动关系后,提供的各种形式的报酬和福利,短期薪酬和辞退福利除外。企业应当将离职后福利计划分类为设定提存计划和设定受益计划。离职后福利计划,是指企业与职工就离职后福利达成的协议,或者企业为向职工提供离职后福利制定的规章或办法等,其中,设定提存计划,是向独立的基金缴存固定费用后,企业不再承担进一步支付义务的离职后福利计划;设定受益计划,是指除设定提存计划以外的离职后福利计划。

(三)辞退福利

辞退福利,是指企业在职工劳动合同到期之前解除与职工的劳动关系,或者为鼓励职工自愿接受裁减而给予职工的补偿。

(四)其他长期职工福利

其他长期职工福利,是指除短期薪酬、离职后福利、辞退福利之外所有的职工薪酬,包括长期带薪缺勤、长期残疾福利、长期利润分享计划等。

二、职工薪酬核算的原始记录

企业应按劳动工资和社会保障制度的规定,根据原始记录,计算各项工资、津贴和生活福利待遇,所以,工资核算的原始记录,是合理、正确地进行职工薪酬核算的前提和保证,职工薪酬核算的原始记录主要有工资卡、考勤记录、产量记录三种。

(一)工资卡

工资卡主要记录职工的工资级别和工资标准,反映每个职工的基本情况,如职务、工作时间、进本单位时间、工资级别、工资标准、工资调整情况以及有关津贴等。工资卡按每个职工设立,一般由劳动工资部门或企业人事部门统一管理。

(二)考勤记录

考勤记录是记载和反映每个职工缺勤情况的原始记录。它是计算计时工资的主要依据,也是计算计件工资的依据之一。考勤记录应由各车间、班组和部门的负责人或考勤员逐日登记,定期汇总并经单位负责人审查签章后,送财会部门据以计算应付工资。考勤记录通过设置考勤簿或考勤卡进行,考勤簿一般按各车间、部门分别设置;考勤卡则应按每一职工开设。

(三)产量记录

产量记录是反映工人或生产小组在出勤时间内完成产量和耗用工时的原始记录。产量记录是计算计件工资的主要依据;通过产量记录,还可以考核企业生产计划的完成情况和工时定额的执行情况。企业产量记录通常有工作通知单、工序进程单、工作台班产量记录等。

三、应付职工薪酬核算的账户设置

企业应当设置"应付职工薪酬"科目,核算应付职工薪酬的计提、结算、使用等情况。该科目的贷方登记已分配计入有关成本费用项目的应付职工薪酬,借方登记实际发放职工薪酬的数额,包括扣还的款项等,期末贷方余额反映企业应付未付的职工薪酬。

"应付职工薪酬"科目应当按照"工资、奖金、津贴和补贴"、"职工福利费"、"非货币性福利"、"社会保险费"、"住房公积金"、"工会经费和职工教育经费"、"带薪缺勤"、"利润分享计划"、"设定提存计划"、"设定受益计划"、"辞退福利"等,职工薪酬项目设置明细账进行明细核算。

任务二 短期薪酬业务核算

【任务引例】

大学毕业生李明应聘到牡丹江市兴业商贸有限公司（以下简称兴业公司）财务部任薪酬业务核算岗位，该公司位于牡丹江市和平路13号，电话0453—6572002，开户行：工商行十二支行，账号：211040003—91，该公司成立于2021年7月，李明于2021年9月初接管薪酬核算岗位工作，该公司8月末短期借款账面余额100 000元，应付职工薪酬账面余额为6 800元。该公司发生下列有关薪酬的业务：

1. 2021年9月，兴业公司应付工资总额693 000元，"工资费用分配汇总表"中列示的产品生产人员工资为480 000元，车间管理人员工资为105 000元，企业行政管理人员工资为90 600元，专设销售机构人员工资为17 400元。

2. （承任务7—1）兴业公司根据"工资费用分配汇总表"结算本月应付职工工资总额693 000元，其中企业代垫职工房租32 000元、代垫职工家属医药费8 000元，实发工资653 000元。

3. 兴业公司下设一所职工食堂，每月根据在岗职工数量及岗位分布情况、相关历史经验数据等计算需要补贴食堂的金额，从而确定企业每期因补贴职工食堂需要承担的福利费金额。2021年9月，企业在岗职工共计200人，其中管理部门30人，生产车间170人，企业的历史经验数据表明，每个职工每月需补贴食堂150元。

4. （承任务7—3）2021年10月，兴业公司支付30 000元补贴给食堂。

5. （承任务7—1）2021年9月，兴业公司根据相关规定，分别按照职工工资总额的10.5%、0.5%、1.2%的计提标准，分别计算企业的基本医疗保险费、工伤保险费和生育保险费，其中由个人承担的部分为13 860元（按2%）。

6. （承任务7—1）2021年9月，兴业公司根据相关规定，按照公司当月应付工资额为基数计算交纳住房公积金，比例为单位和职工个人各占12%，并在发放工资时代扣，由企业一并交纳。

7. （承任务7—1）2021年9月，兴业公司根据相关规定，分别按照职工工资总额的2%的计提标准，确认应付工会经费。

8. （承任务7—1）2021年9月，兴业公司根据相关规定，分别按照职工工资总额的2.5%的计提标准，确认应付职工教育经费。

9.2021年9月15日,兴业公司以银行存款支付车间技术员技能培训费5 000元,专用发票所列的增值税为300元。

10.兴业公司共有2 000名职工,从2021年1月1日起,该企业实行累计带薪缺勤制度。该制度规定,每个职工每年可享受5个工作日带薪休假,未使用的年休假只能向后结转一个公历年度,超过1年未使用的权利作废,在职工离开企业时也无权获得现金支付;职工休年假时,首先使用当年可享受的权利,再从上年结转的带薪年休假中扣除。2021年12月31日,兴业公司预计2021年有1 900名职工将享受不超过5天的带薪年休假,剩余100名职工每人将平均享受6天半年休假,假定这100名职工全部为总部各部门经理,该企业平均每名职工每个工作日工资为300元,不考虑其他相关因素。

11.兴业公司为家电生产企业,共有职工200名,其中170名为直接参加生产的职工,30名为总部管理人员。2021年12月,兴业公司以其生产的每台成本为900元的电暖器作为春节福利发放给公司每名职工。该型号的电暖器市场售价为每台1 000元,兴业公司适用的增值税税率为13%。

12.兴业公司为总部各部门经理级别以上职工提供汽车免费使用,同时为副总裁以上高级管理人员每人租赁一套住房。兴业公司总部共有部门经理以上职工20名,每人提供一辆桑塔纳汽车免费使用,假定每辆桑塔纳汽车每月计提折旧1 000元;该公司有副总裁以上高级管理人员5名,公司为其每人租赁一套面积为200平方米的公寓,月租金为每套8 000元。

13.(承任务7—11和任务7—12)兴业公司向职工发放电暖器作为福利,应确认主营业务收入,同时要根据相关税法规定,计算增值税销项税额。

要求:
根据上述经济业务分别编制有关会计分录。

【任务准备】
短期薪酬核算

短期薪酬中的职工工资是基本工资、奖金、津贴和补贴的统称,其核算包括计算、结算和分配结转等内容。

一、应付工资的计算与结算

应付工资的计算应区别工资制度进行:

1.计时工资制下应付工资的计算。计时工资是工资结算的基本形式。它适用于不能或不宜采取计件工资形式的工人、管理人员和服务人员等工资的计算。

计算计时工资,不论当月实际日历天数多少,只要职工按规定出全勤,就可以获得固定的月工资。如果有缺勤,则应按有关规定从月标准工资中扣除缺勤工资。计算公式如下:

应付计时工资=月工资-缺勤应扣工资

缺勤应扣工资＝缺勤日数×日工资×应扣比例

缺勤日数含职工旷工、事假及病假日数；日工资，又称日工资率，是指每个职工平均每天的工资标准。日工资应按"制度计薪天数"进行计算。

月制度计薪天数＝〔365天－104天（休息日）〕÷12
　　　　　　　＝21.75（11天法定节假日应计薪）

日工资＝月工资÷月计薪天数

按照这种方法计算日工资，不论大月或小月，每月应计薪天数均为21.75天，各月内的双休日是不计付工资的，因此，缺勤期间的双休日也不扣工资。

计算缺勤应扣工资，应根据国家的劳动法规、劳动保险条例的规定，区别不同情况处理：对于旷工和事假缺勤，应按100%扣发缺勤日的全部工资；对因公负伤、探亲假、婚丧假、产假等缺勤应视同出勤，不扣工资；对病假缺勤，则应根据国家规定审核病假期限和工龄的长短扣发缺勤日一定比例的工资。

根据《劳动法》的规定，不同性质的加班，支付日工资的标准是不同的：法定节假日加班按日工资的300%计算加班工资；休息日（双休日）加班（在不能安排调休的情况下，下同）按日工资的200%计算加班工资；延长劳动时间按日工资的150%计算加班加点工资。

2.计件工资制下应付工资的计算。计件工资是根据当月产量记录中的产品数量和规定的计件单价计算的工资。计算工资的产品数量包括实际完成的合格品数量以及生产过程中因材料不合格而造成的废品（料废）数量。对于因工人生产过失而造成的废品（工废），则不计付工资。所以，其计算公式为：

应付计件工资＝Σ［（合格品数量＋料废品数量）×计件单价］

二、工资结算凭证的编制

企业与职工进行工资结算是通过编制"工资结算表"来进行的。"工资结算表"一般分车间、部门，按每个职工进行编制，每月一次。在编制过程中，应根据工资核算的原始记录及有关奖金、补贴的发放标准和代扣款项等资料，分别计算出每一职工的"应付工资"、"代垫、代扣款项"及"以现金发放工资"。工资结算表应一式三份：一份由劳动工资部门存查；一份按每一职工裁成"工资条"，连同工资一起发给职工，以便核对；一份在发放工资时由职工签章后，作为工资核算的凭证，并据以进行工资的明细核算。

为了准确、有效地进行工资核算，企业财会部门还应根据各车间、部门的"工资结算表"汇总编制整个企业的"工资结算汇总表"，以掌握整个企业工资的结算和支付情况，据以进行"应付职工薪酬——工资"的分类核算。

【任务实施】

企业应当在职工为其提供服务的会计期间，根据"工资结算表"将实际发生的短期薪酬确认负债，但会计准则要求或允许计入资产成本的除外。

一、货币性职工薪酬

(一)工资、奖金、津贴和补贴

1.工资分配时的账务处理

对于职工工资、奖金、津贴和补贴等货币性职工薪酬,企业应当在职工为其提供服务的会计期间,将实际发生的职工工资、奖金、津贴和补贴等,根据职工提供服务的受益对象,将应确认的职工薪酬,借记"生产成本"、"制造费用"、"劳务成本"等科目,贷记"应付职工薪酬——工资、奖金、津贴和补贴"科目。

【任务7-1】2021年9月,兴业公司应付工资总额693 000元,"工资费用分配汇总表"中列示的产品生产人员工资为480 000元,车间管理人员工资为105 000元,企业行政管理人员工资为90 600元,专设销售机构人员工资为17 400元。兴业公司账务处理如下:

借:生产成本——基本生产成本　　　　　　　　480 000
　　制造费用　　　　　　　　　　　　　　　　105 000
　　管理费用　　　　　　　　　　　　　　　　 90 600
　　销售费用　　　　　　　　　　　　　　　　 17 400
　　　贷:应付职工薪酬——工资、奖金、津贴和补贴　693 000

2.工资结算的账务处理

企业一般在每月发放工资前,根据"工资费用分配汇总表"中的"实发金额"栏的合计数,通过开户银行支付给职工或从开户银行提取现金,然后再向职工发放,同时结转代扣款项等。

企业按照有关规定向职工支付工资、奖金、津贴、补贴等,借记"应付职工薪酬——工资、奖金、津贴和补贴"科目,贷记"银行存款"、"库存现金"等科目;企业从应付职工薪酬中扣还的各种款项(代垫的家属药费、个人所得税等),借记"应付职工薪酬"科目,贷记"银行存款"、"库存现金"、"其他应收款"、"应交税费——应交个人所得税"等科目。

【任务7-2】(承任务7-1)兴业公司根据"工资费用分配汇总表"结算本月应付职工工资总额693 000元,其中企业代垫职工房租32 000元、代垫职工家属医药费8 000元,实发工资653 000元。兴业公司账务处理如下:

(1)向银行提取现金:

借:库存现金　　　　　　　　　　　　　　　　653 000
　　　贷:银行存款　　　　　　　　　　　　　　653 000

(2)用现金发放工资:

借:应付职工薪酬——工资、奖金、津贴和补贴　653 000
　　　贷:库存现金　　　　　　　　　　　　　　653 000

注:如果通过银行发放工资,该企业应编制如下会计分录

借：应付职工薪酬——工资、奖金、津贴和补贴　　653 000
　　贷：银行存款　　653 000
(3)代扣款项：
借：应付职工薪酬——工资、奖金、津贴和补贴　　40 000
　　贷：其他应收款——职工房租　　32 000
　　　　　　　　　　——代垫医药费　　8 000

(二)职工福利费

对于职工福利费，企业应当在实际发生时根据实际发生额计入当期损益或相关资产成本，借记"生产成本"、"制造费用"、"管理费用"、"销售费用"、"在建工程"、"研发支出"等科目，贷记"应付职工薪酬——职工福利费"科目。

【任务7-3】兴业公司下设一所职工食堂，每月根据在岗职工数量及岗位分布情况、相关历史经验数据等计算需要补贴食堂的金额，从而确定企业每期因补贴职工食堂需要承担的福利费金额。2021年9月，企业在岗职工共计200人，其中管理部门30人，生产车间170人，企业的历史经验数据表明，每个职工每月需补贴食堂150元。兴业公司账务处理如下：

借：生产成本　　25 500
　　管理费用　　4 500
　　贷：应付职工薪酬——职工福利费　　30 000

【任务7-4】(承任务7-3)2021年10月，兴业公司支付30 000元补贴给食堂。兴业公司账务处理如下：

借：应付职工薪酬——职工福利费　　30 000
　　贷：银行存款　　30 000

(三)国家规定计提标准的职工薪酬

对于国家规定了计提基础和计提比例的，由企业为职工交纳的医疗保险费、工伤保险费、生育保险费等社保险费和住房公积金，以及按规定提取的工会经费和职工教育经费，企业应当在职工为其提供服务的会计期间，根据规定的计算确定相应的职工薪酬金额。

1.相关社会保险费

企业为保障职工权益，单位均依照法律、法规的规定为职工交纳各项社会保险费。一般以工资总额为基数，交纳比例由各地(省、市)人民政府确定。社会保险费共有五种，其中列为短期薪酬的有基本医疗保险费、工伤保险费和生育保险费三种，基本养老保险费和失业保险费列为设定提存计划。

企业按月计算提取应交的基本医疗保险费、工伤保险费和生育保险费三种等社会保险费时，根据职工提供服务的受益对象(工资分配的去向)借记"生产成本"、"制造费用"、"管理费用"、"在建工程"、"销售费用"等科目，贷记"应付职工薪酬——社会保险费"科目；企业按规定交纳各项社会保险费时，借记"应付职工薪酬——社会保险费"科目，贷记"银行存款"科目。

【任务7—5】（承任务7—1）2021年9月，兴业公司根据相关规定，分别按照职工工资总额的10.5%、0.5%、1.2%的计提标准，分别计算企业的基本医疗保险费、工伤保险费和生育保险费，其中由个人承担的部分为13 860元（按2%）。

计提医疗、工伤、生育保险费（单位交纳部分）时：

借：生产成本——基本生产成本	58 560
制造费用	12 810
管理费用	11 053.2
销售费用	2 122.8
贷：应付职工薪酬——社会保险费（医疗、工伤、生育保险费）	84 546

企业以存款交纳本期社会保险费时：

借：应付职工薪酬——社会保险费（医疗、工伤、生育保险费）	84 546
其他应付款——代扣款（医疗保险）	13 860
贷：银行存款	98 406

2. 住房公积金

企业按规定为职工交纳住房公积金是对职工生活福利方面的保障，因此列为应付职工薪酬。住房公积金的交纳基数也是职工工资总额，并且是单位和职工个人等数额交纳。计提比例由各地人民政府确定，一般为5%—12%。

企业按月计算提取应交住房公积金时，根据职工提供服务的受益对象（工资分配的去向）借记"生产成本"、"制造费用"、"管理费用"、"在建工程"、"销售费用"等科目，贷记"应付职工薪酬——住房公积金"科目；企业按规定交纳住房公积金时，借记"应付职工薪酬——住房公积金"科目，贷记"银行存款"科目。

【任务7—6】（承任务7—1）2021年9月，兴业公司根据相关规定，按照公司当月应付工资额为基数计算交纳住房公积金，比例为单位和职工个人各占12%，并在发放工资时代扣，由企业一并交纳。

企业计提住房公积金（单位交纳部分）：

借：生产成本——基本生产成本	57 600
制造费用	12 600
管理费用	10 872
销售费用	2 088
贷：应付职工薪酬——住房公积金	83 160

企业以银行存款交纳住房公积金时：

借：应付职工薪酬——住房公积金	83 160
其他应付款——代扣款（医疗保险）	83 160

　　　　贷：银行存款　　　　　　　　　　　　　　　　166 320

　　3.工会经费

　　根据国家有关规定，企业每月应按照职工工资总额的2%计提工会经费，并按期拨付给企业工会使用。企业按工资总额计提拨交工会使用的工会经费是工会开展活动的经费来源之一。工会使用经费开展各项活动受益者是企业职工，所以，也应将其列为职工薪酬。

　　企业计提的工会经费应按照工资费用分配的去向，借记"生产成本"、"制造费用"、"管理费用"、"在建工程"、"销售费用"等科目，贷记"应付职工薪酬——工会经费和职工教育经费"科目；企业向工会拨交工会经费时，借记"应付职工薪酬——工会经费和职工教育经费"科目，贷记"银行存款"科目。

　　【任务7-7】(承任务7-1)2021年9月，兴业公司根据相关规定，分别按照职工工资总额的2%的计提标准，确认应付工会经费。兴业公司账务处理如下：

企业按工资总额的2%计提工会经费：

借：生产成本——基本生产成本　　　　　　　9 600
　　　制造费用　　　　　　　　　　　　　　2 100
　　　管理费用　　　　　　　　　　　　　　1 812
　　　销售费用　　　　　　　　　　　　　　　348
　　贷：应付职工薪酬——工会经费和职工教育经费　　13 860

以银行存款向工会拨付工会经费时：

借：应付职工薪酬——工会经费　　　　　　　13 860
　　贷：银行存款　　　　　　　　　　　　　13 860

　　4.职工教育经费

　　职工教育经费是一项专项用于职工教育培训的经费。这是为了提高企业单位职工的文化素质、科技水平和专业技能的需要而建立的，是职工享受福利待遇的一种特殊形式。职工教育经费企业以职工工资总额的一定比例计算提取，并在提取数额内按规定范围控制使用。计提比例为在2.5%以内可由企业根据经费支出和经济效益情况确定。企业当期职工教育经费实际支出数超过按规定提取数额(工资总额2.5%)的部分应作纳税调整处理。

　　企业支付职工教育经费时，借记"应付职工薪酬——工会经费和职工教育经费"科目，贷记"银行存款"、"库存现金"等科目。企业按月计提职工教育经费时，应按照工资费用分配的去向，借记"生产成本"、"制造费用"、"管理费用"、"在建工程"、"销售费用"等科目，贷记"应付职工薪酬——工会经费和职工教育经费"科目。

　　【任务7-8】(承任务7-1)2021年9月，兴业公司根据相关规定，分别按照职工工资总额的2.5%的计提标准，确认应付职工教育经费。兴业公司账务处理如下：

借：生产成本——基本生产成本　　　　　　　12 000
　　　制造费用　　　　　　　　　　　　　　2 625

　　　　管理费用　　　　　　　　　　　　　　　　　　2 265
　　　　销售费用　　　　　　　　　　　　　　　　　　　435
　　　贷：应付职工薪酬——工会经费和职工教育经费　 17 325

【任务7-9】2021年9月15日，兴业公司以银行存款支付车间技术员技能培训费5 000元，专用发票所列的增值税为300元。兴业公司账务处理如下：
　　借：应付职工薪酬——工会经费和职工教育经费　　 5 000
　　　　应交税费——应交增值税（进项税额）　　　　　　 300
　　　贷：银行存款　　　　　　　　　　　　　　　　　 5 300

（四）短期带薪缺勤

对于职工带薪缺勤，企业应当根据其性质及职工享有的权利，分为累积带薪缺勤和非累积带薪缺勤两类。

（1）累积带薪缺勤，是指带薪权利可以结转下期的带薪缺勤，本期尚未用完的带薪缺勤权利可以在未来期间使用。企业应当在职工提供了服务从而增加了其未来享有的带薪缺勤权利时，确认与累积带薪缺勤相关的职工薪酬，并以累积未行使权利而增加的预期支付金额计量。确认累积带薪缺勤时，借记"生产成本"、"制造费用"、"管理费用"等科目，贷记"应付职工薪酬——带薪缺勤——短期累积带薪缺勤"科目。

【任务7-10】兴业公司共有2 000名职工，从2021年1月1日起，该企业实行累积带薪缺勤制度。该制度规定，每个职工每年可享受5个工作日带年薪休假，未使用的年休假只能向后结转一个公历年度，超过1年未使用的权利作废，在职工离开企业时也无权获得现金支付；职工休年假时，首先使用当年可享受的权利，再从上年结转的带薪年休假中扣除。2021年12月31日，兴业公司预计2018年有1 900名职工将享受不超过5天的带薪年休假，剩余100名职工每人将平均享受6天半年休假，假定这100名职工全部为总部各部门经理，该企业平均每名职工每个工作日工资为300元，不考虑其他相关因素，兴业公司账务处理如下：
　　借：管理费用　　　　　　　　　　　　　　　　　　45 000
　　　贷：应付职工薪酬——带薪缺勤——短期累积带薪缺勤　45 000

兴业公司在2021年12月31日应当预计由于职工累积未使用的带薪年休假权利而导致的预期支付的金额，即相当于150天[100×（6.5－5）]的年休假工资金额45 000（150×300）元。

（2）非累积带薪缺勤，指带薪权利不能结转下期的带薪缺勤，本期尚未用完的带薪缺勤权利将予以取消，并且职工离开企业时也无权获得现金支付。企业职工休婚假、产假、丧假、探亲假、病假期间的工资通常属于非累计带薪缺勤。由于职工提供服务本身不能增加其能够享受的福利金额，为此，企业应当在职工实际发生缺勤的会计期间确认与非累积带薪缺勤相关的职工薪酬。

企业确认职工享有的与非累计带薪缺勤权利相关的薪酬，视同职工出勤确认的当期损益或相关资产成本。在通常情况下,与非累积带薪缺勤相关的职工薪酬已经包括在企业每期向职工发放的工资等薪酬中,因此,不必额外作相应的账务处理。

二、非货币性职工薪酬

企业以其自产产品作为非货币性福利发放给职工的,应当根据受益对象,按照该产品的含税公允价值计入相关资产成本或当期损益,同时确认应付职工薪酬,借记"管理费用"、"研发支出"、"制造费用"、"销售费用"、"生产成本"等科目,贷记"应付职工薪酬——非货币性福利"科目。

将企业拥有的房屋等资产无偿提供给职工使用的,应当根据受益对象,将该住房每期应计提的折旧计入相关资产成本或当期损益,同时确认应付职工薪酬,借记"生产成本"、"管理费用"、"制造费用"、"销售费用"、"研发支出"等科目,贷记"应付职工薪酬——非货币性福利"科目,并且同时借记"应付职工薪酬——非货币性福利"科目,贷记"累计折旧"科目。

租赁住房等资产供职工无偿使用的,应当根据受益对象,将每期应付的租金计入相关资产成本或当期损益,并确认应付职工薪酬,借记"生产成本"、"管理费用"、"制造费用"等科目,贷记"应付职工薪酬——非货币性福利"科目。难以认定受益对象的非货币性福利,直接计入当期损益和应付职工薪酬。

【任务7—11】兴业公司为家电生产企业,共有职工200名,其中170名为直接参加生产的职工,30名为总部管理人员。2021年12月,兴业公司以其生产的每台成本为900元的电暖器作为春节福利发放给公司每名职工。该型号的电暖器市场售价为每台1 000元,兴业公司适用的增值税税率为13%。

本例中,

  应付职工薪酬=200×1 000+200×1 000×13%=226 000(元)

其中,

  应记入"生产成本"科目的金额=170×1 000+170×1 000×13%=192 100(元)

  应记入"管理费用"科目的金额=30×1 000+30×1 000×13%=33 900(元)

兴业公司账务处理如下:

借:生产成本	192 100
管理费用	33 900
贷:应付职工薪酬——非货币性福利	226 000

企业以自产产品作为职工薪酬发放给职工时,应确认主营业务收入,借记"应付职工薪酬——非货币性福利"科目,贷记"主营业务收入"科目,同时结转相关成本,涉及增值税销项税额的,还应进行相应处理。

借:应付职工薪酬——非货币性福利	226 000
贷:主营业务收入	200 000

应交税费——应交增值税(销项税额)	26 000
借:主营业务成本	180 000
贷:库存商品——电暖器	180 000

【任务7—12】兴业公司为总部各部门经理级别以上职工提供汽车免费使用,同时为副总裁以上高级管理人员每人租赁一套住房。兴业公司总部共有部门经理以上职工20名,每人提供一辆桑塔纳汽车免费使用,假定每辆桑塔纳汽车每月计提折旧1000元;该公司有副总裁以上高级管理人员5名,公司为其每人租赁一套面积为200平方米的公寓,月租金为每套8 000元。兴业公司账务处理如下:

确认提供汽车的非货币性福利:

　　企业提供汽车供职工使用的非货币性福利=20×1 000=20 000(元)

借:管理费用	20 000
贷:应付职工薪酬——非货币性福利	20 000
借:应付职工薪酬——非货币性福利	20 000
贷:累计折旧	20 000

确认为职工租赁住房的非货币性福利(5名高管):

　　企业租赁住房供职工使用的非货币性福利=5×8 000=40 000(元)

借:管理费用	40 000
贷:应付职工薪酬——非货币性福利	40 000

企业支付租赁住房等资产供职工无偿使用所发生的租金:

借:应付职工薪酬——非货币性福利	40 000
贷:银行存款	40 000

【任务7—13】(承任务7—11和任务7—12)兴业公司向职工发放电暖器作为福利,应确认主营业务收入,同时要根据相关税法规定,计算增值税销项税额。兴业公司账务处理如下:

借:应付职工薪酬——非货币性福利	226 000
贷:主营业务收入	200 000
应交税费——应交增值税(销项税额)	26 000
借:主营业务成本	180 000
贷:库存商品——电暖器	180 000

甲公司应确认的主营业务收入=200×1 000=200 000(元)

甲公司应确认的增值税销项税额=200×1 000×13%=26 000(元)

甲公司应结转的销售成本=200×900=180 000(元)

甲公司每月支付副总裁以上高级管理人员住房租金时,应编制如下会计分录:

借:应付职工薪酬——非货币性福利	40 000

贷：银行存款   40 000
【任务实训】
　　根据【任务引例】中的相关内容请会计人员完成以下任务：
　　1.请会计人员根据【任务7—1】至【任务7—13】完成兴业公司短期薪酬总账和明细账的登记任务；
　　2.请会计人员根据【任务7—1】至【任务7—8】完成兴业公司工资结算表的编制任务；
　　3.请会计人员根据【任务7—1】至【任务7—13】完成兴业公司记账凭证的编制任务。

任务三 设定提存计划业务核算

【任务引例】

大学毕业生李明应聘到牡丹江市兴业商贸有限公司（以下简称兴业公司）财务部任薪酬业务核算岗位，该公司位于牡丹江市和平路13号，电话0453-6572002，开户行：工商行十二支行，账号：211040003-91，该公司成立于2021年7月，李明于2021年9月初接管薪酬核算岗位工作，该公司8月末短期借款账面余额100 000元，应付职工薪酬账面余额为6 800元。该公司发生下列有关薪酬的业务：

14.（承任务7-1）兴业公司根据所在地政府规定，按照职工工资总额12%计提基本养老保险金，缴存当地社会保险经办机构，2021年9月，兴业公司缴基本养老保险费，应计入生产成本的金额为57 600元，应计入制造费用的金额为12 600元，应计入管理费用的金额为10 872元，应计入销售费用的金额为2 088元。

15.（承任务7-1）兴业公司根据所在地政府规定，企业按照职工工资总额2%计提失业保险金，个人按照职工工资总额的1%计提失业保险金，缴存当地社会保险经办机构，2021年9月，兴业公司缴存失业保险费，应计入生产成本的金额为9 600元，应计入制造费用的金额为2 100元，应计入管理费用的金额为1 812元，应计入销售费用的金额为3 488元。

【任务准备】

设定提存计划核算

设定提存计划是指企业向独立的基金缴存固定费用后，企业不再承担进一步支付义务的离职后福利计划。企业应当在资产负债表日为换取职工在会计期间提供的服务而应向单位主体缴存的提存金。根据我国养老保险制度的规定，职工的基本养老保险、失业保险，企业承担的义务仅限于按照规定标准提存交纳的金额，属于设定提存计划，设定提存计划是职工离职后才能享受的职工薪酬，确认为应付职工薪酬负债，并计入当期损益或相关资产成本，借记"生产成本"、"制造费用"、"管理费用"、"销售费用"、"在建工程"等科目，贷记"应付职工薪酬——设定提存计划"科目。

【任务实施】

一、基本养老保险费

1.单位缴费

用人单位应按照国家规定的本单位职工工资总额的比例缴纳基本养老保险费，计入基本养老保险统筹基金。目前企业缴费的比例一般不得超过企业工资总额的20%,具体比例由省、自治区、直辖市政府确定,少数省、自治区、直辖市离退休人数较多,养老保险负担较重,确实需要超过企业工资总额的20%的,需要报人力资源和社会保障部、财政部的批准。

为了减少差异,因此规定了以社会平均工资的60%—300%为纳费基数,职工缴费工资高于所在地上年度社会平均工资300%的,以所在地上年度社会平均工资的300%为缴费基数;职工缴费工资低于所在地上年度社会平均工资60%的,以所在地上年度社会平均工资60%为缴费基数。比如社会平均工资是1 000元,缴纳的基数可以是600—3 000元。

2.个人缴费

(1)缴费基数与比例

从2006年1月1日起,个人账户的规模统一由本人缴费工资的11%调整为8%,全部由个人缴费形成,单位缴费不再划入个人账户。其中,缴费工资,也称为缴费工资基数,一般为职工本人上一年度月平均工资(有条件的地区也可以本人上月工资收入为个人缴费工资基数)。月平均工资按照国家统计局规定列入工资总额统计的项目计算,包括工资、奖金、津贴、补贴等收入,不包括用人单位承担或者支付给员工的社会保险费、劳动保护费、福利费、用人单位与员工解除劳动关系时支付的一次性补偿以及计划生育费用等其他不属于工资的费用。

(2)个人账户累计储存额的计算

月储存额=本人月缴费工资×8%

本人月平均工资低于当地职工月平均工资的60%的,以当地职工月平均工资的60%作为缴费基数。本人月平均工资高于当地职工平均工资的300%的,以当地职工的月平均工资的300%作为缴费基数。

3.账务处理

【任务7—14】(承任务7—1)兴业公司根据所在地政府规定,按照职工工资总额12%计提基本养老保险金,缴存当地社会保险经办机构,2021年9月,兴业公司缴基本养老保险费,应计入生产成本的金额为57 600元,应计入制造费用的金额为12 600元,应计入管理费用的金额为10 872元,应计入销售费用的金额为2 088元。兴业公司账务处理如下:

(1)企业计提基本养老保险费时:

借:生产成本——基本生产成本　　　　　　　　　57 600
　　制造费用　　　　　　　　　　　　　　　　　12 600
　　管理费用　　　　　　　　　　　　　　　　　10 872
　　销售费用　　　　　　　　　　　　　　　　　　2 088
　　贷:应付职工薪酬——设定提存计划(基本养老保险费)　83 160

(2)企业以存款交纳当地社保经办机构时:

借:应付职工薪酬——设定提存计划(基本系老保险费)　83 160
　　贷:银行存款　　　　　　　　　　　　　　　　83 160

二、失业保险费

失业保险覆盖城镇所有企业、事业单位及其职工;所有企业、事业单位及其职工必须缴纳失业保险费。单位的缴费比例为工资总额的2%,个人缴费比例为本人工资的1%。享受失业保险待遇需要满足三方面的条件:缴纳失业保险费满一年;非因本人意愿中断就业;已经办理失业登记并有求职要求。失业保险待遇主要是失业保险金。失业保险金按月发放,标准低于最低工资标准、高于城市居民最低生活保障标准。领取失业保险金的期限根据缴费年限确定,最长为24个月。失业者在领取失业保险金期间患病,还可领取医疗补助金;失业者在领取失业保险金期间死亡,其遗属可领取丧葬补助金和遗属抚恤金。此外,失业者在领取失业保险金期间还可接受职业培训和享受职业介绍补贴。

【任务7-15】(承任务7-1)兴业公司根据所在地政府规定,企业按照职工工资总额2%计提失业保险金,个人按照职工工资总额的1%计提失业保险金,缴存当地社会保险经办机构,2021年9月,兴业公司缴存失业保险费,应计入生产成本的金额为9 600元,应计入制造费用的金额为2 100元,应计入管理费用的金额为1 812元,应计入销售费用的金额为348元。兴业公司账务处理如下:

(1)企业计提失业保险费时:

借:生产成本——基本生产成本　　　　　　　　9 600
　　制造费用　　　　　　　　　　　　　　　　2 100
　　管理费用　　　　　　　　　　　　　　　　1 812
　　销售费用　　　　　　　　　　　　　　　　 348
　　贷:应付职工薪酬——设定提存计划(失业保险费)　13 860

(2)企业以存款交纳当地社保经办机构时:

借:应付职工薪酬——设定提存计划(失业保险费)　13 860
　　其他应付款——代扣款(失业保险费)　　　　6 930
　　贷:银行存款　　　　　　　　　　　　　　20 790

【任务实训】

根据【任务引例】中的相关内容请会计人员完成以下任务:

1.请会计人员根据【任务7-14】至【任务7-15】完成兴业公司设定提存计划总账和明细账的登记任务;

2.请会计人员根据【任务7-14】至【任务7-15】完成兴业公司社会保险费计提表的编制任务;

3.请会计人员根据【任务7-14】至【任务7-15】完成兴业公司记账凭证的编制任务。

项目八 税务会计岗位

【知识目标】

1.了解应交税费核算内容，熟悉增值税会计科目设置；

2.掌握一般纳税人应交增值税的会计处理及小规模纳税人应交增值税的会计核算；

3.掌握应交消费税的会计核算方法；

4.掌握其他应交税费的会计核算。

【能力目标】

1.能够正确地进行一般纳税企业增值税的核算；

2.能够正确地针对消费税业务进行会计处理；

3.能够对企业发生的其他应交税费作出正确的账务处理。

【素质目标】

1.严格按照国家税法及会计准则要求进行税务会计处理；

2.处理税务业务时增强法律意识；

3.具备良好的职业道德修养，遵纪守法。

工作情境

经过在财务部门一段时间的工作与学习，您已经掌握了不同岗位的会计核算工作，现在单位将您安排在税务会计岗位。税务会计岗位是财务核算中非常重要的一个环节，能否正确地处理涉税业务直接关系到单位与国家的经济利益，同时税务会计工作也有严格的法律规范，要求工作人员要按照法律的规定来进行会计处理。企业根据税法规定应交纳的各种税费包括：增值税、消费税、企业所得税、城市维护建设税、资源税、环境保护税、土地增值税、房产税、车船税、城镇土地使用税、教育费附加、矿产资源补偿费、印花税、耕地占用税、契税、车辆购置税。企业应通过"应交税费"科目，核算各种税费的应交、交纳等情况。

任务一 增值税业务核算

【任务引例】

牡丹江市兴业商贸有限公司（以下简称兴业公司）为增值税一般纳税人，适用的增值税税率为13%，原材料按实际成本核算，销售商品价格为不含增值税的公允价格，财务部的会计李磊处理2021年9月有关增值税的业务如下：

1. 3日，购入原材料一批，增值税专用发票上注明价款130 000元，增值税额16 900元，材料尚未到达，全部款项已用银行存款支付。

2. 6日，收到3日购入的原材料并验收入库，实际成本总额为130 000元。同日，与运输公司结清运输费用，增值税专用发票上注明的运输费用为4 000元，增值税税额为360元，运输费用和增值税税额已用转账支票付讫。

3. 10日，购入不需要安装设备一台，增值税专用发票注明价款为40 000元，增值税额5 200元，款项尚未支付。

4. 12日，该公司购进一幢办公楼作为固定资产核算，并于当月投入使用。取得增值税专用发票并通过认证，增值税专用发票上注明的价款为1 600 000元，增值税税额为144 000元，款项已用银行存款支付。不考虑其他相关因素。

5. 14日，企业管理部门委托外单位修理机器设备，取得对方开具的增值税专用发票上注明修理费用10 000元，增值税额1 300元，款项已用银行存款支付。

6. 15日，购入农产品一批，农产品收购发票上注明的买价200 000元，规定的扣除率为9%，货物尚未到达，价款已用银行存款支付。

7. 30日，甲公司购进原材料一批已验收入库，但尚未收到增值税扣税凭证，款项也未支付。随货同行的材料清单列明的原材料销售价格为260 000元。

8. 10日，库存材料因管理不善发生火灾损失，材料实际成本为15 000元，增值税专用发票确认的增值税额为1 950元。

9. 18日，领用一批外购材料用于集体福利，该批原材料的成本为50 000元，增值税专用发票注明的进项税额为6 500元。

10. 19日，甲公司外购电风扇200台作为福利发放给直接从事生产的职工，取得的增值税专用发票上注明的价款为60 000元，增值税额为7 800元，以银行存款支付了购买电风扇的价款和增值税进项税额，增值税专用发票尚未经税务机关认证。

11.21日，销售产品一批，开具增值税专用发票上注明的价款为4 000 000元，增值税税额520 000元，提货单和增值税专用发票已交给买方，款项尚未收到，成本为3 200 000元。

12.22日，以公司生产的产品对外捐赠，该批产品的实际成本为200 000元，市场不含税售价为250 000元，开具的增值税专用发票上注明的增值税税额为32 500元。

13.(承任务8－1至任务8－12)2021年9月，甲公司当月发生增值税销项税额合计为552 500元，增值税进项税额转出合计为16 250元，增值税进项税额合计为193 560元。

14.月末，该公司将尚未交纳的其余增值税税款50 000元转账。

15.10月，甲公司交纳9月未交增值税。

要求：

1.编制2021年9月有关增值税业务的会计分录；

2.建立并登记应交税费——应交增值税明细账。

【任务准备】

增值税的认知

(一)增值税的概念

增值税是以商品(含应税劳务、应税行为)在流转过程中实现的增值额作为计税依据而征收的一种流转税。按照我国现行增值税制度的规定，在我国境内销售货物、加工修理修配劳务、服务、无形资产和不动产以及进口货物的企业、单位和个人为增值税的纳税人。其中，"服务"是指提供交通运输服务、建筑服务、邮政服务、电信服务、金融服务、现代服务、生活服务。

根据经营规模大小及会计核算水平的健全程度，增值税纳税人分为一般纳税人和小规模纳税人。

(二)增值税的计税方法

计算增值税的方法分为一般计税方法和简易计税方法。

增值税的一般计税方法，是先按当期销售额和适用的税率计算出销项税额，然后以该销项税额对当期购进项目支付的税款(进项税额)进行抵扣，间接算出当期的应纳税额。应纳税额的计算公式：

应纳税额＝当期销项税额－当期进项税额

公式中的"当期销项税额"是指纳税人当期销售货物、加工修理修配劳务、服务、无形资产和不动产时按照销售额和增值税税率计算并收取的增值税税额。其中，销售额是指纳税人销售货物、加工修理修配劳务、服务、无形资产和不动产向购买方收取的全部价款和价外费用，但是不包括收取的销项税额。当期销项税额的计算公式：

销项税额＝销售额×增值税税率

公式中的"当期进项税额"是指纳税人购进货物、加工修理修配劳务、服务、无形资产或者不动产,支付或者负担的增值税税额。下列进项税额准予从销项税额中抵扣:(1)从销售方取得的增值税专用发票(含税控机动车销售统一发票,下同)上注明的增值税税额。(2)从海关进口增值税专用缴款书上注明的增值税税额。(3)购进农产品,除取得增值税专用发票或者海关进口增值税专用缴款书外,按照农产品收购发票或者销售发票上注明的农产品买价和9%的扣除率计算的进项税额;如用于生产销售或委托加工13%税率货物的农产品,按照农产品收购发票或者销售发票上注明的农产品买价和10%的扣除率计算的进项税额。(4)从境外单位或者个人购进服务、无形资产或者不动产,从税务机关或者扣缴义务人取得的解缴税款的完税凭证上注明的增值税税额。(5)一般纳税人支付的道路、桥、闸通行费,凭取得的通行费发票上注明的收费金额和规定的方法计算的可抵扣的增值税进项税额。

当期销项税额小于当期进项税额不足抵扣时,其不足部分可以结转下期继续抵扣。一般纳税人采用的税率分为13%、9%、6%和零税率。

一般纳税人销售货物、劳务、有形动产租赁服务或者进口货物,税率为13%。

一般纳税人销售或者进口粮食等农产品、食用植物油、食用盐、自来水、暖气、冷气、热水、煤气、石油液化气、天然气、二甲醚、沼气、居民用煤炭制品、图书、报纸、杂志、音像制品、电子出版物、饲料、化肥、农药、农机、农膜以及国务院及其有关部门规定的其他货物,税率为9%;提供交通运输、邮政、基础电信、建筑、不动产租赁服务,销售不动产,转让土地使用权,税率为零;其他应税行为,税率为6%。

一般纳税人出口货物,税率为零;但是,国务院另有规定的除外。境内单位和个人发生的跨境应税行为税率为零,具体范围由财政部和国家税务总局另行规定。

增值税的简易计税方法是按照销售额与征收率的乘积计算应纳税额,不得抵扣进项税额。应纳税额的计算公式为:

应纳税额=销售额×征收率

公式中的销售额为不含税销售额,如果纳税人采用销售额和应纳税额合并定价方法的,应将含税销售额还原成不含税销售额,计算公式为"销售额=含税销售额÷(1+征收率)"。一般纳税人计算增值税大多采用一般计税方法;小规模纳税人一般采用简易计税方法;一般纳税人发生财政部和国家税务总局规定的特定应税销售行为,也可以选择简易计税方式计税,但是不得抵扣进项税额。

采用简易计税方式的增值税征收税率为3%,国家另有规定的除外。

【任务实施】

增值税的核算

(一)账户设置

为了核算企业应交增值税的发生、抵扣、交纳、退税及转出等情况,一般纳税人应当在"应交税费"科目下设置"应交增值税""未交增值税""预交增值税""待抵扣进项税额""待认证进项税额""待转销项税额""增值税留抵税额""简易计税""转让金融商品应交增值税""代扣代交增值税"等明细科目。为了核算企业应交增值税的发生、抵扣、交纳、退税及转出等情况，一般纳税人应当在"应交税费"科目下设置"应交增值税""未交增值税""预交增值税""待抵扣进项税额""待认证进项税额""待转销项税额""增值税留抵税额""简易计税""转让金融商品应交增值税""代扣代交增值税"等明细科目。

1."应交增值税"明细科目，核算一般纳税人进项税额、销项税额抵减、已交税金、转出未交增值税、减免税款、出口抵减内销产品应纳税额、销项税额、出口退税、进项税额转出、转出多交增值税等情况。该明细账设置以下专栏：(1)"进项税额"专栏，记录一般纳税人购进货物、加工修理修配劳务、服务、无形资产或不动产而支付或负担的、准予从当期销项税额中抵扣的增值税税额；(2)"销项税额抵减"专栏，记录一般纳税人按照现行增值税制度规定因扣减销售额而减少的销项税额；(3)"已交税金"专栏，记录一般纳税人当月已交纳的应交增值税税额；(4)"转出未交增值税"和"转出多交增值税"专栏，分别记录一般纳税人月度终了转出当月应交未交或多交的增值税税额；(5)"减免税款"专栏，记录一般纳税人按现行增值税制度规定准予减免的增值税税额；(6)"出口抵减内销产品应纳税额"专栏，记录实行"免、抵、退"办法的一般纳税人按规定计算的出口货物的进项税额抵减内销产品的应纳税额；(7)"销项税额"专栏，记录一般纳税人销售货物、加工修理修配劳务、服务、无形资产或不动产应收取的增值税税额；(8)"出口退税"专栏，记录一般纳税人出口货物、加工修理修配劳务、服务、无形资产按规定退回的增值税税额；(9)"进项税额转出"专栏，记录一般纳税人购进货物、加工修理修配劳务、服务、无形资产或不动产等发生非正常损失以及其他原因而不应从销项税额中抵扣、按规定转出的进项税额。

2."未交增值税"明细科目，核算一般纳税人月度终了从"应交增值税"或"预交增值税"明细科目转入当月应交未交、多交或预交的增值税税额，以及当月交纳以前期间未交的增值税税额。

3."预交增值税"明细科目，核算一般纳税人转让不动产、提供不动产经营租赁服务、提供建筑服务、采用预收款方式销售自行开发的房地产项目等，以及其他按现行增值税制度规定应预交的增值税税额。

4."待抵扣进项税额"明细科目，核算一般纳税人已取得增值税扣税凭证并经税务机关认证，按照现行增值税制度规定准予以后期间从销项税额中抵扣的进项税额。

5."待认证进项税额"明细科目，核算一般纳税人由于未经税务机关认证而不得从当期销项税额中抵扣的进项税额。包括一般纳税人已取得增值税扣税凭证、按照现行增值税制度规定准予从销项税额中抵扣，但尚未经税务机关认证的进项税额；一般纳税人已申请稽核但尚未取得稽核相符结果的海关缴款书进项税额。

6."待转销项税额"明细科目，核算一般纳税人销售货物、加工修理修配劳务、服务、无形资产或不动产，已确认相关收入(或利得)但尚未发生增值税纳税义务而需于以后期间确认为销项税额的增值税税额。

7."简易计税"明细科目,核算一般纳税人采用简易计税方法发生的增值税计提、扣减、预缴、缴纳等业务。

8."转让金融商品应交增值税"明细科目,核算增值税纳税人转让金融商品发生的增值税税额。

9."代扣代交增值税"明细科目,核算纳税人购进在境内未设经营机构的境外单位或个人在境内的应税行为代扣代缴的增值税。

(二)账务处理

1.取得资产、接受劳务或服务

(1)一般纳税人购进货物、加工修理修配劳务、服务、无形资产或者不动产,按应计入相关成本费用或资产的金额,借记"材料采购""在途物资""原材料""库存商品""生产成本""无形资产""固定资产""管理费用"等科目,按当月已认证的可抵扣增值税税额,借记"应交税费——应交增值税(进项税额)"科目,按当月未认证的可抵扣增值税税额,借记"应交税费——待认证进项税额"科目,按应付或实际支付的金额,贷记"应付账款""应付票据""银行存款"等科目。购进货物等发生的退货,应根据税务机关开具的红字增值税专用发票编制相反的会计分录,如原增值税专用发票未作认证,应将发票退回并作相反的会计分录。

企业购进农产品,除取得增值税专用发票或者海关进口增值税专用缴款书外,按照农产品收购发票或者销售发票上注明的农产品买价和9%的扣除率计算的进项税额;购进用于生产销售或委托加工13%税率货物的农产品,按照农产品收购发票或者销售发票上注明的农产品买价和10%的扣除率计算的进项税额,借记"应交税费——应交增值税(进项税额)"科目,按农产品买价扣除进项税额后的差额,借记"材料采购""在途物资""原材料""库存商品"等科目,按照应付或实际支付的价款,贷记"应付账款""应付票据""银行存款"等科目。

【任务8-1】3日,购入原材料一批,增值税专用发票上注明价款130 000元,增值税额16 900元,材料尚未到达,全部款项已用银行存款支付。

兴业公司根据增值税专用发票、银行电子回单凭证编制会计分录如下:

借:在途物资　　　　　　　　　　　　　　　　　130 000
　　应交税费——应交增值税(进项税额)　　　　 16 900
　　贷:银行存款　　　　　　　　　　　　　　　　146 900

【任务8-2】6日,收到3日购入的原材料并验收入库,实际成本总额为130 000元。同日,与运输公司结清运输费用,增值税专用发票上注明的运输费用为4 000元,增值税税额为360元,运输费用和增值税税额已用转账支票付讫。

根据增值税专用发票、银行电子回单凭证、入库单编制会计分录如下:

借:原材料　　　　　　　　　　　　　　　　　　130 000
　　贷:在途物资　　　　　　　　　　　　　　　　130 000

借：原材料 4 000
　　应交税费——应交增值税(进项税额) 360
　　贷：银行存款 4 360

【任务8-3】10日，购入不需要安装设备一台，增值税专用发票注明价款为40 000元，增值税税额5 200元，款项尚未支付。

根据增值税专用发票编制会计分录如下：

借：固定资产 40 000
　　应交税费——应交增值税(进项税额) 5 200
　　贷：应付账款 45 200

【任务8-4】12日，该公司购进一幢办公楼作为固定资产核算，并于当月投入使用。取得增值税专用发票并通过认证，增值税专用发票上注明的价款为1 600 000元，增值税税额为144 000元，款项已用银行存款支付。不考虑其他相关因素。

根据增值税专用发票、银行电子回单凭证编制会计分录如下：

借：固定资产 1 600 000
　　应交税费——应交增值税(进项税额) 144 000
　　贷：银行存款 1 744 000

【任务8-5】14日，企业管理部门委托外单位修理机器设备，取得对方开具的增值税专用发票上注明修理费用10 000元，增值税税额1 300元，款项已用银行存款支付。

根据增值税专用发票、银行电子回单凭证编制会计分录如下：

借：管理费用 10 000
　　应交税费——应交增值税(进项税额) 1 300
　　贷：银行存款 11 300

【任务8-6】15日，购入农产品一批，农产品收购发票上注明的买价200 000元，规定的扣除率为9%，货物尚未到达，价款已用银行存款支付。

根据农产品发票、银行电子回单凭证编制会计分录如下：

进项税额=购买价款×扣除率=200 000×9%=18 000(元)

借：在途物资 182 000
　　应交税费——应交增值税(进项税额) 18 000
　　贷：银行存款 200 000

(2)货物等已验收入库但尚未取得增值税扣税凭证。企业购进的货物等已到达并验收入库，但尚未收到增值税扣税凭证并未付款的，应在月末按货物清单或相关合同协议上的价格暂估入账，不需要将增值税的进项税额暂估入账。下月初，用红字冲销原暂估入账金额，待取得相关增值税扣税凭证并经认证后，按应计入相关成本费用或资产的金额，借记"原材料""库存商品""固定资产""无形资产"等科目，按可抵扣的增值税税额，借记"应交税费——应交增值税(进项税额)"科目,按应付或实际支付的金额,贷记"应付账款""应付票据""银行存款"等科目。

【任务 8—7】30 日,甲公司购进原材料一批已验收入库,但尚未收到增值税扣税凭证,款项也未支付。随货同行的材料清单列明的原材料销售价格为 260 000 元。

根据业务编制会计分录如下:

借:原材料　　　　　　　　　　　　　　　　　260 000
　　贷:应付账款　　　　　　　　　　　　　　　　260 000

下月初,用红字冲销原暂估入账金额:

借:原材料　　　　　　　　　　　　　　　　　－260 000
　　贷:应付账款　　　　　　　　　　　　　　　　－260 000

待取得增值税专用发票时再按正常采购业务处理。

(3)进项税额转出。企业已单独确认进项税额的购进货物、加工修理修配劳务或者服务、无形资产或者不动产但其事后改变用途(如用于简易计税方法计税项目、免征增值税项目、非增值税应税项目等),或发生非正常损失,原已计入进项税额、待抵扣进项税额或待认证进项税额,按照现行增值税制度规定不得从销项税额中抵扣。"非正常损失",根据现行增值税制度规定,是指因管理不善造成货物被盗、丢失、霉烂变质,以及因违反法律法规造成货物或者不动产被依法没收、销毁、拆除的情形。

进项税额转出的账务处理为,借记"待处理财产损溢""应付职工薪酬""固定资产""无形资产"等科目,贷记"应交税费——应交增值税(进项税额转出)""应交税费——待抵扣进项税额"或"应交税费——待认证进项税额"科目。属于转作待处理财产损失的进项税额,应与非正常损失的购进货物、在产品或库存商品、固定资产或无形资产的成本一并处理。

【任务 8—8】10 日,库存材料因管理不善发生火灾损失,材料实际成本为 15 000 元,增值税专用发票确认的增值税税额为 1 950 元。

根据存货盘点报告表,编制会计分录如下:

借:待处理财产损溢　　　　　　　　　　　　　16 950
　　贷:原材料　　　　　　　　　　　　　　　　　15 000
　　　　应交税费——应交增值税(进项税额转出)　 1 950

【任务 8—9】18 日,领用一批外购材料用于集体福利,该批原材料的成本为 50 000 元,增值税专用发票注明的进项税额为 6 500 元。

根据领料单,编制会计分录如下:

借:应付职工薪酬——职工福利费　　　　　　　56 500
　　贷:原材料　　　　　　　　　　　　　　　　　50 000
　　　　应交税费——应交增值税(进项税额转出)　 6 500

【任务 8—10】19 日,甲公司外购电风扇 200 台作为福利发放给直接从事生产的职工,取得的增值税专用发票上注明的价款为 60 000 元、增值税税额为 7 800 元,以银行存款支付了购买电风扇的价款和增值税进项税额,增值税专用发票尚未经税务机关认证。

购入时,增值税专用发票尚未经税务机关认证,编制会计分录如下:

借:库存商品——空调扇　　　　　　　　　　　　　　60 000
　　应交税费——待认证进项税额　　　　　　　　　　 7 800
　　贷:银行存款　　　　　　　　　　　　　　　　　　67 800

经税务机关认证不可抵扣时,编制会计分录如下:

借:应交税费——应交增值税(进项税额)　　　　　　 7 800
　　贷:应交税费——待认证进项税额　　　　　　　　　7 800

同时,

借:库存商品——空调扇　　　　　　　　　　　　　　 7 800
　　贷:应交税费——应交增值税(进项税额转出)　　　7 800

实际发放时,编制会计分录如下:

借:应付职工薪酬——非货币性福利　　　　　　　　　67 800
　　贷:库存商品——空调扇　　　　　　　　　　　　　67 800

2.销售等业务的账务处理

(1)企业销售货物、加工修理修配劳务、服务、无形资产或不动产,应当按应收或已收的金额,借记"应收账款""应收票据""银行存款"等科目,按取得的收益金额,贷记"主营业务收入""其他业务收入""固定资产清理"等科目,按现行增值税制度规定计算的销项税额(或采用简易计税方法计算的应纳增值税税额),贷记"应交税费——应交增值税(销项税额)"或"应交税费——简易计税"科目。

企业销售货物等发生销售退回的,应根据税务机关开具的红字增值税专用发票做相反的会计分录。根据会计准则相关规定的收入或利得确认时点早于按照现行增值税制度确认增值税纳税义务发生时点的,应将相关销项税额记入"应交税费——待转销项税额"科目,待实际发生纳税义务时再转入"应交税费——应交增值税(销项税额)"或"应交税费——简易计税"科目。按照增值税制度确认增值税纳税义务发生时点早于根据会计准则相关规定收入或利得确认时点的,应将应纳增值税额,借记"应收账款"科目,贷记"应交税费——应交增值税(销项税额)"或"应交税费——简易计税"科目,根据会计准则相关规定确认收入或利得时,应按扣除增值税销项税额后的金额确认收入或利得。

【任务8—11】21日,销售产品一批,开具增值税专用发票上注明的价款为 4 000 000 元,增值税税额 520 000 元,提货单和增值税专用发票已交给买方,款项尚未收到,成本为 3 200 000 元。

根据增值税专用发票、出库单编制会计分录如下:

借:应收账款　　　　　　　　　　　　　　　　　　 4 520 000

　　　　贷：主营业务收入　　　　　　　　　　　　　　　　4 000 000
　　　　　　应交税费——应交增值税（销项税额）　　　　520 000
　　借：主营业务成本　　　　　　　　　　　　　　　　3 200 000
　　　　贷：库存商品　　　　　　　　　　　　　　　　　3 200 000

　　(2)视同销售。企业有些交易和事项按照现行增值税制度规定，应视同对外销售处理，计算应交增值税。视同销售需要交纳增值税的事项主要有：企业将自产或委托加工的货物用于集体福利或个人消费、作为投资提供给其他单位或个体工商户、分配给股东或投资者、对外捐赠等。在这些情况下，企业应当根据视同销售的具体内容，按照现行增值税制度规定计算的销项税额（或采用简易计税方法计算的应纳增值税额），借记"长期股权投资""应付职工薪酬""利润分配""营业外支出"等科目，贷记"应交税费——应交增值税（销项税额）"或"应交税费——简易计税"科目。

　　【任务8-12】22日，以公司生产的产品对外捐赠，该批产品的实际成本为200 000元，市场不含税售价为250 000元，开具的增值税专用发票上注明的增值税税额为32 500元。

　　根据增值税专用发票、出库单编制会计分录如下：
　　借：营业外支出　　　　　　　　　　　　　　　　　　232 500
　　　　贷：库存商品　　　　　　　　　　　　　　　　　　200 000
　　　　　　应交税费——应交增值税（销项税额）　　　　　32 500

3.交纳增值税

　　企业交纳当月应交的增值税，借记"应交税费——应交增值税（已交税金）"科目，贷记"银行存款"科目；企业交纳以前期间未交的增值税，借记"应交税费——未交增值税"科目，贷记"银行存款"科目。

　　【任务8-13】（承任务8-1至任务8-12）2021年9月，甲公司当月发生增值税销项税额合计为552 500元，增值税进项税额转出合计为16 250元，增值税进项税额合计为193 560元。兴业公司当月应交增值税计算结果如下：

　　　　当月应交增值税=552 500+16 250-193 560=375 190(元)

　　兴业公司当月实际交纳增值税税款375 190元，编制会计分录如下：
　　借：应交税费——应交增值税（已交税金）　　　　　　375 190
　　　　贷：银行存款　　　　　　　　　　　　　　　　　　375 190

4.月末转出多交增值税和未交增值税

　　月度终了，企业应当将当月应交未交或多交的增值税自"应交增值税"明细科目转入"未交增值税"明细科目。对于当月应交未交的增值税，借记"应交税费——应交增值税（转出未交增值税）"科目，贷记"应交税费——未交增值税"科目；对于当月多交的增值税，借记"应交税费——未交增值税"科目，贷记"应交税费——应交增值税（转出多交增值税）"科目。

　　【任务8-14】月末，该公司将尚未交纳的其余增值税税款60 000元转账。

根据业务会计分录如下：

借：应交税费——应交增值税（转出未交增值税）　　60 000
　　　贷：应交税费——未交增值税　　　　　　　　　　　　60 000

【任务8—15】10月，甲公司交纳9月未交增值税。

根据银行电子回单，编制会计分录如下：

借：应交税费——未交增值税　　　　　　　　　　60 000
　　　贷：银行存款　　　　　　　　　　　　　　　　　　　60 000

5.小规模纳税人的账务处理

小规模纳税人核算增值税采用简化的方法，即购进货物，应税服务或应税行为，取得增值税专用发票上注明的增值税，一律不予抵扣，直接计入相关成本费用或资产。小规模纳税人销售货物，应税服务或应税行为时，按照不含税的销售额和规定的增值税征收率计算应交纳的增值税（应纳税额），但不得开具增值税专用发票。

一般来说，小规模纳税人采用销售额和应税额合并定价的方法并向客户结算款项，销售货物，应税劳务或应税行为后，应进行价税分离，确定不含税的销售额。不含税的销售额计算公式：

不含税销售额＝含税销售额÷(1＋征收率)

应纳税额＝不含税销售额×征收率

小规模纳税人进行账务处理时，只需在"应交税费"科目下设置"应交增值税"明细科目，该明细科目不再设置增值税专栏。"应交税费——应交增值税"科目贷方登记应交纳的增值税，借方登记已交纳的增值税；期末贷方余额，反映小规模纳税人尚未交纳的增值税；期末借方余额，反映小规模纳税人多交纳的增值税。

小规模纳税人购进货物，应税服务或应税行为，按照应付或实际支付的全部款项（包括支付的增值税额），借记"材料采购""在途物资""原材料""库存商品"等科目，贷记"应付账款""应付票据""银行存款"等科目；销售货物、应税服务或应税行为，应按全部价款（包括应交的增值税税额），借记"银行存款"等科目，按不含税的销售额，贷记"主营业务收入"等科目，按应交增值税额，贷记"应交税费——应交增值税"科目。

【任务实训】

根据【任务引例】中的相关内容请出纳员完成以下任务：

1.请出纳员完成【任务8—11】兴业公司开具增值税专用发票的任务（北京华丰公司纳税人识别号：91381300104082110、地址：北京市丰台区东祥路801号、电话：010—88706578、开户行：北京银行丰台支行、账号：2122321451）；

2.请会计人员完成兴业公司增值税明细账的登记任务。

任务二 消费税业务核算

【任务引例】

兴业公司9月有关消费税的业务如下：

16.3日，从国外进口一批需要交纳消费税的商品，已知该商品关税完税价格5 400 000元，按规定应缴纳关税1 080 000元，假定进口的应税消费品的消费税税率为10%，增值税税率为13%，消费税720 000元，增值税936 000元。进口商品已经验收入库，货款和税款已经用银行存款支付。

17.10日，委托乙公司代为加工一批应交消费税的材料（非金银首饰）。兴业公司发出的材料成本为2 000 000元，加工费为400 000元，增值税税率为13%，由乙企业代收代缴的消费税为160 000元。材料已经加工完成，并由兴业公司收回验收入库，用于继续生产应税消费品，加工费尚未支付。兴业公司采用实际成本法进行原材料的核算。

18.12日，委托丙公司代为加工一批应交消费税的材料（非金银首饰）。兴业公司的材料成本为2 000 000元，加工费为400 000元，增值税税率为13%，由乙企业代收代缴的消费税为160 000元。材料已经加工完成，并由兴业公司收回验收入库，之后直接对外出售，加工费尚未支付。兴业公司采用实际成本法进行原材料的核算。

19.16日，销售所生产的化妆品，价款2 000 000元（不含增值税），增值税专用发票上注明的增值税税额为260 000元，适用的消费税税率为30%，款项已存入银行。

20.20日，在建工程领用自产柴油，成本为50 000元，应纳消费税6 000元，产品售价65 000元，增值税税率13%。不考虑其他相关税费。

21.22日，下设的职工食堂享受企业提供的补贴，本月领用自产产品一批，该产品的账面成本30 000元，市场价格40 000元，适用的增值税税率为13%、消费税税率为10%。

要求：

1.根据【任务8—16】—【任务8—21】，编制2021年9月有关消费税业务的会计分录；

2.根据【任务8—16】—【任务8—21】，建立并登记应交税费——应交消费税明细账。

【任务准备】

消费税的认知

消费税是指在我国境内生产、委托加工和进口应税消费品的单位和个人，按其流转额交纳的一种税。消费税有从价定率、从量定额、从价定率和从量定额复合计税(以下简称"复合计税")三种征收方法。采取从价定率方法征收的消费税,以不含增值税的销售额为税基,按照税法规定的税率计算。企业的销售收入包含增值税的,应将其换算为不含增值税的销售额。采取从量定额计征的消费税,按税法确定的企业应税消费品的数量和单位应税消费品应缴纳的消费税计算确定。采取复合计税计征的消费税,由以不含增值税的销售额为计税基础,按照税法规定的税率计算的消费税和根据税法确定的企业应税消费品的数量和单位应税消费品应缴纳的消费税计算的消费税合计确定。

【任务实施】

应交消费税的核算

(一)账户设置

企业应在"应交税费"科目下设置"应交消费税"明细科目,核算应交消费税的发生、交纳情况。该科目贷方登记应交纳的消费税,借方登记已交纳的消费税;期末贷方余额,反映企业尚未交纳的消费税,期末借方余额,反映企业多交纳的消费税。

(二)账务处理

1.进口应税消费品

企业进口应税物资交纳的消费税由海关代征。应交的消费税按照组成计税价格和规定的税率计算,消费税计入该项物资成本,借记"在途物资""材料采购""原材料""库存商品"科目,贷记"银行存款"等科目。

【任务8-16】3日,从国外进口一批需要交纳消费税的商品,已知该商品关税完税价格5 400 000元,按规定应缴纳关税1 080 000元,假定进口的应税消费品的消费税税率为10%,增值税税率为13%,消费税720 000元,增值税936 000元。进口商品已经验收入库,货款和税款已经用银行存款支付。

根据海关进口消费税专用缴款书、海关进口增值税专用缴款书、入库单编制会计分录如下:

借:库存商品　　　　　　　　　　　　　　　　7 200 000
　　应交税费——应交增值税(进项税额)　　　　936 000
　贷:银行存款　　　　　　　　　　　　　　　　　　　8 136 000

2.委托加工应税消费品

企业如有应交消费税的委托加工物资,一般应由受托方代收代缴消费税。委托加工物资收回后,直接用于销售的,应将受托方代收代缴的消费税计入委托加工物资的成本,借记"委托加工物资"等科目,贷记"应付账款""银行存款"等科目;委托加工物资收回后用于连续生产应税消费品的,按规定准予抵扣的,应按已由受托方代收代缴的消费税,借记"应交税费——

应交消费税"科目,贷记"应付账款""银行存款"等科目,待用委托加工的应税消费品生产出应纳消费税的产品销售时,再交纳消费税。

【任务8—17】10日,委托乙公司代为加工一批应交消费税的材料(非金银首饰)。兴业公司发出的材料成本为2 000 000元,加工费为400 000元,增值税税率为13%,由乙企业代收代缴的消费税为160 000元。材料已经加工完成,并由兴业公司收回验收入库,用于继续生产应税消费品,加工费尚未支付。兴业公司采用实际成本法进行原材料的核算。

根据委托加工合同、消费税缴款书、增值税专用发票、材料出库单、材料入库单编制会计分录如下:

借:委托加工物资　　　　　　　　　　　　　　2 000 000
　　贷:原材料　　　　　　　　　　　　　　　　　　2 000 000
借:委托加工物资　　　　　　　　　　　　　　400 000
　　应交税费——应交增值税(进项税额)　　52 000
　　　　　　——应交消费税　　　　　　　　160 000
　　贷:应付账款　　　　　　　　　　　　　　　　　612 000
借:原材料　　　　　　　　　　　　　　　　　2 400 000
　　贷:委托加工物资　　　　　　　　　　　　　　2 400 000

【任务8—18】12日,委托丙公司代为加工一批应交消费税的材料(非金银首饰)。兴业公司的材料成本为2 000 000元,加工费为400 000元,增值税税率为13%,由乙企业代收代缴的消费税为160 000元。材料已经加工完成,并由兴业公司收回验收入库,之后直接对外出售,加工费尚未支付。兴业公司采用实际成本法进行原材料的核算。

根据委托加工合同、消费税缴款书、增值税专用发票、材料出库单、材料入库单编制会计分录如下:

借:委托加工物资　　　　　　　　　　　　　　2 000 000
　　贷:原材料　　　　　　　　　　　　　　　　　　2 000 000
借:委托加工物资　　　　　　　　　　　　　　560 000
　　应交税费——应交增值税(进项税额)　　52 000
　　贷:应付账款　　　　　　　　　　　　　　　　　612 000
借:原材料　　　　　　　　　　　　　　　　　2 560 000
　　贷:委托加工物资　　　　　　　　　　　　　　2 560 000

3.销售应税消费品

企业销售应税消费品应交的消费税,应借记"税金及附加"科目,贷记"应交税费——应交消费税"科目。

【任务8—19】16日,销售所生产的化妆品,价款2 000 000元(不含增值税),增值税专用发票上注明的增值税税额为260 000元,适用的消费税税率为30%,款项已存入银行。

根据销售合同、增值税专用发票、银行电子回单编制会计分录如下：

借：银行存款　　　　　　　　　　　　　　　　2 260 000
　　贷：主营业务收入　　　　　　　　　　　　　　　2 000 000
　　　　应交税费——应交增值税（销项税额）　　　　　260 000
借：税金及附加　　　　　　　　　　　　　　　　600 000
　　贷：应交税费——应交消费税　　　　　　　　　　600 000

4.自产自用应税消费品

企业将生产的应税消费品用于在建工程等非生产机构时，按规定应交纳的消费税，借记"在建工程"等科目，贷记"应交税费——应交消费税"科目。

【任务8-20】20日，在建工程领用自产柴油，成本为50 000元，应纳消费税6 000元，产品售价65 000元，增值税税率13%。不考虑其他相关税费。根据出库单、完税凭证编制会计分录如下：

借：在建工程　　　　　　　　　　　　　　　　56 000
　　贷：库存商品　　　　　　　　　　　　　　　　　50 000
　　　　应交税费——应交消费税　　　　　　　　　　　6 000

【任务8-21】22日，下设的职工食堂享受企业提供的补贴，本月领用自产产品一批，该产品的账面成本30 000元，市场价格40 000元，适用的增值税税率为13%、消费税税率为10%。

根据出库单、完税凭证编制会计分录如下：

借：应付职工薪酬——职工福利费　　　　　　　45 200
　　贷：主营业务收入　　　　　　　　　　　　　　　40 000
　　　　应交税费——应交增值税（销项税额）　　　　　5 200
借：主营业务成本　　　　　　　　　　　　　　30 000
　　贷：库存商品　　　　　　　　　　　　　　　　　30 000

同时计算消费税：

借：税金及附加　　　　　　　　　　　　　　　　4 000
　　贷：应交税费——应交消费税　　　　　　　　　　　4 000

【任务实训】

根据【任务引例】中的相关内容请出纳员、会计人员完成以下任务：

1.请出纳员完成【任务8-19】兴业公司开具增值税专用发票的任务（北京华丰公司纳税人识别号：91381300104082110、地址：北京市丰台区东祥路801号、电话：010-88706578、开户行：北京银行丰台支行、账号：2122321451）；

2.请会计人员完成兴业公司应交税费——应交消费税明细账的登记任务。

任务三 其他应交税费业务核算

【任务引例】

兴业公司2021年9月发生其他应交税费业务如下：

22.兴业公司本期对外销售资源税应税矿产品3 500吨、将自产资源税应税矿产品500吨用于其产品生产，税法规定每吨矿产品应交资源税5元。

23.9月，兴业公司实际交纳增值税420 000元、消费税180 000元，城市维护建设税税率为7%、教育费附加税率为3%。

24.兴业公司对外转让一栋厂房，根据税法规定计算的应交土地增值税为225 00元。

25.按税法规定本期应交纳房产税120 000元、车船税26 000元、城镇土地使用税38 000元、印花税200元。

26.某企业结算本月应付职工工资总额3 000 000元，按税法规定应代扣代缴的职工个人所得税共计30 000元，实发工资2 970 000元。

要求：根据【任务8－22】—【任务8－26】，编制2021年9月有关资源税、城市维护建设税及教育费附加、土地增值税、房产税、车船税、城镇土地使用税、印花税、个人所得税等业务的会计分录。

【任务准备】

其他应交税费认知

其他应交税费是指除上述应交税费以外的其他各种应上交国家的税费，包括应交资源税、应交城市维护建设税、应交土地增值税、应交所得税、应交房产税、应交土地使用税、应交车船税、应交教育费附加、应交矿产资源补偿费、应交个人所得税等。

【任务实施】

其他应交税费的核算

（一）账户设置

企业应当在"应交税费"科目下设置相应的明细科目进行核算，贷方登记应交纳的有关税费，借方登记已交纳的有关税费，期末贷方余额，反映企业尚未交纳的有关税费。

(二)账务处理

1.应交资源税

资源税是对在我国境内开采矿产品或者生产盐的单位和个人征收的税。对外销售应税产品应交纳的资源税应记入"税金及附加"科目,借记"税金及附加"科目,贷记"应交税费——应交资源税"科目;自产自用应税产品应交纳的资源税应记入"生产成本""制造费用"等科目,借记"生产成本""制造费用"等科目,贷记"应交税费——应交资源税"科目。

【任务8—22】兴业公司本期对外销售资源税应税矿产品3 500吨、将自产资源税应税矿产品500吨用于其产品生产,税法规定每吨矿产品应交资源税5元。

根据业务编制会计分录如下:

(1)销售应税矿产品应交资源税:

借:税金及附加　　　　　　　　　　　　　　17 500
　　贷:应交税费——应交资源税　　　　　　　　　17 500

兴业公司对外销售应税矿产品而需要交纳的资源税=3500×5=17 500(元)。

(2)自产自用应税矿产品应交资源税:

借:生产成本　　　　　　　　　　　　　　　2 500
　　贷:应交税费——应交资源税　　　　　　　　　2 500

兴业公司自产自用应税矿产品而需要交纳的资源税=500×5=2 500(元)。

(3)交纳资源税:

借:应交税费——应交资源税　　　　　　　　　20 000
　　贷:银行存款　　　　　　　　　　　　　　　20 000

2.应交城市维护建设税及教育费附加

城市维护建设税是以增值税和消费税为计税依据征收的一种税。其纳税人为交纳增值税和消费税的单位和个人,以纳税人实际缴纳的增值税和消费税税额为计税依据,并分别与两项税金同时缴纳。税率因纳税人所在地不同从1%~7%不等。

应纳税计算公式为:应纳税额=(实际交纳的增值税+实际交纳的消费税)×适用税率

企业按规定计算出应交纳的城市维护建设税,借记"税金及附加"等科目,贷记"应交税费——应交城市维护建设税"科目。交纳城市维护建设税,借记"应交税费——应交城市维护建设税"科目,贷记"银行存款"科目。

教育费附加是指为了加快发展地方教育事业、扩大地方教育经费资金来源而向企业征收的附加费用。教育费附加分为教育费附加和地方教育费附加。教育费附加以各单位实际缴纳的增值税、消费税的税额为计征依据,按其一定比例分别与增值税、消费税同时缴纳。企业按规定计算出应交纳的教育费附加,借记"税金及附加"等科目,贷记"应交税费——应交教育费附加"科目。

应纳税计算公式为:应纳税额=(实际交纳的增值税+实际交纳的消费税)×适用税率

【任务8-23】9月，兴业公司实际交纳增值税420 000元、消费税180 000元，城市维护建设税税率为7%、教育费附加税税率为3%。

根据城市维护建设税及教育费附加完税凭证编制会计分录如下：

(1)计算应交城市维护建设税、应交纳的教育费附加：

$$应交城建税 = (420\,000 + 180\,000) \times 7\% = 42\,000(元)$$

$$应交教育费附加 = (420\,000 + 180\,000) \times 3\% = 18\,000(元)$$

借：税金及附加　　　　　　　　　　　　　　60 000
　　贷：应交税费——应交城市维护建设税　　　　42 000
　　　　　　　　——应交教育费附加　　　　　　18 000

(2)用银行存款交纳城市维护建设税和教育费附加：

借：应交税费——应交城市维护建设税　　　　42 000
　　　　　　——应交教育费附加　　　　　　18 000
　　贷：银行存款　　　　　　　　　　　　　　60 000

3.应交土地增值税

土地增值税是对转让国有土地使用权、地上的建筑物及其附着物（以下简称转让房地产）并取得增值性收入的单位和个人所征收的一种税。

土地增值税按照转让房地产所取得的增值额和规定的税率计算征收。转让房地产的增值额是转让收入减去税法规定扣除项目金额后的余额，其中，转让收入包括货币收入、实物收入和其他收入；扣除项目主要包括取得土地使用权所支付的金额、开发土地的成本及费用、新建房及配套设施的成本及费用、与转让房地产有关的税金、旧房及建筑物的评估价格、财政部确定的其他扣除项目等。土地增值税采用四级超率累进税率，其中最低税率为30%，最高税率为60%。

根据企业对房地产核算方法不同，企业应交土地增值税的账务处理也有所区别：企业转让的土地使用权连同地上建筑物及其附着物一并在"固定资产"科目核算的，转让时应交的土地增值税，借记"固定资产清理"科目，贷记"应交税费——应交土地增值税"科目；土地使用权在"无形资产"科目核算的，借记"银行存款""累计摊销""无形资产减值准备"科目，按应交的土地增值税，贷记"应交税费——应交土地增值税"科目，同时冲销土地使用权的账面价值，贷记"无形资产"科目，按其差额，借记或贷记"资产处置损益"科目；房地产开发经营企业销售房地产应交纳的土地增值税，借记"税金及附加"科目，贷记"应交税费——应交土地增值税"科目。交纳土地增值税，借记"应交税费——应交土地增值税"科目，贷记"银行存款"科目。

【任务8-24】兴业公司对外转让一栋厂房，根据税法规定计算的应交土地增值税为225 00元。

根据土地增值税完税凭证编制会计分录如下：

(1)计算应交土地增值税：

借：固定资产清理　　　　　　　　　　　　　22 500
　　贷：应交税费——应交土地增值税　　　　　　　　22 500

(2)用银行存款交纳土地增值税：

借：应交税费——应交土地增值税　　　　　　22 500
　　贷：银行存款　　　　　　　　　　　　　　　　　22 500

4.应交房产税、城镇土地使用税、车船税、矿产资源补偿费

(1)房产税是国家对在城市、县城、建制镇和工矿区征收的由产权所有人缴纳的一种税。房产税依照房产原值一次减除10%～30%后的余额计算交纳。没有房产原值作为依据的，由房产所在地税务机关参考同类房产核定；房产出租的，以房产租金收入为房产税的计税依据。

(2)城镇土地使用税是以城市、县城、建制镇、工矿区范围内使用土地的单位和个人为纳税人，以其实际占用的土地面积和规定税额计算征收。

(3)车船税是以车辆、船舶（以下简称车船）为课征对象，向车船的所有人或者管理人征收的一种税。

(4)矿产资源补偿费是对在我国领域和管辖海域开采矿产资源而征收的费用。矿产资源补偿费按照矿产品销售收入的一定比例计征，由采矿人交纳。

(5)企业应交的房产税、城镇土地使用税、车船税、矿产资源补偿费，记入"税金及附加"科目，借记"税金及附加"科目，贷记"应交税费——应交房产税、应交城镇土地使用税、应交车船税、应交矿产资源补偿费"科目。

【任务8—25】按税法规定本期应交纳房产税120 000元、车船税26 000元、城镇土地使用税38 000元、印花税200元。

根据完税凭证编制会计分录如下：

(1)计算应交纳上述税金：

借：税金及附加　　　　　　　　　　　　　184 000
　　贷：应交税费——应交房产税　　　　　　　　　　120 000
　　　　　　　　　——应交城镇土地使用税　　　　　　38 000
　　　　　　　　　——应交车船税　　　　　　　　　　26 000

(2)用银行存款交纳上述税金：

借：应交税费——应交房产税　　　　　　　120 000
　　　　　　——应交城镇土地使用税　　　　38 000
　　　　　　——应交车船税　　　　　　　　26 000
　　税金及附加　　　　　　　　　　　　　　　200
　　贷：银行存款　　　　　　　　　　　　　　　　184 200

5.应交个人所得税

企业职工按规定应交纳的个人所得税通常由单位代扣代缴。企业按规定计算的代扣代缴的职工个人所得税,借记"应付职工薪酬"科目,贷记"应交税费——应交个人所得税"科目;企业交纳个人所得税时,借记"应交税费——应交个人所得税"科目,贷记"银行存款"等科目。

【任务8—26】某企业结算本月应付职工工资总额3 000 000元,按税法规定应代扣代缴的职工个人所得税共计30 000元,实发工资2 970 000元。

根据业务编制会计分录如下:

(1)代扣个人所得税:

借:应付职工薪酬——职工工资、奖金、津贴和补贴　　30 000
　　　贷:应交税费——应交个人所得税　　　　　　　　　　　30 000

(2)交纳个人所得税:

借:应交税费——应交个人所得税　　30 000
　　　贷:银行存款　　　　　　　　　　　　30 000

【任务实训】

根据【任务引例】中的相关内容请会计人员完成以下任务:

请会计人员完成兴业公司各类应交税费税明细账的登记任务。

项目九 财务成果岗位

【知识目标】

1.了解销售商品收入确认的条件,掌握一般销售商品业务的账务处理;

2.掌握销售折让和销售退回业务的会计核算方法;

3.掌握营业成本业务、相关税金及附加及有关期间费用的会计核算方法;

4.掌握所得税费用业务的会计核算方法;

5.掌握有关本年利润的会计核算。

【能力目标】

1.能够针对一般销售商品业务、附有商业折扣和现金折扣条件商品销售进行正确的会计处理;

2.能够针对营业成本、税金及附加及期间费用业务进行正确的会计处理;

3.能够正确处理营业外收入、营业外支出业务的会计处理;

4.能够针对期末所得税费用业务进行正确的会计处理;

5.能够根据有关本年利润业务进行正确的会计处理。

【素质目标】

1.培养诚信品格和社会责任感;

2.建立良好的心理素质和社会责任感;

3.培养踏实肯干的工作作风和主动、热情、耐心的服务意识;

4.形成良好的会计思维能力。

工作情境

收入、费用和利润的形成是企业财务会计工作中重要的组成部分。您现在是该岗位的一位会计人员,在处理企业收入、费用和利润的会计业务时,都应遵守相应的基本原则。确认收入的方式应当反映其向客户转让商品或提供服务的模式,收入的金额应当反映企业因转让商品或提供服务而预期有权收取的对价金额。费用主要指企业为取得营业收入进行产品销售等营业活动所发生的营业成本、税金及附加和期间费用。作为该岗位的会计人员，要能够正确核算收入与费用，并计算出企业的利润。

任务一 收入业务核算

【任务引例】

牡丹江市兴业商贸有限公司(以下简称兴业公司)为增值税一般纳税人,适用的增值税税率为13%,原材料按实际成本核算,销售商品价格为不含增值税的公允价格,财务部的会计李磊处理2021年9月有关收入的业务如下:

1.2日,兴业公司向乙公司销售商品一批,开出的增值税专用发票上注明售价为500 000元,增值税税额为65 000元,兴业公司收到乙公司开出的不带息银行承兑汇票一张,票面金额565 000元,期限为2个月;

兴业公司以银行存款支付代垫运费,增值税专用发票上注明运输费1 000元,增值税税额为90元,所垫运费尚未收到;该批商品成本为350 000元;乙公司收到商品并验收入库。

2.3日,兴业公司与丙公司签订委托代销合同,兴业公司委托丙公司销售男士T恤衫1 000件,男士T恤衫已经发出,每件商品成本为60元。合同约定乙公司应按每件120元对外销售,兴业公司按不含增值税的销售价格的10%向丙公司支付手续费。

除非这些商品在丙公司存放期间内由于丙公司的责任发生毁损或丢失,否则在男士T恤衫对外销售之前,丙公司没有义务向兴业公司支付货款。丙公司不承担包销责任,没有售出的男士T恤衫须退回给兴业公司,同时,兴业公司也有权要求收回男士T恤衫或将其销售给其他的客户。

至30日,丙公司实际对外销售100件,开出的增值税专用发票上注明销售价款120 000元,增值税税额15 600元。

3.8日,销售连衣裙2 000件并开具增值税专用发票,每件商品的标价为260元(不含增值税),A商品适用的增值税税率为13%;每件商品的实际成本为180元;

由于是成批销售,兴业公司给予购货方10%的商业折扣,并在销售合同中规定现金折扣条件为2/10,1/20,N/30;连衣裙于9月8日发出,符合销售收入实现条件,购货方于9月16日付款。假定计算现金折扣不考虑增值税。

4.10日,销售童装一批,增值税专用发票上注明售价为250 000元,增值税税额是32 500元,该批商品成本为162 000元。童装商品于10日发出,购货方于27日付款,兴业公司对该项销售确认了销售收入。

2021年10月16日,该商品质量出现严重问题,客户将该批商品全部退回给兴业公司。

兴业公司同意退货,于退货当日支付了退货款,并按规定向购货方开具了增值税专用发票(红字)。

5.兴业公司向丁公司销售一批布料,开具的增值税专用发票上注明售价为120 000元,增值税税额为15 600元;兴业公司收到丁公司支付的款项存入银行;该批布料的实际成本为80 000元;丁公司收到布料并验收入库。

6.牡丹江市通达装饰、装修服务公司(后简称为通达公司)为增值税一般纳税人,适用的增值税税率为9%,财务部的会计张红处理2021年9—11月有关收入的业务如下:

(1)1日,通达公司与乙公司签订一项为期3个月的装修合同,合同约定装修价款为600 000元,增值税税额为54 000元,装修费用每月末按完工进度支付。

30日,经专业测量师测量后,确定该项劳务的完工程度为25%;乙公司按完工进度支付价款及相应的增值税税款。截至2021年9月30日,通达公司为完成该合同累计发生劳务成本80 000元(假定均为装修人员薪酬),估计还将发生劳务成本300 000元。假定该业务属于通达公司的主营业务,全部由其自行完成;该装修服务构成单项履约义务,属于在某一时段内履行的履约义务;通达公司按照实际测量的完工进度确定履约进度。

(2)10月31日,经专业测量师测量后,确定该项劳务的完工程度为70%;乙公司按完工进度支付价款同时支付对应的增值税税款。2021年10月,为完成该合同发生劳务成本160 000元(假定均为装修人员薪酬),为完成该合同估计还将发生劳务成本140 000元。

(3)11月30日,装修完工;乙公司验收合格,按完工进度支付价款同时支付对应的增值税税款。2021年11月,为完成该合同发生劳务成本140 000元(假定均为装修人员薪酬)。

7.乐健游泳馆为增值税一般纳税人,适用的增值税税率为6%,财务部的会计赵斌处理2021年9月有关收入的业务如下:

1日,某客户与乐健游泳馆签订合同,成为乐健游泳馆的会员,并向乐健游泳馆支付会员费2 400元(不含税价),可在未来的12个月内在乐健游泳馆游泳,且没有次数的限制。乐健游泳馆于每月末确认收入时开具增值税专用发票并收到税款。

8.信达公司是一家咨询公司,通过竞标赢得一个服务期为5年的客户,该客户每年年末支付含税咨询费2 035 200元。为取得与该客户的合同,甲公司聘请外部律师进行尽职调查支付相关费用15 000元,为投标而发生的差旅费5 000元,支付销售人员佣金60 000元。甲公司预期这些支出未来均能够收回。此外,甲公司根据其年度销售目标、整体盈利情况及个人业绩等,向销售部门经理支付年度奖金10 000元。

9.鸿运公司经营一家酒店,该酒店是鸿运公司的自有资产。2021年12月,鸿运公司计提与酒店经营直接相关的酒店、客房以及客房内的设备家具等折旧110 000元、酒店土地使用权摊销费用66 000元。经计算,当月确认房费、餐饮等服务含税收入530 000元。鸿运公司适用的增值税税率为6%,全部存入银行。

要求:

1. 编制2021年9月兴业公司有关收入业务的会计分录；
2. 编制2021年9—11月通达公司有关收入业务的会计分录；
3. 编制2021年9月乐健游泳馆有关收入业务的会计分录；
4. 编制信达公司有关收入业务的会计分录；
5. 编制2021年12月鸿运公司有关收入业务的会计分录。

【任务准备】

收入的认知

(一)收入的概念

收入是指企业在日常活动中形成的、会导致所有者权益增加的、与所有者投入资本无关的经济利益的总流入。

(二)收入的确认和计量

1.收入确认的原则

企业应当在履行了合同中的履约义务，即在客户取得相关商品控制权时确认收入。取得相关商品控制权，是指客户能够主导该商品的使用并从中获得几乎全部经济利益，也包括有能力阻止其他方主导该商品的使用并从中获得经济利益。取得商品控制权包括三个要素：一是客户必须拥有现时权利，能够主导该商品的使用并从中获得几乎全部经济利益。如果客户只能在未来的某一期间主导该商品的使用并从中获益，则表明其尚未取得该商品的控制权。二是客户有能力主导该商品的使用，即客户在其活动中有权使用该商品，或者能够允许或阻止其他方使用该商品。三是客户能够获得商品几乎全部的经济利益。商品的经济利益是指商品的潜在现金流量，既包括现金流入的增加，也包括现金流出的减少。客户可以通过使用、消耗、出售、处置、交换、抵押或持有等多种方式直接或间接地获得商品的经济利益。

需要说明的是，本项目所称的客户是指与企业订立合同以向该企业购买其日常活动产出的商品并支付对价的一方；所称的商品包括商品和服务。本项目的收入不涉及企业对外出租资产收取的租金、进行债权投资收取的利息、进行股权投资取得的现金股利以及保费收入等。

2.收入确认的前提条件

企业与客户之间的合同同时满足下列五项条件的，企业应当在客户取得相关商品控制权时确认收入：

(1)合同各方已批准该合同并承诺将履行各自义务；
(2)该合同明确了合同各方与所转让商品相关的权利和义务；
(3)该合同有明确的与所转让商品相关的支付条款；
(4)该合同具有商业实质，即履行该合同将改变企业未来现金流量的风险、时间分布或金额；

(5)企业因向客户转让商品而有权取得的对价很可能收回。

3.收入确认和计量的步骤

根据《企业会计准则第14号——收入》〔2018〕,收入确认和计量大致分为五步:

第一步,识别与客户订立的合同。合同是指双方或多方之间订立有法律约束力的权利义务的协议。合同有书面形式、口头形式以及其他形式。合同的存在是企业确认客户合同收入的前提,企业与客户之间的合同一经签订,企业即享有从客户取得与转移商品和服务对价的权利,同时负有向客户转移商品和服务的履约义务。

第二步,识别合同中的单项履约义务。履约义务是指合同中企业向客户转让可明确区分商品或服务的承诺。企业应当将向客户转让可明确区分商品(或者商品的组合)的承诺以及向客户转让一系列实质相同且转让模式相同的、可明确区分商品的承诺作为单项履约义务。例如,企业与客户签订合同,向其销售商品并提供安装服务,该安装服务简单,除该企业外其他供应商也可以提供此类安装服务,该合同中销售商品和提供安装服务为两项单项履约义务。若该安装服务复杂且商品需要按客户定制要求修改,则合同中销售商品和提供安装服务合并为单项履约义务。

第三步,确定交易价格。交易价格是指企业因向客户转让商品而预期有权收取的对价金额,不包括企业代第三方收取的款项(如增值税)以及企业预期将退还给客户的款项。合同条款所承诺的对价,可能是固定金额、可变金额或两者兼有。例如,甲公司与客户签订合同为其建造一栋厂房,约定的价款为50万元,6个月完工,交易价格就是固定金额50万元;合同中约定若提前1个月完工,客户将额外奖励甲公司5万元,甲公司对合同估计工程提起1个月完工的概率为95%,甲公司预计有权收取的对价为55万元,因此交易价格包括固定金额50万元和可变金额5万元,共计55万元。

第四步,将交易价格分摊至各单项履约义务,当合同中包含两项或多项履约义务时,需要将交易价格分摊至各单项履约义务,分摊的方法是在合同开始日,按照各单项履约义务所承诺商品的单独售价(企业的客户单独销售商品的价格)的相对比例,将交易价格分摊至各单项履约义务。通过分摊交易价格,使企业分摊至各单项履约义务的交易价格能够反映其因向客户转让已承诺的相关商品而有权收取的对价金额。例如,企业与客户签订合同,向其销售A、B、C三件产品,不含增值税的合同总价款为10 000元。A、B、C产品的不含增值税单独销售价分别为5 000元、4 500元、6 500元,共计16 000元。按照交易价格分摊原则,A产品应当分摊的交易价格为3 125元(5 000÷16 000×10 000),B产品应当分摊的交易价格为2 812.5元(4 500÷16 000×10 000),C产品应当分摊的交易价格为4 062.5元(6 500÷16 000×10 000)。

第五步,履行各单项履约义务时确认收入。当企业将商品转移给客户,客户取得了相关商品的控制权,意味着企业履行了合同约定义务,此时,企业应确认收入。企业将商品控制权转移给客户,可能是在某一时段内(履行约定义务的过程中)发生,也可能在某一时点(履约义务完成时)发生。企业应当根据实际情况,首先判断履约义务是否满足在某一时段内履行的条件,如不满足,则该履约义务属于在某一时点履行的约定义务。

收入确认和计量五个步骤中,第一步、第二步和第五步主要与收入的确认有关,第三步和第四步主要与收入的计量有关。

需要说明的是,一般而言,确认和计量任何一项合同收入应考虑全部的五个步骤。但履行某些合同义务确认收入不一定都经过五个步骤,如企业按照第二步确定某项合同仅为单项履约义务时,可以从第三步直接进入第五步确认收入,不需要第四步(分摊交易价格)。

【任务实施】

一、收入的核算

(一)账户设置

为了核算企业与客户之间的合同产生的收入及相关的成本费用,一般需要设置"主营业务收入""其他业务收入""主营业务成本""其他业务成本""合同取得成本""合同履约成本""合同资产""合同负债"等科目。其中:

1."主营业务收入"科目核算企业确认的销售商品、提供服务等主营业务的收入。该科目贷方登记企业主营业务活动实现的收入,借方登记期末转入"本年利润"科目的主营业务收入,结转后该科目应无余额。该科目可按主营业务的种类进行明细核算。

2."其他业务收入"科目核算企业确认的除主营业务活动以外的其他经营活动实现的收入,包括出租固定资产、出租无形资产、出租包装物和商品、销售材料、用材料进行非货币性交换(非货币性资产交换具有商业实质且公允价值能够可靠计量)或债务重组等实现的收入。该科目贷方登记企业其他业务活动实现的收入,借方登记期末转入"本年利润"科目的其他业务收入,结转后该科目应无余额。该科目可按其他业务的种类进行明细核算。

3."主营业务成本"科目核算企业确认销售商品、提供服务等主营业务收入时应结转的成本。该科目借方登记企业应结转的主营业务成本,贷方登记期末转入"本年利润"科目的主营业务成本,结转后该科目应无余额。该科目可按其他业务的种类进行明细核算。

4."其他业务成本"科目核算企业确认的除主营业务活动以外的其他经营活动所形成的成本,包括出租固定资产的折旧额、出租无形资产的摊销额、出租包装物的成本、销售材料的成本等。该科目借方登记企业应结转的其他业务成本,贷方登记期末转入"本年利润"科目的其他业务成本,结转后该科目应无余额。该科目可按其他业务的种类进行明细核算。

5."合同取得成本"科目核算企业取得合同发生的、预计能够收回的增量成本。该科目借方登记发生的合同取得成本,贷方登记摊销的合同取得成本,期末借方余额,反映企业尚未结转的合同取得成本。该科目可按合同进行明细核算。

6."合同履约成本"科目核算企业为履行当前或预期取得的合同所发生的、不属于其他企业会计准则规范范围且按照收入准则应当确认为项目资产的成本。该科目借方登记发生的合同履约成本,贷方登记摊销的合同履约成本,期末借方余额,反映企业尚未结转的合同履约成本。该科目可按合同分别"服务成本""工程施工"等进行明细核算。

7."合同资产"科目核算企业已向客户转让商品而有权收取对价的权利,且该权利取决于时间流逝之外的其他因素(如履行合同中的其他履约义务)。该科目借方登记因已转让商品而有权收取的对价金额,贷方登记取得无条件收款权的金额,期末借方余额,反映企业已向客户转让商品而有权收取的对价金额。该科目按合同进行明细核算。

8."合同负债"科目核算企业已收或应收客户对价而应向客户转让商品的义务。该科目贷方登记企业在向客户转让商品之前,已经收到或已经取得无条件收取合同对价权利的金额;借方登记企业向客户转让商品时冲销的金额;期末贷方余额,反映企业在向客户转让商品之前,已经收到的合同对价或已经取得的无条件收取合同对价权利的金额。该科目按合同进行明细核算。

此外,企业发生减值的,还应当设置"合同履约成本减值准备""合同取得成本减值准备""合同资产减值准备"等科目进行核算。

(二)账务处理

1.在某一时点履行履约义务确认收入

对于在某一时点履行的履约义务,企业应当在客户取得相关商品控制权时点确认收入。在判断控制权是否转移时,企业应当综合考虑下列迹象:

①企业就该商品享有现时收款权利,即客户就该商品负有现时付款义务。例如,某企业与客户签订销售商品合同,约定客户有权定价且在收到商品无误后15日内付款。在客户收到某企业开具的发票、商品验收入库后,客户能够自主确定商品的销售价格或商品的使用情况,此时某企业享有收款权利,客户负有现时付款义务。

②企业已将该商品的法定所有权转移给客户,即客户已拥有该商品的法定所有权。例如,房地产企业向客户销售商品房,在客户付款后取得房屋产权证时,表明企业已将该商品房的法定所有权转移给客户。

③企业已将该商品实物转移给客户,即客户已占有该商品实物。例如,企业与客户签订交款提货合同,在企业销售商品并送货到客户指定地点,客户验收合格并付款,表明企业已将该商品实物转移给客户,即客户已占有该商品实物。

④企业已将该商品所有权上的主要风险和报酬转移给客户,即客户已取得该商品所有权上的主要风险和报酬。例如,某4S店向客户销售汽车办理产权转移手续后,该汽车价格上涨或下跌带来的利益或损失全部属于客户,表明客户已取得该汽车所有权上的主要风险和报酬。

⑤客户已接受该商品。例如,企业向客户销售为其定制生产的节能设备,客户收到并验收合格后办理入库手续,表明客户已接受该商品。

⑥其他表明客户已取得商品控制权的迹象。

(1) 一般销售商品业务收入的账务处理

【任务9—1】2日，兴业公司向乙公司销售商品一批，开出的增值税专用发票上注明售价为 500 000 元，增值税税额为 65 000 元，兴业公司收到乙公司开出的不带息银行承兑汇票一张，票面金额 565 000 元，期限为 2 个月。

兴业公司以银行存款支付代垫运费，增值税专用发票上注明运输费 1 000 元，增值税税额为 90 元，所垫运费尚未收到；该批商品成本为 350 000 元；乙公司收到商品并验收入库。

兴业公司根据增值税专用发票、出库单、银行电子回单编制会计分录如下：

确认商品销售收入、同时结转销售成本时：

借：应收票据　　　　　　　　　　　　　　　565 000
　　贷：主营业务收入　　　　　　　　　　　　　　　500 000
　　　　应交税费——应交增值税（销项税项）　　　　65 000
借：主营业务成本　　　　　　　　　　　　　350 000
　　贷：库存商品　　　　　　　　　　　　　　　　　350 000

支付代垫运费时：

借：应收账款　　　　　　　　　　　　　　　1 090
　　贷：银行存款　　　　　　　　　　　　　　　　　1 090

(2) 已经发出商品但不能确认收入的账务处理

企业按合同发出商品，合同约定客户只有在商品售出取得价款后才支付货款。企业向客户转让商品的对价未达到"很可能收回"收入确认条件。在发出商品时，企业不应确认收入，将发出商品的成本记入"发出商品"科目，借记"发出商品"科目，贷记"库存商品"科目。如已发出的商品被客户退回，应编制相反的会计分录。"发出商品"科目核算企业商品已发出但客户没有取得商品的控制权的商品成本。当收到货款或取得收取货款权利时，确认收入，借记"银行存款""应收账款"科目，贷记"主营业务收入"科目，贷记"应交税费——应交增值税（销项税额）"科目，同时结转已销商品成本，借记"主营业务成本"科目，贷记"发出商品"科目。

【任务9—2】3日，兴业公司与丙公司签订委托代销合同，兴业公司委托丙公司销售男士T恤衫 1 000 件，男士T恤衫已经发出，每件商品成本为 60 元。合同约定乙公司应按每件 120 元对外销售，兴业公司按不含增值税的销售价格的 10% 向丙公司支付手续费。

除非这些商品在丙公司存放期间内由于丙公司的责任发生毁损或丢失，否则在男士T恤衫对外销售之前，丙公司没有义务向兴业公司支付货款。丙公司不承担包销责任，没有售出的男士T恤衫须退回给兴业公司，同时，兴业公司也有权要求收回男士T恤衫或将其销售给其他的客户。

至 30 日，丙公司实际对外销售 100 件，开出的增值税专用发票上注明销售价款 120 000 元，增值税税额 15 600 元。

根据委托代销合同、增值税专用发票、银行电子回单凭证编制会计分录如下：

3日，兴业公司按合同约定发出商品时：

借：发出商品——丙公司　　　　　　　　　60 000
　　贷：库存商品——W商品　　　　　　　　　　60 000

30日，兴业公司收到丙公司开具的代销清单时：

借：应收账款　　　　　　　　　　　　　135 600
　　贷：主营业务收入　　　　　　　　　　　　120 000
　　　　应交税费——应交增值税（销项税额）　15 600

借：主营业务成本　　　　　　　　　　　　60 000
　　贷：发出商品　　　　　　　　　　　　　　60 000

借：销售费用　　　　　　　　　　　　　　12 000
　　应交税费——应交增值税（进项税额）　　　720
　　贷：应收账款　　　　　　　　　　　　　　12 720

收到乙公司支付的货款时：

借：银行存款　　　　　　　　　　　　　122 880
　　贷：应收账款　　　　　　　　　　　　　　122 880

(3) 商业折扣、现金折扣和销售退回的账务处理

① 商业折扣

商业折扣是指企业为促进商品销售而给予的价格扣除。例如，企业为鼓励客户多买商品，可能规定购买200件以上商品给予客户10%的折扣。此外，企业为了尽快出售一些残次、陈旧、冷背的商品，也可能降价（打折）销售。商业折扣在销售前即已发生，并不构成最终成交价格的一部分，企业应当按照扣除商业折扣后的金额确定商品销售价格和销售商品收入金额。

② 现金折扣

现金折扣是指债权人为鼓励债务人在规定的期限内付款而向债务人提供的债务扣除。现金折扣一般用符号"折扣率/付款期限"表示，例如，"2/10，1/20，N/30"表示：销货方允许客户最长的付款期限为30天，如果客户在10天内付款，销货方可按商品售价给予客户2%的折扣；如果客户在11—20天内付款，销货方可按商品售价给予客户1%的折扣；如果客户在21—30天内付款，将不能享受现金折扣。

现金折扣发生在商品销售之后，是否发生以及发生多少要视客户的付款情况而定，企业在确认销售商品收入时不能确定现金折扣金额。因此，企业销售商品涉及现金折扣的，应当按照扣除现金折扣前的金额确定销售商品收入金额。现金折扣实际上是企业为了尽快回笼资金而发生的理财费用，应在实际发生时计入当期财务费用。

在计算现金折扣时，还应注意是否按包含增值税的价格计算折扣金额，两种情况下客户享有的折扣金额不同。

【任务9—3】8日，销售连衣裙2 000件并开具增值税专用发票，每件商品的标价为260元（不含增值税），A商品适用的增值税税率为13%；每件商品的实际成本为180元。

由于是成批销售，兴业公司给予购货方10%的商业折扣，并在销售合同中规定现金折扣条件为2/10，1/20，N/30；连衣裙于9月8日发出，符合销售收入实现条件，购货方于9月16日付款。假定计算现金折扣不考虑增值税。

8日，销售实现时：

借：应收账款　　　　　　　　　　　　　　　528 840
　　贷：主营业务收入　　　　　　　　　　　　　468 000
　　　　应交税费——应交增值税（销项税额）　　60 840

借：主营业务成本　　　　　　　　　　　　　360 000
　　贷：库存商品　　　　　　　　　　　　　　360 000

情况一，如果折扣期后收款：则应按全额收款。

借：银行存款　　　　　　　　　　　　　　　528 840
　　贷：应收账款　　　　　　　　　　　　　　528 840

情况二，如果折扣期内收款

本任务中：9月16日享受2%现金折扣

计算现金折扣不考虑增值税（本题）：

借：银行存款　　　　　　　　　　　　　　　519 480
　　财务费用　　　　　　　　　　　　　　　　9 360（收入金额的2%）
　　贷：应收账款　　　　　　　　　　　　　　528 840

③销售退回

销售退回是指企业因售出商品在质量、规格等方面不符合销售合同规定条款的要求，客户要求企业予以退货。企业销售商品发生退货，表明企业履约义务的减少和客户商品控制权及其相关经济利益的丧失。已确认销售商品收入的售出商品发生销售退回的，除属于资产负债表日后事项的外，企业收到退回的商品时，应退回货款或冲减应收账款，并冲减主营业务收入和增值税销项税额，借记"主营业务收入""应交税费——应交增值税（销项税额）"等科目，贷记"银行存款""应收票据""应收账款"等科目。收到退回商品验收入库，按照商品成本，借记"库存商品"科目，贷记"主营业务成本"科目。如该项销售退回已发生现金折扣，应同时调整相关财务费用金额。

【任务9—4】10日，销售童装一批，增值税专用发票上注明售价为250 000元，增值税税额是32 500元，该批商品成本为162 000元。童装商品于10日发出，购货方于27日付款，兴业公司对该项销售确认了销售收入。

2021年10月16日，该商品质量出现严重问题，客户将该批商品全部退回给兴业公司。兴业公司同意退货，于退货当日支付了退货款，并按规定向购货方开具了增值税专用发票

(红字)。

根据销售订单、增值税专用发票、增值税红字发票、出库单、入库单、银行电子回单凭证编制会计分录如下：

10日，确认收入时：

借：应收账款	282 500	
贷：主营业务收入		250 000
应交税费——应交增值税(销项税额)		32 500
借：主营业务成本	162 000	
贷：库存商品		162 000

27日，收到货款时：

借：银行存款	282 500	
贷：应收账款		282 500

2021年10月16日销售退回时：

借：主营业务收入	250 000	
应交税费——应交增值税(销项税额)	32 500	
贷：银行存款		282 500
借：库存商品	162 000	
贷：主营业务成本		162 000

④销售材料等存货的账务处理

企业在日常活动中会发生对外销售不需用的原材料、随同商品对外销售单独计价的包装物等业务。企业销售原材料、包装物等存货取得收入的确认和计量原则比照商品销售。企业销售原材料、包装物等存货确认的收入作为其他业务收入处理，结转的相关成本作为其他业务成本处理。

【任务9—5】兴业公司向丁公司销售一批布料，开具的增值税专用发票上注明售价为120 000元，增值税税额为15 600元；兴业公司收到丁公司支付的款项存入银行；该批布料的实际成本为80 000元；丁公司收到布料并验收入库。

(1)确认原材料销售收入

借：银行存款	135 600	
贷：其他业务收入		120 000
应交税费——应交增值税(销项税额)		15 600

(2)结转已销原材料的成本

借：其他业务成本	80 000	
贷：原材料		80 000

2.在某一时间段内履行履约义务确认收入

对于在某时段内履行的履约义务,企业应当在该段时间内按照履约进度确认收入,履约进度不能合理确定的除外。满足下列条件之一的,属于在某一时段内履行的履约义务:①客户在企业履约的同时即取得并消耗企业履约所带来的经济利益。②客户能够控制企业履约过程中在建的商品。③企业履约过程中所产出的商品具有不可替代用途,且该企业在整个合同期间内有权就累计至今已完成的履约部分收取款项。

企业应当考虑商品的性质,采用实际测量的完工进度、评估已实现的结果、时间进度、已完工或交付的产品等产出指标,或采用投入的材料数量、花费的人工工时、机器工时、发生的成本和时间进度等投入指标确定恰当的履约进度,并且在确定履约进度时,应当扣除那些控制权尚未转移给客户的商品和服务。资产负债表日,企业按照合同的交易价格总额乘以履约进度扣除以前会计期间累计已确认的收入后的金额,确认当期收入。

【任务9-6】牡丹江市通达装饰、装修服务公司(后简称为通达公司)为增值税一般纳税人,适用的增值税税率为9%,财务部的会计张红处理2021年9-11月有关收入的业务如下:

(1)1日,通达公司与乙公司签订一项为期3个月的装修合同,合同约定装修价款为600 000元,增值税税额为54 000元,装修费用每月末按完工进度支付。

30日,经专业测量师测量后,确定该项劳务的完工程度为25%;乙公司按完工进度支付价款及相应的增值税款。截至2021年9月30日,通达公司为完成该合同累计发生劳务成本80 000元(假定均为装修人员薪酬),估计还将发生劳务成本300 000元。假定该业务属于通达公司的主营业务,全部由其自行完成;该装修服务构成单项履约义务,属于在某一时段内履行的履约义务;通达公司按照实际测量的完工进度确定履约进度。

(2)10月31日,经专业测量师测量后,确定该项劳务的完工程度为70%;乙公司按完工进度支付价款同时支付对应的增值税税款。2021年10月,为完成该合同发生劳务成本160 000元(假定均为装修人员薪酬),为完成该合同估计还将发生劳务成本140 000元。

(3)11月30日,装修完工;乙公司验收合格,按完工进度支付价款同时支付对应的增值税税款。2021年11月,为完成该合同发生劳务成本140 000元(假定均为装修人员薪酬)。

通达公司应编制如下会计分录:

(1)实际发生劳务成本80 000元:

借:合同履约成本　　　　　　　　　　　　　　　　　80 000
　　贷:应付职工薪酬　　　　　　　　　　　　　　　　　80 000

2021年9月30日确认劳务收入并结转劳务成本:

2021年9月30日确认的劳务收入=600 000×25%-0=150 000(元)

借:银行存款　　　　　　　　　　　　　　　　　　163 500
　　贷:主营业务收入　　　　　　　　　　　　　　　　150 000

应交税费——应交增值税(销项税额)		13 500
借：主营业务成本	80 000	
贷：合同履约成本		80 000

(2)实际发生劳务成本 160 000 元：

借：合同履约成本	160 000	
贷：应付职工薪酬		160 000

2021 年 10 月 31 日确认劳务收入并结转劳务成本：

2021 年 10 月 31 日确认的劳务收入＝600 000×70％－150 000＝270 000(元)

借：银行存款	294 300	
贷：主营业务收入		270 000
应交税费——应交增值税(销项税额)		24 300
借：主营业务成本	160 000	
贷：合同履约成本		160 000

(3)实际发生劳务成本 140 000 元：

借：合同履约成本	140 000	
贷：应付职工薪酬		140 000

2021 年 11 月 30 日确认劳务收入并结转劳务成本：

2020 年 11 月 30 日确认的劳务收入＝600 000－150 000－270 000＝180 000(元)

借：银行存款	196 200	
贷：主营业务收入		180 000
应交税费——应交增值税(销项税额)		16 200
借：主营业务成本	140 000	
贷：合同履约成本		140 000

【任务 9－7】乐健游泳馆为增值税一般纳税人，适用的增值税税率为 6％，财务部的会计赵斌处理 2021 年 9 月有关收入的业务如下：

1 日，某客户与乐健游泳馆签订合同，成为乐健游泳馆的会员，并向乐健游泳馆支付会员费 2 400 元(不含税价)，可在未来的 12 个月内在乐健游泳馆游泳，且没有次数的限制。乐健游泳馆于每月末确认收入时开具增值税专用发票并收到税款。

乐健游泳馆根据业务编制会计分录如下：

2021 年 9 月 1 日收到会员费时：

借：银行存款	2 400	
贷：合同负债		2 400

企业在向客户转让商品之前产生一项负债，即合同负债

借：合同负债	200	

　　　　银行存款　　　　　　　　　　　　　　　　　　12
　　贷：主营业务收入　　　　　　　　　　　　　　　　　　200
　　　　应交税费——应交增值税（销项税额）　　　　　　　12

2021年10月至2022年8月，每月确认收入同上。

当履约进度不能合理确定时，企业已经发生的成本预计能够得到补偿的，应当按照已经发生的成本金额确认收入，直到履约进度能够合理确定为止。

二、合同成本

企业在与客户之间建立合同关系过程中发生的成本主要有合同取得成本和合同履约成本。

（一）合同取得成本

企业为取得合同发生的增量成本预期能够收回的，应作为合同取得成本确认为一项资产。增量成本是指企业不取得合同就不会发生的成本，也就是企业发生的与合同直接相关，但又不是所签订合同的对象或内容（如建造商品或提供服务）本身所直接发生的费用，例如销售佣金等，如果销售佣金等预期可通过未来的相关服务收入予以补偿，该销售佣金（即增量成本）应在发生时确认为一项资产，即合同取得成本。

企业取得合同发生的增量成本已经确认为资产的，应当采用与该资产相关的商品收入确认相同的基础进行摊销，计入当期损益。为简化实务操作，当该资产摊销期限不超过一年的，可以在发生时计入当期损益。

企业为取得合同发生的、除预期能够收回的增量成本之外的其他支出，例如，无论是否取得合同均会发生的差旅费、投标费、为准备投标资料发生的相关费用等，应当在发生时计入当期损益，除非这些支出明确由客户承担。

【任务9—8】信达公司是一家咨询公司，通过竞标赢得一个服务期为5年的客户，该客户每年年末支付含税咨询费2 035 200元。为取得与该客户的合同，甲公司聘请外部律师进行尽职调查支付相关费用15 000元，为投标而发生的差旅费5 000元，支付销售人员佣金60 000元。甲公司预期这些支出未来均能够收回。此外，甲公司根据其年度销售目标、整体盈利情况及个人业绩等，向销售部门经理支付年度奖金10 000元。

支付相关费用：

借：合同取得成本　　　　　　　　　　　　　　60 000
　　管理费用　　　　　　　　　　　　　　　　　20 000
　　销售费用　　　　　　　　　　　　　　　　　10 000
　贷：银行存款　　　　　　　　　　　　　　　　　　90 000

每月确认服务收入（结转营业成本略），摊销佣金：

服务收入＝2 035 200÷（1＋6%）÷12＝160 000（元）

销售佣金摊销额＝60 000÷5÷12＝1 000（元）

借：应收账款　　　　　　　　　　　　　　169 600
　　贷：主营业务收入　　　　　　　　　　　　160 000
　　　　应交税费——应交增值税（销项税额）　　9 600
借：销售费用　　　　　　　　　　　　　　　1 000
　　贷：合同取得成本　　　　　　　　　　　　　1 000

（二）合同履约成本

合同履约成本是指企业为履行当前或预期取得的合同所发生的、属于《企业会计准则第14号——收入》〔2018〕规范范围并且按照该准则应当确认为该项资产的成本。

企业为履行合同可能会发生各种成本，企业在确认收入的同时应当对这些成本进行分析，属于《企业会计准则第14号——收入》〔2018〕准则规范范围且同时满足下列条件的，应当作为合同履约成本确认为一项资产：

1.该成本与一份当前或预期取得的合同直接相关。

（1）与合同直接相关的成本。包括：①直接人工（如支付给直接为客户提供所承诺服务的人员的工资、奖金等）；②直接材料（如为履行合同耗用的原材料、辅助材料、构配件、零件、半成品的成本和周转材料的摊销及租赁费用等）；③制造费用或类似费用（如组织和管理相关生产、施工、服务等活动发生的费用，包括管理人员的职工薪酬、劳动保护费、固定资产折旧费及修理费、物料消耗、取暖费、水电费、办公费、差旅费、财产保险费、工程保修费、临时设施摊销费等）。

（2）明确由客户承担的成本以及仅因该合同而发生的其他成本（如支付给分包商的成本、机械使用费、设计和技术援助费用、施工现场二次搬运费、生产工具和用具使用费、检验试验费、工程定位复测费、工程点交费用、场地清理费等）。

2.该成本增加了企业未来用于履行（包括持续履行）履约义务的资源。

3.该成本预期能够收回。

企业应当在下列支出发生时，将其计入当期损益：

一是管理费用，除非这些费用明确由客户承担。二是非正常消耗的直接材料、直接人工和制造费用（或类似费用），这些支出为履行合同发生，但未反映在合同价格中。三是与履约义务中已履行（包括已全部履行或部分履行）部分相关的支出，即该支出与企业过去的履约活动相关。四是无法在尚未履行的与已履行（或已部分履行）的履约义务之间区分的相关支出。

企业发生合同履约成本时，借记"合同履约成本"科目，贷记"银行存款""应付职工薪酬""原材料"等科目；对合同履约成本进行摊销时，借记"主营业务成本""其他业务成本"等科目，贷记"合同履约成本"。涉及增值税的，还应进行相应的处理。

【任务9-9】鸿运公司经营一家酒店，该酒店是鸿运公司的自有资产。2021年12月，鸿运公司计提与酒店经营直接相关的酒店、客房以及客房内的设备家具等折旧 110 000 元、酒店土地使用权摊销费用 66 000 元。经计算，当月确认房费、餐饮等服务含税收入 530 000 元。鸿运公司适用的增值税税率为 6%，全部存入银行。

鸿运公司应编制如下会计分录：

确认资产的折旧费、摊销费：

借：合同履约成本　　　　　　　　　　　　　　176 000
　　贷：累计折旧　　　　　　　　　　　　　　110 000
　　　　累计摊销　　　　　　　　　　　　　　 66 000

12 月确认酒店服务收入并摊销合同履约成本：

借：银行存款　　　　　　　　　　　　　　　　530 000
　　贷：主营业务收入　　　　　　　　　　　　500 000
　　　　应交税费——应交增值税（销项税额）　 30 000
借：主营业务成本　　　　　　　　　　　　　　176 000
　　贷：合同履约成本　　　　　　　　　　　　176 000

【任务实训】

根据【任务引例】中的相关内容请会计人员完成以下任务：

1.请兴业公司会计人员完成收入明细账的登记任务；

2.请通达公司会计人员完成收入明细账的登记任务。

任务二 费用业务核算

【任务引例】

兴业公司9月、12月有关费用的业务如下：

10.9月2日，兴业公司向乙公司销售一批产品，开具的增值税专用发票上注明的价款为100 000元，增值税税额为13 000元；兴业公司已收到乙公司支付的款项113 000元，并将提货单送交乙公司；该批产品成本为180 000元。该项销售业务属于某一时点履行的履约义务。

11.9月5日，兴业公司销售凉鞋100双，单价500元，单位成本300元，开具的增值税专用发票上注明的价款为50 000元，增值税税额为6 500元，购货方尚未付款，该项销售业务属于某一时点履行的履约义务。10月25日，因产品质量问题购货方退货，并开具增值税专用发票（红字）。

12.9月30日，兴业公司计算已销售的短袜、凉帽、丝巾三种产品的实际成本，分别为5 000元、2 500元和30 000元。

13.9月4日，兴业公司销售一批原材料，开具的增值税专用发票上注明的售价为5 000元，增值税税额为650元，款项已由银行收妥。该批原材料的实际成本为4 000元。该项销售业务属于某一时点履行的履约义务。

14.9月6日，兴业公司将自行开发完成的非专利技术出租给一家公司，该非专利技术成本为288 000元，双方约定的租赁期限为8年，兴业公司每月应摊销3 000元。

15.9月22日，兴业公司因销售商品领用单独计价的包装物的实际成本为20 000元，开具的增值税专用发票上注明价款为80 000元，增值税税额为10 400元，款项已存入银行。销售商品领用单独计价包装物属于销售商品和包装物两项履行的履约义务。

16.9月26日，兴业公司取得应纳消费税的销售商品收入600 000元，该商品适用的消费税税率为25%。

17.9月，兴业公司实际缴纳的增值税420 000元，消费税150 000元，城市维护建设税税率为7%，教育费附加征收比率为3%。

18.12月，兴业公司拥有一幢房产的原值为2 000 000元，已知房产税税率为1.2%，当地规定的房产税扣除比例为30%。

19.12月，兴业公司按规定当月实际应交车船税25 000元，应交城镇土地使用税40 000元。

20.9月12日，销售一批产品，取得的增值税专用发票上注明的运输费为7 000元，增值税税额为630元，取得的增值税普通发票上注明的装卸费价税合计为4 000元，上述款项均用银行存款支付。

21.9月15日，为拓展产品销售市场发生业务招待费60 000元，取得的增值税专用发票上注明的增值税税额为3 000元，已用银行存款支付价款和税款。

22.兴业公司于9月1日向银行借入生产经营用短期借款460 000元，期限6个月，年利率5%，该借款本金到期后一次归还，利息分月预提，按季支付。

23.9月30日，用银行存款支付本月应负担的短期借款利息2 300元。

要求：

1.根据【任务10-23】，编制2021年9月、12月有关费用业务的会计分录；

2.根据【任务10-23】，建立并登记兴业公司费用类账簿。

【任务准备】

费用的认知

费用包括企业日常活动所发生的经济利益的总流出，主要指企业为取得营业收入进行产品销售等营业活动所发生的营业成本、税金及附加和期间费用。企业为生产产品、提供劳务等发生的可归属于产品成本、劳务成本等的费用，应当在确认销售商品收入、提供劳务收入等时，将已销售商品、已提供劳务的成本确认为营业成本（包括主营业务成本和其他业务成本）。期间费用包括销售费用、管理费用和财务费用。

【任务实施】

一、营业成本的核算

（一）账户设置

营业成本是指企业为生产产品、提供服务等发生的可归属于产品成本、服务成本等的费用，应当在确认销售商品收入、提供服务收入等时，将已销售商品、已提供服务的成本等计入当期损益。营业成本包括主营业务成本和其他业务成本。

（二）账务处理

1.主营业务成本

主营业务成本是指企业销售商品、提供服务等经常性活动所发生的成本。企业一般在确认销售商品、提供服务等主营业务收入时，或在月末，将已销售商品、已提供服务的成本转入主营业务成本。企业应当设置"主营业务成本"科目，用于核算企业因销售商品、提供服务等日常活动而发生的实际成本，该科目按主营业务的种类进行明细核算。企业结转已销售商品或提供服务成本时，借记"主营业务成本"科目，贷记"库存商品""合同履约成本"等科目。期末,将主营业务成本的余额转入"本年利润"科目,借记"本年利润"科目,贷记"主营业务成本"科目,结转后,"主营业务成本"科目无余额。

【任务9—10】9月2日,兴业公司向乙公司销售一批产品,开具的增值税专用发票上注明的价款为100 000元,增值税税额为13 000元;兴业公司已收到乙公司支付的款项113 000元,并将提货单送交乙公司;该批产品成本为180 000元。该项销售业务属于某一时点履行的履约义务。

根据增值税专用发票、出库单、银行电子回单编制会计分录如下:

借:银行存款　　　　　　　　　　　　　　　　113 000
　　贷:主营业务收入　　　　　　　　　　　　　100 000
　　　　应交税费——应交增值税　　　　　　　　13 000
借:主营业务成本　　　　　　　　　　　　　　　180 000
　　贷:库存商品　　　　　　　　　　　　　　　180 000

【任务9—11】9月5日,兴业公司销售凉鞋100双,单价500元,单位成本300元,开具的增值税专用发票上注明的价款为50 000元,增值税税额为6 500元,购货方尚未付款,该项销售业务属于某一时点履行的履约义务。10月25日,因产品质量问题购货方退货,并开具增值税专用发票(红字)。

根据增值税专用发票、增值税红字发票、出库单、入库单编制会计分录如下:

销售产品时:

借:应收账款　　　　　　　　　　　　　　　　56 500
　　贷:主营业务收入　　　　　　　　　　　　　50 000
　　　　应交税费——应交增值税(销项税额)　　 6 500
借:主营业务成本　　　　　　　　　　　　　　　30 000
　　贷:库存商品　　　　　　　　　　　　　　　30 000

销售退回时:

借:主营业务收入　　　　　　　　　　　　　　　50 000
　　应交税费——应交增值税(销项税额)　　　　 6 500
　　贷:应收账款　　　　　　　　　　　　　　　56 500
借:库存商品　　　　　　　　　　　　　　　　　30 000
　　贷:主营业务成本　　　　　　　　　　　　　30 000

【任务9—12】9月30日,兴业公司计算已销售的短袜、凉帽、丝巾三种产品的实际成本,分别为5 000元、2 500元和30 000元。

根据产品成本明细表编制会计分录如下:

借:主营业务成本　　　　　　　　　　　　　　　37 500
　　贷:库存商品——短袜　　　　　　　　　　　 5 000

|——凉帽 | 2 500 |
|——丝巾 | 30 000 |

2.其他业务成本

其他业务成本是指企业确认的除主营业务活动以外的其他日常经营活动所发生的支出。其他业务成本包括销售材料的成本、出租固定资产的折旧额、出租无形资产的摊销额、出租包装物的成本或摊销额等。采用成本模式计量投资性房地产的,其投资性房地产计提的折旧额或摊销额,也构成其他业务成本。

企业应当设置"其他业务成本"科目,核算企业确认的除主营业务活动以外的其他日常经营活动所发生的支出。"其他业务成本"科目按其他业务成本的种类进行明细核算。企业发生的其他业务成本,借记"其他业务成本"科目,贷记"原材料""周转材料""累计折旧""累计摊销""应付职工薪酬""银行存款"等科目。期末,"其他业务成本"科目余额转入"本年利润"科目,结转后,"其他业务成本"科目无余额。

【任务9—13】9月4日,兴业公司销售一批原材料,开具的增值税专用发票上注明的售价为5 000元,增值税税额为650元,款项已由银行收妥。该批原材料的实际成本为4 000元。该项销售业务属于某一时点履行的履约义务。

根据销售合同、增值税专用发票、银行电子回单编制会计分录如下:

借:银行存款   5 650
   贷:其他业务收入   5 000
       应交税费——应交增值税(销项税额)   650
借:其他业务成本   4 000
   贷:原材料   4 000

【任务9—14】9月6日,兴业公司将自行开发完成的非专利技术出租给一家公司,该非转开技术成本为288 000元,双方约定的租赁期限为8年,兴业公司每月应摊销3 000元。

根据非专利技术出租合同编制会计分录如下:

借:其他业务成本   3 000
   贷:累计摊销   3 000

【任务9—15】9月22日,兴业公司因销售商品领用单独计价的包装物的实际成本为20 000元,开具的增值税专用发票上注明价款为80 000元,增值税税额为10 400元,款项已存入银行。销售商品领用单独计价包装物属于销售商品和包装物两项履行的履约义务。

根据销售合同、增值税专用发票、银行电子回单编制会计分录如下:

借:银行存款   90 400
   贷:其他业务收入   80 000
       应交税费——应交增值税(销项税额)   10 400
借:其他业务成本   80 000

　　　　贷：周转材料——包装物　　　　　　　　　　　　　80 000

二、税金及附加的核算

(一)账户设置

　　税金及附加是指企业经营活动应负担的相关税费，包括消费税、城市维护建设税、教育费附加、资源税、环境保护税、土地增值税、房产税、城镇土地使用税、车船税、印花税、耕地占用税、契税、车辆购置税等。

　　企业应当设置"税金及附加"科目，核算企业经营活动发生的消费税、城市维护建设税、教育费附加、资源税、房产税、城镇土地使用税、车船税、环境保护税、印花税等相关税费。其中，按规定计算确定的与经营活动相关的消费税、城市维护建设税、资源税、教育费附加、房产税、城镇土地使用税、车船税、环境保护税等税费，企业应借记"税金及附加"科目，贷记"应交税费"科目。期末，应将"税金及附加"科目余额转入"本年利润"科目，结转后，"税金及附加"科目无余额。企业交纳的印花税，不会发生应付未付税款的情况，不需要预计应纳税金额，同时也不存在与税务机关结算或者清算的问题。因此，企业交纳的印花税不通过"应交税费"科目核算，于购买印花税票时，直接借记"税金及附加"科目，贷记"银行存款"科目。

(二)账务处理

　　【任务9—16】 9月26日，兴业公司取得应纳消费税的销售商品收入600 000元，该商品适用的消费税税率为25%。

　　兴业公司计算确认应交消费税税额：

　　　　消费税税额＝600 000×25%＝150 000(元)

　　借：税金及附加　　　　　　　　　　　　　　　　150 000
　　　　贷：应交税费——应交消费税　　　　　　　　　　　　150 000

　　实际交纳消费税时：

　　借：应交税费——应交消费税　　　　　　　　　　150 000
　　　　贷：银行存款　　　　　　　　　　　　　　　　　　　150 000

　　【任务9—17】 9月，兴业公司实际缴纳的增值税420 000元，消费税150 000元，城市维护建设税税率为7%，教育费附加征收比率为3%。

　　兴业公司计算确认应交城市维护建设税和教育费附加时：

　　　　城市维护建设税＝(420 000＋150 000)×7%＝39 900(元)
　　　　教育费附加＝(420 000＋150 000)×3%＝17 100(元)

　　借：税金及附加　　　　　　　　　　　　　　　　57 000
　　　　贷：应交税费——应交城市维护建设税　　　　　　　　39 900
　　　　　　　　　　——应交教育费附加　　　　　　　　　　17 100

实际交纳城市维护建设税和教育费附加时：
借：应交税费——应交城市维护建设税　　　　　39 900
　　　　　　——应交教育费附加　　　　　　　17 100
　　贷：银行存款　　　　　　　　　　　　　　　　57 000

【任务9—18】12月，兴业公司拥有一幢房产的原值为2 000 000元，已知房产税税率为1.2%，当地规定的房产税扣除比例为30%。

兴业公司计算应交房产税税额：
借：税金及附加　　　　　　　　　　　　　　　　16 800
　　贷：应交税费——应交房产税　　　　　　　　　16 800

实际交纳房产税时：
借：应交税费——应交房产税　　　　　　　　　　16 800
　　贷：银行存款　　　　　　　　　　　　　　　　16 800

【任务9—19】12月，兴业公司按规定当月实际应交车船税25 000元，应交城镇土地使用税40 000元。该公司应编制如下会计分录：

计算应交纳的车船税、城镇土地使用税时：
借：税金及附加　　　　　　　　　　　　　　　　65 000
　　贷：应交税费——应交车船税　　　　　　　　　25 000
　　　　　　　　——应交城镇土地使用税　　　　　40 000

实际交纳车船税、城镇土地使用税时：
借：应交税费——应交车船税　　　　　　　　　　25 000
　　　　　　——应交城镇土地使用税　　　　　　40 000
　　贷：银行存款　　　　　　　　　　　　　　　　65 000

三、期间费用的核算

(一)账户设置

期间费用是指企业日常活动发生的不能计入特定核算对象的成本，而应计入发生当期损益的费用。

期间费用是企业日常活动中所发生的经济利益的流出，通常不计入特定的成本核算对象，是因为期间费用是企业为组织和管理整个经营活动所发生的费用，与可以确定特定成本核算对象的材料采购、产成品生产等没有直接关系，因而期间费用不计入有关核算对象的成本，而是直接计入当期损益。

期间费用包含以下两种情况：一是企业发生的不符合或者不再符合资产确认条件的支出，应当在发生时确认为费用，计入当期损益。二是企业发生的交易或者事项导致其承担了一项负债，而又不确认为一项资产的，应当在发生时确认为费用计入当期损益。

企业应当设置"销售费用""管理费用""财务费用"来进行期间费用的核算。

(二)账务处理

1.销售费用

销售费用是指企业销售商品和材料、提供服务的过程中发生的各种费用,包括企业在销售商品过程中发生的保险费、包装费、展览费和广告费、商品维修费、预计产品质量保证损失、运输费、装卸费等以及为销售本企业商品而专设的销售机构(含销售网点、售后服务网点等)的职工薪酬、业务费、折旧费等经营费用。企业发生的与专设销售机构相关的固定资产修理费用等后续支出也属于销售费用。

销售费用是与企业销售商品活动有关的费用,但不包括销售商品本身的成本,该成本属于主营业务成本。

企业应设置"销售费用"科目,核算销售费用的发生和结转情况。该科目借方登记企业所发生的各项销售费用,贷方登记期末转入"本年利润"科目的销售费用,结转后,"销售费用"科目应无余额。"销售费用"科目应按销售费用的费用项目进行明细核算。

【任务9—20】9月12日,销售一批产品,取得的增值税专用发票上注明的运输费为7 000元,增值税税额为630元,取得的增值税普通发票上注明的装卸费价税合计为4 000元,上述款项均用银行存款支付。

根据销售合同、增值税专业发票、银行电子回单编制如下会计分录:

借:销售费用　　　　　　　　　　　　　　　　11 000
　　应交税费——应交增值税(进项税额)　　　　630
　　贷:银行存款　　　　　　　　　　　　　　　　11 630

2.管理费用

管理费用是指企业为组织和管理生产经营发生的各种费用,包括企业在筹建期间内发生的开办费、董事会和行政管理部门在企业的经营管理中发生的以及应由企业统一负担的公司经费(包括行政管理部门职工薪酬、物料消耗、低值易耗品摊销、办公费和差旅费等)、行政管理部门负担的工会经费、董事会费(包括董事会成员津贴、会议费和差旅费等)、聘请中介机构费、咨询费(含顾问费)、诉讼费、业务招待费、技术转让费、研究费用等。企业生产车间(部门)和行政管理部门发生的固定资产修理费用等后续支出,也作为管理费用核算。

企业应设置"管理费用"科目,核算管理费用的发生和结转情况。"管理费用"科目借方登记企业发生的各项管理费用,贷方登记期末转入"本年利润"科目的管理费用,结转后,"管理费用"科目应无余额。"管理费用"科目按管理费用的费用项目进行明细核算。商品流通企业管理费用不多的,可不设"管理费用"科目,相关核算内容可并入"销售费用"科目核算。

【任务9—21】9月15日,为拓展产品销售市场发生业务招待费60 000元,取得的增值税专用发票上注明的增值税税额为3 000元,已用银行存款支付价款和税款。

借:管理费用——业务招待费　　　　　　　　60 000

应交税费——应交增值税(进项税额)　　　　　　　3 600
　　贷：银行存款　　　　　　　　　　　　　　　　　　63 600

3.财务费用

财务费用是指企业为筹集生产经营所需资金等而发生的筹资费用,包括利息支出(减利息收入)、汇兑损益以及相关的手续费、企业发生的现金折扣或收到的现金折扣等。

企业应设置"财务费用"科目,核算财务费用的发生和结转情况。"财务费用"科目借方登记企业发生的各项财务费用,贷方登记期末转入"本年利润"科目的财务费用,结转后,"财务费用"科目应无余额。"财务费用"科目应按财务费用的费用项目进行明细核算。

【任务9—22】兴业公司于9月1日向银行借入生产经营用短期借款460 000元,期限6个月,年利率5%,该借款本金到期后一次归还,利息分月预提,按季支付。

兴业公司应编制如下会计分录:

　　每月末,预提当月应计利息:460 000×6‰÷12＝2 300(元)
借：财务费用——利息支出　　　　　　　　　　　2 300
　　贷：应付利息　　　　　　　　　　　　　　　　　　2 300

【任务9—23】9月30日,用银行存款支付本月应负担的短期借款利息2 300元。

兴业公司应编制如下会计分录:

借：财务费用——利息支出　　　　　　　　　　　2 300
　　贷：银行存款　　　　　　　　　　　　　　　　　　2 300

【任务实训】

根据【任务引例】中的相关内容请会计人员完成以下任务:

1.请会计人员完成【任务9—15】兴业公司开具增值税专用发票的任务(北京华丰公司纳税人识别号:91381300104082110、地址:北京市丰台区东祥路801号、电话:010—88706578、开户行:北京银行丰台支行、账号:2122321451);

2.请会计人员完成兴业公司各项费用类账簿的登记任务。

任务三 利润业务核算

【任务引例】

兴业公司2021年12月发生业务如下,该公司采用表结法年末一次结转损益类科目,所得税税率为25%。

24.30日,企业结转固定资产报废清理的净收益159 600元。

25.30日,企业在现金清查中盘盈200元,无法查明原因,按管理权限报经批准后处理。

26.2018年9月1日,某公司取得一项价值800 000元的非专利技术并确认为无形资产,采用直线法摊销,摊销期限为8年。2021年9月1日,由于该技术已被其他新技术替代,公司决定将其报废处理,报废时以累计摊销100 000元,未计提减值准备。

27.兴业公司发生原材料自然灾害损失260 000元,经批准后全部转作营业外支出。

28.兴业公司用银行存款支付税款滞纳金15 000元。

29.兴业公司2021年度利润总额(税前会计利润)为1 980万元,所得税税率为25%。兴业公司全年实发工资、薪金为200万元,职工福利费30万元,工会经费5万元,职工教育经费21万元;经查,兴业公司当年营业外支出中有12万元为税收滞纳罚金。假如兴业公司全年无其他纳税调整因素。

30.2021年,兴业公司递延所得税负债年初数为40万元,年末数为50万元,递延所得税资产年初数为25万元,年末数为20万元;当期应交所得税500万元。

31.兴业公司2021年有关损益类科目的年末余额如下: (万元)

主营业务收入	贷	500	主营业务成本	借	300
其他业务收入	贷	60	其他业务成本	借	30
其他收益	贷	12	税金及附加	借	8
投资收益	贷	90	销售费用	借	50
营业外收入	贷	8	管理费用	借	75
资产处置损益	贷	10	财务费用	借	25
			营业外支出	借	25

要求:根据【任务24—31】,计算并编制2021年12月有关利润核算业务的会计分录。

【任务准备】

利润认知

利润包括收入减去费用后的净额、直接计入当期利润的利得和损失等。未计入当期利润的利得和损失扣除所得税影响后的净额计入其他综合收益项目。净利润与其他综合收益的合计金额为综合收益总额。利得是指由企业非日常活动所形成的、会导致所有者权益增加的、与所有者投入资本无关的经济利益的流入。损失是指由企业非日常活动所发生的、会导致所有者权益减少的、与向所有者分配利润无关的经济利益的流出。

与利润相关的计算公式主要如下：

(一)营业利润

营业利润＝营业收入－营业成本－税金及附加－销售费用－管理费用－研发费用－财务费用＋其他收益＋投资收益(－投资损失)＋净敞口套期收益(－净敞口套期损失)＋公允价值变动收益(－公允价值变动损失)－信用减值损失－资产减值损失＋资产处置收益(－资产处置损失)

其中：

(1)营业收入是指企业经营业务所实现的收入总额，包括主营业务收入和其他业务收入。

(2)营业成本是指企业经营业务所发生的实际成本总额，包括主营业务成本和其他业务成本。

(3)研发费用是指企业进行研究与开发过程中发生的费用化支出，以及计入管理费用的自行开发无形资产的摊销。

(4)其他收益主要是指与企业日常活动相关，除冲减相关成本费用以外的政府补助。

(5)投资收益(或损失)是指企业以各种方式对外投资所取得的收益(或损失)。

(6)公允价值变动收益(或损失)是指企业交易性金融资产等公允价值变动形成的应计入当期损益的利得(或损失)。

(7)信用减值损失是指企业计提各项金融工具信用减值准备所确认的信用损失。

(8)资产减值损失是指企业计提有关资产减值准备所形成的损失。

(9)资产处置收益(或损失)反映企业出售划分为持有待售的非流动资产(金融工具、长期股权投资和投资性房地产除外)或处置组(子公司和业务除外)时确认的处置利得或损失，以及处置未划分为持有待售的固定资产、在建工程、生产性生物资产及无形资产而产生的处置利得或损失，还包括债务重组中因处置非流动资产产生的利得或损失和非货币性资产交换中换出非流动资产产生的利得或损失。

(二)利润总额

利润总额＝营业利润＋营业外收入－营业外支出

其中：
(1)营业外收入是指企业发生的与其日常活动无直接关系的各项利得；
(2)营业外支出是指企业发生的与其日常活动无直接关系的各项损失。

(三)净利润

净利润＝利润总额－所得税费用

其中，所得税费用是指企业确认的应从当期利润总额中扣除的所得税费用。

【任务实施】

一、营业外收支的核算

(一)账户设置

1.营业外收入核算的内容

营业外收入是指企业确认的与其日常活动无直接关系的各项利得。营业外收入并不是企业经营资金耗费所产生的，实际上是经济利益的净流入，不需要与有关的费用进行配比。营业外收入主要包括非流动资产毁损报废收益、与企业日常活动无关的政府补助、盘盈利得、捐赠利得、债务重组利得等。

其中：非流动资产毁损报废收益，指因自然灾害等发生毁损、已丧失使用功能而报废非流动资产所产生的清理收益。

与企业日常活动无关的政府补助指企业从政府无偿取得货币性资产或非货币性资产，且与企业日常活动无关的利得。

盘盈利得，指企业对现金等资产清查盘点时发生盘盈，报经批准后计入营业外收入的金额。

捐赠利得，指企业接受捐赠产生的利得。

2.营业外支出核算的内容

营业外支出是指企业发生的与其日常活动无直接关系的各项损失，主要包括非流动资产毁损报废损失、捐赠支出、盘亏损失、非常损失、罚款支出、债务重组损失等。

其中：

(1)非流动资产毁损报废损失，指因自然灾害等发生毁损、已丧失使用功能而报废非流动资产所产生的清理损失。

(2)捐赠支出，指企业对外进行捐赠发生的支出。

(3)盘亏损失，主要指对于财产清查盘点中盘亏的资产，查明原因并报经批准计入营业外支出的损失。

(4)非常损失，指企业对于因客观因素(如自然灾害等)造成的损失，扣除保险公司赔偿后应计入营业外支出的净损失。

(5)罚款支出，指企业支付的行政罚款、税务罚款，以及其他违反法律法规、合同协议等而支付的罚款、违约金、赔偿金等支出。

(二)账务处理

1.营业外收入

企业应设置"营业外收入"科目,核算营业外收入的取得及结转情况。该科目贷方登记企业确认的营业外收入,借方登记期末将"营业外收入"科目余额转入"本年利润"科目的营业外收入,结转后"营业外收入"科目无余额。"营业外收入"科目可按营业外收入项目进行明细核算。

(1)企业确认处置非流动资产毁损报废收益时,借记"固定资产清理""银行存款""待处理财产损溢"等科目,贷记"营业外收入"科目。

【任务9—24】30日,企业结转固定资产报废清理的净收益159 600元。

根据固定资产报废单编制会计分录如下:

借:固定资产清理　　　　　　　　　　　　　　159 600
　　贷:营业外收入——非流动资产毁损报废收益　　　159 600

(2)企业确认盘盈利得、捐赠利得计入营业外收入时,借记"库存现金""待处理财产损溢"等科目,贷记"营业外收入"科目。

【任务9—25】30日,企业在现金清查中盘盈200元,无法查明原因,按管理权限报经批准后处理。

根据库存现金盘点表、库存现金盘盈处理意见单编制会计分录如下:

发现盘盈时:

借:库存现金　　　　　　　　　　　　　　　　200
　　贷:待处理财产损溢　　　　　　　　　　　　200

经批准转入营业外收入时:

借:待处理财产损溢　　　　　　　　　　　　　200
　　贷:营业外收入　　　　　　　　　　　　　　200

2.营业外支出

企业应设置"营业外支出"科目,核算营业外支出的发生及结转情况。该科目借方登记确认的营业外支出,贷方登记期末将"营业外支出"科目余额转入"本年利润"科目的营业外支出,结转后"营业外支出"科目无余额。"营业外支出"科目可按营业外支出项目进行明细核算。

(1)企业确认处置非流动资产毁损报废损失时,借记"营业外支出"科目,贷记"固定资产清理""无形资产"等科目。

【任务9—26】2018年9月1日,某公司取得一项价值800 000元的非专利技术并确认为无形资产,采用直线法摊销,摊销期限为8年。2021年9月1日,由于该技术已被其他新技术替代,公司决定将其报废处理,报废时以累计摊销100 000元,未计提减值准备。

根据固定资产报废单编制会计分录如下：

借：营业外支出　　　　　　　　　　　　　　　700 000
　　累计摊销　　　　　　　　　　　　　　　　100 000
　　贷：无形资产　　　　　　　　　　　　　　　　800 000

（2）确认盘亏、罚款支出计入营业外支出时，借记"营业外支出"科目，贷记"待处理财产损溢""库存现金"科目。

【任务9—27】兴业公司发生原材料自然灾害损失260 000元，经批准后全部转作营业外支出。

根据存货盘点报告表、存货盘亏处理意见书编制会计分录如下：

发生原材料自然灾害损失时：

借：待处理财产损溢　　　　　　　　　　　　　260 000
　　贷：原材料　　　　　　　　　　　　　　　　　260 000

批准处理时：

借：营业外支出　　　　　　　　　　　　　　　260 000
　　贷：待处理财产损溢　　　　　　　　　　　　　260 000

【任务9—28】兴业公司用银行存款支付税款滞纳金15 000元。

根据任务编制会计分录如下：

借：营业外支出　　　　　　　　　　　　　　　15 000
　　贷：银行存款　　　　　　　　　　　　　　　　15 000

二、所得税费用的核算

企业的所得税费用包括当期所得税和递延所得税两个部分，其中，当期所得税是指当期应交所得税。递延所得税包括递延所得税资产和递延所得税负债。递延所得税资产是指以未来期间很可能取得用来抵扣可抵扣暂时性差异的应纳税所得额为限确认的一项资产。递延所得税负债是指根据应纳税暂时性差异计算的未来期间应付所得税的金额。

（一）所得税费用的计算

应交所得税是指企业按照企业所得税法规定计算确定的针对当期发生的交易和事项，应交纳给税务部门的所得税金额，即当期应交所得税。应纳税所得额是在企业税前会计利润（利润总额）的基础上调整确定的，计算公式为：

应纳税所得额＝税前会计利润＋纳税调整增加额－纳税调整减少额

纳税调整减少额主要包括按企业所得税法规定允许弥补的亏损和准予免税的项目，如前5年内弥补亏损，国债利息收入等。

企业当期应交所得税的计算公式为：

应交所得税＝应纳税所得额×所得税税率

(二)账务处理

【任务9-29】兴业公司2021年度利润总额(税前会计利润)为1 980万元,所得税税率为25%。兴业公司全年实发工资、薪金为200万元,职工福利费30万元,工会经费5万元,职工教育经费21万元;经查,兴业公司当年营业外支出中有12万元为税收滞纳罚金。假如兴业公司全年无其他纳税调整因素。

企业所得税法规定,企业发生的合理的工资、薪金支出准予据实扣除;企业发生的职工福利费支出,不超过工资、薪金总额14%的部分准予扣除;企业拨缴的工会经费,不超过工资、薪金总额2%的部分准予扣除;除国务院财政、税务主管部门另有规定外,企业发生的职工教育经费支出,不超过工资、薪金总额8%的部分准予扣除,准予结转以后纳税年度扣除。

纳税调整数=职工福利费(30-28)+工会经费(5-4)+职工教育经费(21-16)+罚金12=20(万元)

应纳税所得额=1 980+20=2 000(万元)

当期应交所得税额=2 000×25%=500(万元)

借:所得税费用　　　　　　　　　　　　　　　500
　　贷:应交税费——应交所得税　　　　　　　　　　　500

【任务9-30】2021年,兴业公司递延所得税负债年初数为40万元,年末数为50万元,递延所得税资产年初数为25万元,年末数为20万元;当期应交所得税500万元。

根据任务计算并编制会计分录如下:

递延所得税负债变动数=50-40=10(万元)

递延所得税资产变动数=20-25=-5(万元)

借:所得税费用　　　　　　　　　　　　　　　10
　　贷:递延所得税负债　　　　　　　　　　　　　　10

借:所得税费用　　　　　　　　　　　　　　　5
　　贷:递延所得税资产　　　　　　　　　　　　　　5

递延所得税=10+5=15

=递延所得税负债(期末余额-期初余额)-递延所得税资产(期末余额-期初余额)

=(50-40)-(20-25)

=15

三、本年利润的核算

(一)结转本年利润的方法

会计期末,结转本年利润的方法有表结法和账结法两种。

1.表结法

表结法下,各损益类科目每月末只需结计出本月发生额和月末累计余额,不结转到"本年利润"科目,只有在年末时才将全年累计余额结转入"本年利润"科目。但每月末要将损益类科目的本月发生额合计数填入利润表的本月数栏,同时将本月末累计余额填入利润表的本年累计数栏,通过利润表计算反映各期的利润(或亏损)。表结法下,年中损益类科目无须结转入"本年利润"科目,从而减少了转账环节和工作量,同时并不影响利润表的编制及有关损益指标的利用。

2.账结法

账结法下,每月末均需编制转账凭证,将在账上结计出的各损益类科目的余额结转入"本年利润"科目。结转后"本年利润"科目的本月余额反映当月实现的利润或发生的亏损,"本年利润"科目的本年余额反映本年累计实现的利润或发生的亏损。账结法在各月均可通过"本年利润"科目提供当月及本年累计的利润(或亏损)额,但增加了转账环节和工作量。

(二)结转本年利润的账务处理

企业应设置"本年利润"科目,核算企业本年度实现的净利润(或发生的净亏损)。

会计期末,企业应将"主营业务收入""其他业务收入""其他收益""营业外收入"等科目的余额分别转入"本年利润"科目的贷方,将"主营业务成本""其他业务成本""税金及附加""销售费用""管理费用""财务费用""信用减值损失""资产减值损失""营业外支出""所得税费用"等科目的余额分别转入"本年利润"科目的借方。企业还应将"投资收益""公允价值变动损益""资产处置损益"科目的净收益转入"本年利润"科目的贷方,将"投资收益""公允价值变动损益""资产处置损益"科目的净损失转入"本年利润"科目的借方。结转后"本年利润"科目如为贷方余额,表示当年实现的净利润;如为借方余额,表示当年发生的净亏损。

年度终了,企业还应将"本年利润"科目的本年累计余额转入"利润分配——未分配利润"科目。如"本年利润"为贷方余额,借记"本年利润"科目,贷记"利润分配——未分配利润"科目;如为借方余额,作相反的会计分录,借记"利润分配——未分配利润"科目,贷记"本年利润"科目。结转后,"本年利润"科目应无余额。

【任务9—31】兴业公司2021年有关损益类科目的年末余额如下:　　　　　　(万元)

主营业务收入	贷	500	主营业务成本	借	300
其他业务收入	贷	60	其他业务成本	借	30
其他收益	贷	12	税金及附加	借	8
投资收益	贷	90	销售费用	借	57
营业外收入	贷	8	管理费用	借	75
资产处置损益	贷	10	财务费用	借	25
			营业外支出	借	25

根据损益表计算并编制会计分录如下：
将损益类科目年末余额结转"本年利润"科目：
①结转各项收入、利得类科目：

借：主营业务收入　　　　　　　　　　　　500
　　其他业务收入　　　　　　　　　　　　60
　　其他收益　　　　　　　　　　　　　　12
　　投资收益　　　　　　　　　　　　　　90
　　资产处置损益　　　　　　　　　　　　10
　　营业外收入　　　　　　　　　　　　　8
　　贷：本年利润　　　　　　　　　　　　　　680

②结转各项费用、损失类科目

借：本年利润　　　　　　　　　　　　　　520
　　贷：主营业务成本　　　　　　　　　　　　300
　　　　其他业务成本　　　　　　　　　　　　30
　　　　税金及附加　　　　　　　　　　　　　8
　　　　销售费用　　　　　　　　　　　　　　57
　　　　管理费用　　　　　　　　　　　　　　75
　　　　财务费用　　　　　　　　　　　　　　25
　　　　营业外支出　　　　　　　　　　　　　25

计算并结转所得税费用：

假设兴业公司2021年国债利息收入20万元，税收滞纳金罚款10万元，企业所得税税率25%。假设不存在其他纳税调整因素。

　　应纳税所得额＝160＋10－20＝150（万元）
　　应交所得税＝150×25％＝37.5（万元）

①确认所得税费用：

借：所得税费用　　　　　　　　　　　　37.5
　　贷：应交税费——应交所得税　　　　　　　37.5

②将所得税费用结转入"本年利润"科目：

借：本年利润　　　　　　　　　　　　　37.5
　　贷：所得税费用　　　　　　　　　　　　　37.5

将"本年利润"科目年末余额122.5万元转入"利润分配——未分配利润"科目：

借：本年利润　　　　　　　　　　　　　122.5
　　贷：利润分配——未分配利润　　　　　　　122.5

【任务实训】

根据【任务引例】中的相关内容请会计人员完成以下任务：

1.根据【任务9—31】请会计人员计算并交纳兴业公司的所得税费用；

2.请会计人员建立并登记兴业公司有关利润业务的账簿。

项目十 财务报告岗位

【知识目标】

1.掌握资产负债表的含义、结构及编制方法；

2.掌握利润项目内容、结构及编制方法；

3.了解所有者权益变动表的概念、结构及编制方法；

4.了解附注与报表的关系及附注作用。

【能力目标】

1.能够描绘出资产负债表结构，能够正确的编制资产负债表；

2.能够按规定顺序准确背诵利润表，能够正确编制利润表；

3.能够列举所有者权益变动表的主要项目内容以及能够简单复述所有者权益变动表的编制方法；

4.能够复述出附注中主要的披露事项。

【素质目标】

1.培养踏实肯干的工作作风和主动、热情、耐心的服务意识；

2.具有较强的语言表达能力及沟通协调能力；

3.拥有严谨、踏实的工作作风；

4.培养诚信品格和社会责任感。

工作情境

经过一段时间的工作学习，您已经在各个财务岗位中都工作过，并且熟悉各财务岗位的工作流程以及工作职责，现在您将到财务工作的最后一个岗位财务报告岗位工作。2019年国家对财务报表项目作了新的调整，您现在需要熟悉报表中新调整的内容及编制要求，并且完成公司2021年的资产负债表和利润表的编制。

任务一 资产负债表编制

【任务引例】

1.牡丹江市兴业商贸有限公司(以下简称兴业公司),2020年12月31日总账及明细分类账户余额如表10-1所示。

说明:

(1)坏账准备只针对应收账款,除此之外,该公司未对其他应收款项计提坏账准备;

(2)账户的总分类账余额方向与其所属明细账的余额方向一致;

(3)为说明期末数的编制方法,该业务举例中的年初余额省略。

要求:编制牡丹江市兴业商贸有限公司2020年12月31日资产负债表。

表10-1 账户余额表

单位:元

账户名称	期末余额	
	借方	贷方
库存现金	3 000	
银行存款	1 850 000	
其他货币资金	150 000	
应收票据	140 000	
应收账款	900 000	
坏账准备		1 000
预付账款	160 000	
其他应收款	20 000	
在途物资	220 000	
原材料	1 400 000	
低值易耗品	450 000	
库存商品	400 000	
长期股权投资	600 000	
固定资产	11 000 000	

续表

账户名称	期末余额	
	借方	贷方
累计折旧		1 000 000
在建工程	1 300 000	
无形资产	800 000	
短期借款		500 000
应付票据		400 000
应付账款		500 000
其他应付款		6 000
应付职工薪酬		35 000
应交税费		240 000
应付利息		20 000
长期借款		4 000 000
实收资本		10 050 000
资本公积		900 000
盈余公积		1 400 000
本年利润		
利润分配		341 000
合计	19 343 000	19 343 000

【任务准备】

资产负债表的认知

(一)资产负债表的概念

资产负债表是反映企业在某一特定日期的财务状况的报表,是企业经营活动的静态反映。资产负债表是根据"资产=负债+所有者权益"这一平衡公式,依照一定的分类标准和一定的次序,将某一特定日期的资产、负债、所有者权益的具体项目予以适当的排列编制而成。资产负债表主要反映资产、负债和所有者权益三个方面的内容。通过资产负债表,可以反映企业在某一特定日期所拥有或控制的经济资源、所承担的现时义务和所有者对净资产的要求权,帮助财务报表使用者全面了解企业的财务状况、分析企业的偿债能力等情况,从而为其作出经济决策提供依据。

(二)资产负债表的结构

资产负债表一般由表头、表体两部分组成。表头部分应列明报表名称、编制单位名称、资产负债表日、报表编号和计量单位;表体部分是资产负债表的主体,列示了用以说明企业财务状况的各个项目。资产负债表的表体格式一般有两种:报告式资产负债表和账户式资产负债表。报告式资产负债表是上下结构,上半部分列示资产各项目,下半部分列示负债和所有者权益各项目。账户式资产负债表是左右结构,左边列示资产各项目,反映全部资产的分布及存在状态;右边列示负债和所有者权益各项目,反映全部负债和所有者权益的内容及构成情况。不管采取什么格式,资产各项目一定等于负债和所有者权益各项目的合计。

我国企业的资产负债表采用账户式结构,分为左右两方,左方为资产项目,大体按资产的流动性大小排列,流动性大的资产如"货币资金""交易性金融资产"等排在前面,流动性小的资产如"长期股权投资""固定资产"等排在后面。右方为负债及所有者权益项目,一般按要求清偿时间的先后顺序排列,"短期借款""应付票据"及"应付账款"等需要在1年以内或者长于1年的一个正常营业周期内偿还的流动负债排在前面,"长期借款"等在1年以上才需偿还的非流动负债排在中间,在企业清算之前不需要偿还的所有者权益项目排在后面。

账户式资产负债表中的资产各项目的合计等于负债和所有者权益各项目的合计,即资产负债表左方和右方平衡。通过账户式资产负债表,可以反映资产、负债、所有者权益之间的内在关系,即"资产=负债+所有者权益"。我国一般企业资产负债表格式如表10-2所示。

表 10-2　　　　　　　　　　　　　资产负债表

编制单位：　　　　　　　　　　　　年　月　日　　　　　　　　　　　　单位:元

资产	期末余额	上年年末余额	负债和所有者权益(或股东权益)	期末余额	上年年末余额
流动资产:			流动负债:		
货币资金			短期借款		
交易性金融资产			交易性金融负债		
衍生金融资产			衍生金融负债		
应收票据			应付票据		
应收账款			应付账款		
应收款项融资			预收款项		
预付款项			合同负债		
其他应收款			应付职工薪酬		
存货			应交税费		
合同资产			其他应付款		
持有待售资产			持有待售负债		
一年内到期的非流动资产			一年内到期的非流动负债		
其他流动资产			其他流动负债		
流动资产合计			流动负债合计		

续表

资产	期末余额	上年年末余额	负债和所有者权益(或股东权益)	期末余额	上年年末余额
非流动资产:			非流动负债:		
债权投资			长期借款		
其他债权投资			应付债券		
长期应收款			其中:优先股		
长期股权投资			永续债		
其他权益工具投资			租赁负债		
其他非流动金融资产			长期应付款		
投资性房地产			预计负债		
固定资产			递延收益		
在建工程			递延所得税负债		
生产性生物资产			其他非流动负债		
油气资产			非流动负债合计		
使用权资产			负债合计		
无形资产			所有者权益(股东权益):		
开发支出			实收资本(或股本)		
商誉			其他权益工具		
长期待摊费用			其中:优先股		
递延所得税资产			永续债		
其他非流动资产			资本公积		
非流动资产合计			减:库存股		
			其他综合收益		
			专项储备		
			盈余公积		
			未分配利润		
			所有者权益(或股东权益)合计		
资产总计			负债和所有者权益(或股东权益)总计		

【任务实施】

资产负债表的编制

(一)资产负债表项目的填列方法

资产负债表各项目均需填列"期末余额"和"上年年末余额"两栏。

资产负债表的"上年年末余额"栏内各项数字,应根据上年年末资产负债表的"期末余额"栏内所列数字填列。如果上年度资产负债表规定的各个项目的名称和内容与本年度不相一致,应按照本年度的规定对上年年末资产负债表各项目的名称和数字进行调整,填入本表"上年年末余额"栏内。

资产负债表的"期末余额"栏主要有以下几种填列方法:

1. 根据总账科目余额填列。如"短期借款""资本公积"等项目,根据"短期借款""资本公积"各总账科目的余额直接填列;有些项目则需根据几个总账科目的期末余额计算填列,如"货币资金"项目,需根据"库存现金""银行存款""其他货币资金"三个总账科目的期末余额的合计数填列。

2. 根据明细账科目余额计算填列。如"应付账款"项目,需要根据"应付账款""预付账款"两个科目所属的相关明细科目的期末贷方余额计算填列;"预付款项"项目需用要根据"应付账款"科目和"预付账款"科目所属的相关明细科目的期末借方余额减去与"预付账款"有关的坏账准备贷方余额计算填列;"预收款项"项目,需要根据"应收账款"科目和"预收账款"科目所属相关明细科目的期末贷方金额合计填列;"开发支出"项目,需要根据"研发支出"科目中所属的"资本化支出"明细科目期末余额计算填列;"应付职工薪酬"项目,需要根据"应付职工薪酬"科目的明细科目期末余额计算填列;"一年内到期的非流动资产""一年内到期的非流动负债"项目,需要根据相关非流动资产和非流动负债项目的明细科目余额计算填列;"未分配利润"项目,需要根据"利润分配"科目中所属的"未分配利润"明细科目期末余额填列。

3. 根据总账科目和明细账科目余额分析计算填列。如"长期借款"项目,需要根据"长期借款"总账科目余额扣除"长期借款"科目所属的明细科目中将在1年内到期且企业不能自主地将清偿义务展期的长期借款后的金额计算填列;"其他非流动资产"项目,应根据有关科目的期末余额减去将于1年内(含1年)收回数后的金额计算填列;"其他非流动负债"项目,应根据有关科目的期末余额减去将于1年内(含1年)到期偿还数后的金额计算填列。

4. 根据有关科目余额减去其备抵科目余额后的净额填列。如资产负债表中"应收票据""应收账款""长期股权投资""在建工程"等项目,应当根据"应收票据""应收账款""长期股权投资""在建工程"等科目的期末余额减去"坏账准备""长期股权投资减值准备""在建工程减值准备"等备抵科目余额后的净额填列。"投资性房地产"(采用成本模式计量)、"固定资产"项目,应当根据"投资性房地产""固定资产"科目的期末余额,减去"投资性房地产累计折旧""投资性房地产减值准备""累计折旧""固定资产减值准备"等备抵科目的期末余额,以及"固定资产清理"科目期末余额后的净额填列;"无形资产"项目,应当根据"无形资产"科目的期末余额,减去"累计摊销""无形资产减值准备"等备抵科目余额后的净额填列。

5. 综合运用上述填列方法分析填列。如资产负债表中的"存货"项目,需要根据"原材料""库存商品""委托加工物资""周转材料""材料采购""在途物资""发出商品""材料成本差异"等总账科目期末余额的分析汇总数,再减去"存货跌价准备"科目余额后的净额填列。

(二)资产负债表项目的填列说明

1.资产项目的填列说明

(1)"货币资金"项目,反映企业库存现金、银行结算户存款、外埠存款、银行汇票存款、银行本票存款、信用卡存款、信用证保证金存款等的合计数。本项目应根据"库存现金""银行存款""其他货币资金"科目期末余额的合计数填列。

(2)"交易性金融资产"项目,反映资产负债表日企业分类为以公允价值计量且其变动计入当期损益的金融资产,以及企业持有的指定为以公允价值计量且其变动计入当期损益的金融资产的期末账面价值。该项目应根据"交易性金融资产"科目的相关明细科目期末余额分析填列。自资产负债表日起超过1年到期且预期持有超过1年的以公允价值计量且其变动计入当期损益的非流动金融资产的期末账面价值,在"其他非流动金融资产"项目反映。

(3)"应收票据"项目,反映资产负债表日以摊余成本计量的、企业因销售商品、提供服务等收到的商业汇票,包括银行承兑汇票和商业承兑汇票。该项目应根据"应收票据"科目的期末余额,减去"坏账准备"科目中相关坏账准备期末余额后的金额分析填列。

(4)"应收账款"项目,反映资产负债表日以摊余成本计量的、企业因销售商品、提供服务等经营活动应收取的款项。该项目应根据"应收账款"科目的期末余额,减去"坏账准备"科目中相关坏账准备期末余额后的金额分析填列。

(5)"应收款项融资"项目,反映资产负债表日以公允价值计量且其变动计入其他综合收益的应收票据和应收账款等。

(6)"预付款项"项目,反映企业按照购货合同规定预付给供应单位的款项等。本项目应根据"预付账款"和"应付账款"科目所属各明细科目的期末借方余额合计数,减去"坏账准备"科目中有关预付账款计提的坏账准备期末余额后的净额填列。如"预付账款"科目所属明细科目期末为贷方余额的,应在资产负债表"应付账款"项目内填列。

(7)"其他应收款"项目,反映企业除应收票据、应收账款、预付账款等经营活动以外的其他各种应收、暂付的款项。本项目应根据"应收利息"、"应收股利"和"其他应收款"科目的期末余额合计数,减去"坏账准备"科目中相关坏账准备期末余额后的金额填列。其中的"应收利息"仅反映相关金融工具已到期可收取但于资产负债表日尚未收到的利息。基于实际利率法计提的金融工具的利息应包含在相应金融工具的账面余额中。

(8)"存货"项目,反映企业期末在库、在途和在加工中的各种存货的可变现净值或成本(成本与可变现净值孰低)。存货包括各种材料、商品、在产品、半成品、包装物、低值易耗品、发出商品等。本项目应根据"材料采购""原材料""库存商品""周转材料""委托加工物资""发出商品""生产成本""受托代销商品"等科目的期末余额合计数,减去"受托代销商品款""存货跌价准备"科目期末余额后的净额填列。材料采用计划成本核算,以及库存商品采用计划成本核算或售价核算的企业,还应按加或减材料成本差异、商品进销差价后的金额填列。

(9)"合同资产"项目,反映企业按照《企业会计准则第14号——收入》〔2018〕的相关规定,根据本企业履行履约义务与客户付款之间的关系在资产负债表中列示的合同资产。"合同资产"项目应根据"合同资产"科目的相关明细科目期末余额分析填列,同一合同下的合同资产和合同负债应当以净额列示,其中,净额为借方余额的,应当根据其流动性在"合同资产"或"其他非流动资产"项目中填列,已计提减值准备的,还应以减去"合同资产减值准备"科目中相关的期末余额后的金额填列;其中,净额为贷方余额的,应当根据其流动性在"合同负债"或"其他非流动负债"项目中填列。

(10)"持有待售资产"项目,反映资产负债表日划分为持有待售类别的非流动资产及划分为持有待售类别的处置组中的流动资产和非流动资产的期末账面价值,该项目应根据"持有待售资产"科目的期末余额,减去"持有待售资产减值准备"科目的期末余额后的金额填列。

(11)"一年内到期的非流动资产"项目,反映企业预计自资产负债表日起1年内变现的非流动资产。本项目应根据有关科目的期末余额分析填列。

(12)"债权投资"项目,反映资产负债表日企业以摊余成本计量的长期债权投资的期末账面价值。该项目应根据"债权投资"科目的相关明细科目期末余额,减去"债权投资减值准备"科目中相关减值准备的期末余额后的金额分析填列。自资产负债表日起1年内到期的长期债权投资的期末账面价值,在"一年内到期的非流动资产"项目反映。企业购入的以摊余成本计量的1年内到期的债权投资的期末账面价值,在"其他流动资产"项目中反映。

(13)"其他债权投资"项目,反映资产负债表日企业分类为以公允价值计量且其变动计入其他综合收益的长期债权投资的期末账面价值。该项目应根据"其他债权投资"科目的相关明细科目期末余额分析填列。自资产负债表日起1年内到期的长期债权投资的期末账面价值,在"一年内到期的非流动资产"项目中反映。企业购入的以公允价值计量且其变动计入其他综合收益的1年内到期的债权投资的期末账面价值,在"其他流动资产"项目中反映。

(14)"长期应收款"项目,反映企业租赁产生的应收款项和采用递延方式分期收款、实质上具有融资性质的销售商品和提供劳务等经营活动产生的应收款项。本项目应根据"长期应收款"科目的期末余额,减去相应的"未实现融资收益"科目和"坏账准备"科目所属相关明细科目期末余额后的金额填列。

(15)"长期股权投资"项目,反映投资方对被投资单位实施控制、重大影响的权益性投资,以及对其合营企业的权益性投资。本项目应根据"长期股权投资"科目的期末余额,减去"长期股权投资减值准备"科目的期末余额后的净额填列。

(16)"其他权益工具投资"项目,反映资产负债表日企业指定为以公允价值计量且其变动计入其他综合收益的非交易性权益工具投资的期末账面价值。该项目应根据"其他权益工具投资"科目的期末余额填列。

(17)"固定资产"项目,反映资产负债表日企业固定资产的期末账面价值和企业尚未清理完毕的固定资产清理净损益。该项目应根据"固定资产"科目的期末余额,减去"累计折旧"和"固定资产减值准备"科目的期末余额后的金额,以及"固定资产清理"科目的期末余额填列。

(18)"在建工程"项目,反映资产负债表日企业尚未达到预定可使用状态的在建工程的期末账面价值和企业为在建工程准备的各种物资的期末账面价值。该项目应根据"在建工程"科目的期末余额,减去"在建工程减值准备"科目的期末余额后的金额,以及"工程物资"科目的期末余额,减去"工程物资减值准备"科目的期末余额后的金额填列。

(19)"使用权资产"项目,反映资产负债表日承租人企业持有的使用权资产的期末账面价值。该项目应根据"使用权资产"科目的期末余额,减去"使用权资产累计折旧"和"使用权资产减值准备"科目的期末余额后的金额填列。

(20)"无形资产"项目,反映企业各项无形资产的期末可收回金额。本项目应根据"无形资产"账户的期末余额减去"累计摊销""无形资产减值准备"账户期末余额后的金额填列。

(21)"开发支出"项目,反映企业开发无形资产过程中能够资本化形成无形资产成本的支出部分。本项目应当根据"研发支出"科目中所属的"资本化支出"明细科目期末余额填列。

(22)"长期待摊费用"项目,反映企业已经发生但应由本期和以后各期分摊的,分摊期限在1年以上的各种费用。本项目应根据"长期待摊费用"账户的期末余额减去将于1年内(含1年)摊销的数额后的金额填列。

(23)"递延所得税资产"项目,反映企业根据所得税准则确认的可抵扣暂时性差异产生的所得税资产。本项目应根据"递延所得税资产"科目的期末余额填列。

(24)"其他非流动资产"项目,反映企业除上述非流动资产以外的其他非流动资产。本项目应根据有关科目的期末余额填列。

2.负债项目的填列说明

(1)"短期借款"项目,反映企业借入尚未归还的1年期以下(含1年)的借款。本项目应根据"短期借款"账户的期末余额填列。

(2)"交易性金融负债"项目,反映资产负债表日企业承担的交易性金融负债,以及企业持有的指定为以公允价值计量且其变动计入当期损益的金融负债的期末账面价值。该项目应根据"交易性金融负债"科目的相关明细科目的期末余额填列。

(3)"应付票据"项目,反映资产负债表日以摊余成本计量的、企业因购买材料、商品和接受服务等开出、承兑的商业汇票,包括银行承兑汇票和商业承兑汇票。该项目应根据"应付票据"科目的期末余额填列。

(4)"应付账款"项目,反映资产负债表日以摊余成本计量的、企业因购买材料、商品和接受服务等经营活动应支付的款项。该项目应根据"应付账款"和"预付账款"科目所属的相关明细科目的期末贷方余额合计数填列。

(5)"预收款项"项目,反映企业按照购货合同规定预收供应单位的款项。本项目应根据"预收账款"和"应收账款"科目所属各明细科目的期末贷方余额合计数填列。如"预收账款"科目所属明细科目期末为借方余额的,应在资产负债表"应收账款"项目内填列。

(6)"合同负债"项目,反映企业按照《企业会计准则第14号——收入》〔2018〕的相关规定,根据本企业履行履约义务与客户付款之间的关系在资产负债表中列示的合同负债。"合同负债"项目应根据"合同负债"的相关明细科目期末余额分析填列。

(7)"应付职工薪酬"项目,反映企业应付未付的各种职工薪酬,包括工资、职工福利、社会保险费、住房公积金、工会经费、职工教育经费、非货币性福利、辞退福利、股份支付等。按规定从净利润中提取的职工奖励和福利基金也在本项目反映。本项目应根据"应付职工薪酬"账户所属各明细账户的期末贷方余额合计数填列。

(8)"应交税费"项目,反映企业期末未交、多交或未抵扣的各种税费。具体包括增值税、消费税、所得税、资源税、土地增值税、城市维护建设税、房产税、土地使用税、教育费附加、矿产资源补偿费等。本项目应根据"应交税费"账户所属明细账户的期末贷方余额合计数填列。如果"应交税费"账户期末为借方余额,应以"一"号填列。

(9)"其他应付款"项目,应根据"应付利息""应付股利"和"其他应付款"科目的期末余额合计数填列。其中的"应付利息"仅反映相关金融工具已到期应支付但于资产负债表日尚未支付的利息。基于实际利率法计提的金融工具的利息应包含在相应金融工具的账面余额中。

(10)"持有待售负债"项目,反映资产负债表日处置组中与划分为持有待售类别的资产直接相关的负债的期末账面价值。该项目应根据"持有待售负债"科目的期末余额填列。

(11)"一年内到期的非流动负债"项目,反映非流动负债各项目中将于1年内(含1年)到期的长期负债,包括1年内到期的长期借款、长期应付款和应付债券。本项目应根据上述账户分析计算后填列。

(12)"长期借款"项目,反映企业借入尚未归还的1年期以上(不含1年)的借款本息。本项目应根据"长期借款"账户的期末余额填列。

(13)"应付债券"项目,反映企业发行的尚未偿还的各种长期债券的本息。本项目应根据"应付债券"账户的期末余额填列。

(14)"长期应付款"项目,反映资产负债表日企业除长期借款和应付债券以外的其他各种长期应付款项的期末账面价值。该项目应根据"长期应付款"科目的期末余额,减去相关的"未确认融资费用"科目的期末余额后的金额,以及"专项应付款"科目的期末余额填列。

(15)"预计负债"项目,反映企业根据或有事项等相关准则确认的各项预计负债,包括对外提供担保、未决诉讼、产品质量保证、重组义务以及固定资产和矿区权益弃置义务等产生的预计负债。本项目应根据"预计负债"科目的期末余额填列。企业按照《企业会计准则第22号——金融工具确认和计量》〔2018〕的相关规定,对贷款承诺等项目计提的损失准备,应当在本项目中填列。

(16)"递延所得税负债"项目,反映企业根据所得税准则确认的应纳税暂时性差异产生的所得税负债。本项目应根据"递延所得税负债"科目的期末余额填列。

(17)"其他非流动负债"项目,反映企业除以上非流动负债以外的其他非流动负债。本项目应根据有关科目期末余额,减去将于1年内(含1年)到期偿还数后的余额分析填列。非流动负债各项目中将于1年内(含1年)到期的非流动负债,应在"一年内到期的非流动负债"项目中反映。

3.所有者权益项目的填列方法

(1)"实收资本(或股本)"项目,反映企业各投资者实际投入的资本(或股本)总额。本项目应根据"实收资本"(或"股本")账户的期末余额填列。

(2)"其他权益工具"项目,反映资产负债表日企业发行在外的除普通股以外分类为权益工具的金融工具的期末账面价值,并下设"优先股"和"永续债"两个项目,分别反映企业发行的分类为权益工具的优先股和永续债的账面价值。

(3)"资本公积"项目,反映企业资本公积的期末余额。本项目应根据"资本公积"账户的期末余额填列。

(4)"其他综合收益"项目,反映企业其他综合收益的期末余额。本项目应根据"其他综合收益"科目的期末余额填列。

(5)"专项储备"项目,反映高危行业企业按国家规定提取的安全生产费的期末账面价值。本项目应根据"专项储备"科目的期末余额填列。

(6)"盈余公积"项目,反映企业盈余公积的期末余额。本项目应根据"盈余公积"账户的期末余额填列。

(7)"未分配利润"项目,反映企业尚未分配的利润。本项目应根据"本年利润"账户和"利润分配"账户的余额计算填列。未弥补的亏损,在本项目内以"-"号填列。

【任务10-1】编制资产负债表如表10-3。

表 10—3 资产负债表

编制单位：兴业商贸有限公司　　　　2020 年 12 月 31 日　　　　　　　　　　单位：元

资产	期末余额	上年年末余额	负债和所有者权益（或股东权益）	期末余额	上年年末余额
流动资产：			流动负债：		
货币资金	2 003 000.00		短期借款	500 000.00	
交易性金融资产			交易性金融负债		
衍生金融资产			衍生金融负债		
应收票据	140 000.00		应付票据	400 000.00	
应收账款	899 000.00		应付账款	500 000.00	
应收款项融资			预收款项		
预付款项	160 000.00		合同负债		
其他应收款	20 000.00		应付职工薪酬	35 000.00	
存货	2 470 000.00		应交税费	240 000.00	
合同资产			其他应付款	26 000.00	
持有待售资产			持有待售负债		
一年内到期的非流动资产			一年内到期的非流动负债		
其他流动资产			其他流动负债		
流动资产合计	5 692 000.00		流动负债合计	1 701 000.00	
非流动资产：			非流动负债：		
债权投资			长期借款	4 000 000.00	
其他债权投资			应付债券		
长期应收款			其中：优先股		
长期股权投资	600 000.00		永续债		
其他权益工具投资			租赁负债		
其他非流动金融资产			长期应付款		
投资性房地产			预计负债		
固定资产	10 000 000.00		递延收益		
在建工程	1 300 000.00		递延所得税负债		
生产性生物资产			其他非流动负债		
油气资产			非流动负债合计	4 000 000.00	
使用权资产			负债合计	5 701 000.00	
无形资产	800 000.00		所有者权益(或股东权益)：		

续表

资产	期末余额	上年年末余额	负债和所有者权益（或股东权益）	期末余额	上年年末余额
开发支出			实收资本（或股本）	10 050 000.00	
商誉			其他权益工具		
长期待摊费用			其中：优先股		
递延所得税资产			永续债		
其他非流动资产			资本公积	900 000.00	
非流动资产合计	12 700 000.00		减：库存股		
			其他综合收益		
			专项储备		
			盈余公积	1 400 000.00	
			未分配利润	341 000.00	
			所有者权益（或股东权益）合计	12 691 000.00	
资产总计	18 392 000.00		负债和所有者权益（或股东权益）总计	18 392 000.00	

【任务实训】

根据【任务引例10—1】请会计人员完成资产负债表的编制任务。

任务二 利润表编制

【任务引例】

2.兴业公司12月有关账户发生额（见表10—4）：

表10—4 账户发生额

单位：元

账户名称	借方	贷方
主营业务收入		80 000 000
主营业务成本	42 000 000	
税金及附加	1 200 000	
销售费用	5 400 000	
管理费用	2 000 000	
财务费用	400 000	
投资收益		200 000
营业外收入		800 000
营业外支出	300 000	
所得税费用	1 850 000	

要求：编制兴业公司的利润表。

【任务准备】

利润表的认知

利润表又称损益表，是反映企业在一定会计期间经营成果的报表。通过利润表，可以反映企业收入、和费用及净利润（或亏损）的实现及构成情况；通过利润表提供的不同时期的比较数字（本期金额、上期金额），可以分析企业的获利能力及利润的未来发展趋势，了解投资者投入资本的保值增值情况，为投资者作出经济决策提供依据。

【任务实施】

一、利润表的结构

利润表的结构有单步式和多步式两种。单步式利润表是将当期所有的收入列在一起，所有的费用列在一起,然后将两者相减得出当期净损益。我国企业的利润表采用多步式格式,即通过对当期的收入、费用、支出项目按性质加以归类,按利润形成的主要环节列示一些中间性利润指标,分步计算当期净损益,以便财务报表使用者理解企业经营成果的不同来源。

利润表由表头和表身两部分组成。表头部分应列明报表名称、编制单位名称、编制期间、报表编号和计量单位;表身部分反映利润的构成内容,该部分为利润表的主体和核心。

为了使财务报表使用者通过比较不同期间利润的实现情况,判断企业经营成果的未来发展趋势,企业需要提供比较利润表。利润表金额栏分为"本期金额"和"上期金额"两栏,分别填列。我国一般企业利润表如表10—5所示。

表10—5 利润表

企业02表

编制单位:　　　　　　　　　　　年　月　　　　　　　　　　　单位:元

项目	本期金额	上期金额
一、营业收入		
减:营业成本		
税金及附加		
销售费用		
管理费用		
研发费用		
财务费用		
其中:利息费用		
利息收入		
加:其他收益		
投资收益(损失以"—"号填列)		
其中:对联营企业和合营企业的投资收益		
以摊余成本计量的金融资产终止确认收益(损失以"—"号填列)		
净敞口套期收益(损失以"—"号填列)		
公允价值变动收益(损失以"—"号填列)		
信用减值损失(损失以"—"号填列)		
资产减值损失(损失以"—"号填列)		
资产处置收益(损失以"—"号填列)		
二、营业利润(亏损以"—"号填列)		
加:营业外收入		

续表

项目	本期金额	上期金额
减：营业外支出		
三、利润总额（亏损总额以"－"号填列）		
减：所得税费用		
四、净利润（净亏损以"－"号填列）		
（一）持续经营净利润（净亏损以"－"号填列）		
（二）终止经营净利润（净亏损以"－"号填列）		
五、其他综合收益的税后净额		
（一）不能重分类进损益的其他综合收益		
1.重新计量设定受益计划净负债或净资产的变动		
2.权益法下在被投资单位不能重分类进损益的其他综合收益中享有的份额		
3.其他权益工具投资公允价值变动		
4.企业自身信用风险公允价值变动		
……		
（二）将重分类进损益的其他综合收益		
1.权益法下在被投资单位以后将重分类进损益的其他综合收益中享有的份额		
2.其他债权投资公允价值变动损益		
3.金融资产重分类转入损益的累计利得或损失		
4.现金流量套期损益的有效部分		
5.外币财务报表折算差额		
……		
六、综合收益总额		
七、每股收益		
（一）基本每股收益		
（二）稀释每股收益		

二、利润表的编制

利润表编制的原理是"收入－费用＝利润"这一会计等式和收入与费用的配比原则。企业在生产经营中不断地取得各项收入，同时发生各种费用，收入减去费用剩余部分即为企业的盈利。如果企业经营不善，发生的生产经营费用超过取得的收入，超过部分即为企业的亏损。将取得的收入和发生的相关费用进行对比，对比结果表现为企业的经营成果。企业根据经营成果的核算过程和计算结果编制成报表，即利润表。

（一）利润表项目的填列方法

我国企业利润表采用多步式。多步式利润表的主要编制步骤和内容如下：

第一步，以营业收入为基础，减去营业成本、税金及附加、销售费用、管理费用、研发费用、财务费用、信用减值损失、资产减值损失，加上其他收益、投资收益、公允价值变动收益、资产处置收益算出营业利润；

第二步，以营业利润为基础，加上营业外收入，减去营业外支出计算出利润总额；

第三步，以利润总额为基础，减去所得税费用，计算出净利润（或亏损）；

第四步，单独列示其他综合收益；

第五步，根据第三步和第四步计算求出综合收益总额；

第六步，单独列示每股收益：基本每股收益和稀释每股收益。

利润表各项目均需填列"本期金额"和"上期金额"两栏。其中"上期金额"栏内各项数字，应根据上年该期利润表的"本期金额"栏内所列数字填列。"本期金额"栏内各期数字，除"基本每股收益"和"稀释每股收益"项目外，应当按照相关科目的发生额分析填列。

（二）利润表主要项目的填列说明

1. 根据相应账户的发生额分析填列

如"营业收入""营业成本""税金及附加""销售费用""管理费用""财务费用""投资收益""营业外收入""营业外支出""所得税费用"等。

2. 根据计算公式计算填列

"营业利润""利润总额""净利润"应根据表中的计算公式计算填列，若亏损应以"－"号填列。"每股收益"应根据有关公式和表中数据计算填列。

3. 利润表中各项目的具体填列方法

（1）"营业收入"项目＝"主营业务收入"账户贷方发生额净额＋"其他业务收入"账户贷方发生额净额。

（2）"营业成本"项目＝"主营业务成本"账户借方发生额净额＋"其他业务成本"账户借方发生额净额。

（3）"税金及附加"项目＝"税金及附加"账户借方发生额净额。

（4）"销售费用"项目＝"销售费用"账户借方发生额净额。

（5）"管理费用"项目，反映企业进行研究与开发过程中发生的费用化支出，该项目应根据"管理费用"账户发生额分析填列。

（6）"研发费用"项目，反映企业进行研究与开发过程中发生的费用化支出，以及计入管理费用的自行开发无形资产的摊销。该项目应根据"管理费用"科目下的"研究费用"明细科目的发生额,以及"管理费用"科目下的"无形资产摊销"明细科目的发生额分析填列。

(7)"财务费用"项目＝"财务费用"(收益以"－"号填列)账户借方发生额净额。

"财务费用"项目下的"利息费用"项目,反映企业为筹集生产经营所需资金等而发生的应予费用化的利息支出。该项目应根据"财务费用"科目的相关明细科目的发生额分析填列。该项目作为"财务费用"项目的其中项,以正数填列。

"财务费用"项目下的"利息收入"项目,反映企业按照相关会计准则确认的应冲减财务费用的利息收入。该项目应根据"财务费用"科目的相关明细科目的发生额分析填列。该项目作为"财务费用"项目的其中项,以正数填列。

(8)"投资收益"项目,反映企业以各种方式对外投资所得的收益。本项目应根据"投资收益"科目的发生额分析填列。

(9)"其他收益"项目,反映计入其他收益的政府补助,以及其他与日常活动相关且计入其他收益的项目。该项目应根据"其他收益"科目的发生额分析填列。企业作为个人所得税的扣缴义务人,根据《个人所得税法》收到的扣缴税款手续费,应作为其他与日常活动相关的收益在该项目中填列。

(10)"公允价值变动净收益"项目＝"公允价值变动损益"(净损失以"－"号填列)账户发生额净额。

(11)"信用减值损失"项目,反映企业按照《企业会计准则第22号——金融工具确认和计量》(财会〔2017〕7号)的要求计提的各项金融工具信用减值准备所确认的信用损失。该项目应根据"信用减值损失"科目的发生额分析填列。

(12)"资产减值损失"项目,反映企业各项资产发生的资产减值损失。本项目应根据"资产减值损失"账户的发生额分析填列。

(13)"资产处置收益"项目,反映企业出售划分为持有待售的非流动资产(金融工具、长期股权投资和投资性房地产除外)或处置组(子公司和业务除外)时确认的处置利得或损失,以及处置未划分为持有待售的固定资产、在建工程、生产性生物资产及无形资产而产生的处置利得或损失。债务重组中因处置非流动资产(金融工具、长期股权投资和投资性房地产除外)产生的利得或损失和非货币性资产交换中换出非流动资产(金融工具、长期股权投资和投资性房地产除外)产生的利得或损失也包括在本项目内。该项目应根据"资产处置损益"科目的发生额分析填列;如为处置损失,以"－"号填列。

(14)"营业利润"项目＝营业收入－营业成本－税金及附加－销售费用－管理费用－研发费用－财务费用±其他收益±净敞口套期收益±公允价值变动收益－信用减值损失－资产减值损失±资产处置收益。

(15)"营业外收入"项目,反映企业发生的除营业利润以外的收益,主要包括与企业日常活动无关的政府补助、盘盈利得、捐赠利得(企业接受股东或股东的子公司直接或间接的捐赠,经济实质属于股东对企业的资本性投入的除外)等。该项目应根据"营业外收入"科目的发生额分析填列。

(16)"营业外支出"项目,反映企业发生的除营业利润以外的支出,主要包括公益性捐赠支出、非常损失、盘亏损失、非流动资产毁损报废损失等。该项目应根据"营业外支出"科目的发生额分析填列。"非流动资产毁损报废损失"通常包括因自然灾害发生毁损、已丧失使用功能等而报废清理产生的损失。企业在不同交易中形成的非流动资产毁损报废利得和损失不得相互抵销,应分别在"营业外收入"项目和"营业外支出"项目进行填列。

(17)"利润总额"项目＝营业利润＋营业外收入－营业外支出。

(18)"所得税费用"项目＝"所得税费用"账户借方发生额净额。

(19)"净利润"项目＝利润总额－所得税费用。

(20)"其他综合收益的税后净额"项目＝未在损益中确认的各项利得和损失扣除所得税影响后的净额。

(21)综合收益总额＝净利润＋其他综合收益。

(22)"每股收益"项目＝"归属于普通股股东的当期净利润"÷"当期发行在外普通股的加权平均数"。

表10－6 利润表

企业02表

编制单位:兴业商贸有限公司　　　　2020年12月　　　　　　　　　　单位:元

项目	本期金额	上期金额
一、营业收入	80 000 000.00	
减:营业成本	42 000 000.00	
税金及附加	1 200 000.00	
销售费用	5 400 000.00	
管理费用	2 000 000.00	
研发费用		
财务费用	400 000.00	
其中:利息费用		
利息收入		
加:其他收益		
投资收益(损失以"－"号填列)	200 000.00	
其中:对联营企业和合营企业的投资收益		
以摊余成本计量的金融资产终止确认收益(损失以"－"号填列)		
净敞口套期收益(损失以"－"号填列)		
公允价值变动收益(损失以"－"号填列)		

续表

项目	本期金额	上期金额
信用减值损失(损失以"－"号填列)		
资产减值损失(损失以"－"号填列)		
资产处置收益(损失以"－"号填列)		
二、营业利润(亏损以"－"号填列)	29 200 000.00	
加:营业外收入	800 000.00	
减:营业外支出	300 000.00	
三、利润总额(亏损总额以"－"号填列)	29 700 000.00	
减:所得税费用	1 850 000.00	
四、净利润(净亏损以"－"号填列)	27 850 000.00	
(一)持续经营净利润(净亏损以"－"号填列)		
(二)终止经营净利润(净亏损以"－"号填列)		
五、其他综合收益的税后净额		
(一)不能重分类进损益的其他综合收益		
1.重新计量设定受益计划净负债或净资产的变动		
2.权益法下在被投资单位不能重分类进损益的其他综合收益中享有的份额		
3.其他权益工具投资公允价值变动		
4.企业自身信用风险公允价值变动		
……		
(二)将重分类进损益的其他综合收益		
1.权益法下在被投资单位以后将重分类进损益的其他综合收益中享有的份额		
2.其他债权投资公允价值变动损益		
3.金融资产重分类转入损益的累计利得或损失		
4.现金流量套期损益的有效部分		
5.外币财务报表折算差额		
……		
六、综合收益总额		
七、每股收益		
(一)基本每股收益		
(二)稀释每股收益		

【任务实训】

根据【任务引例 10-2】请会计人员完成利润表的编制任务。

任务三 所有者权益变动表编制

【任务引例】

3.宏盛公司2020年12月31日所有者权益各项目余额如下：股本4 000 000元，盈余公积150 000元，未分配利润50 000元。2021年，宏盛股份有限公司获得综合收益总额为280 000元（其中，净利润200 000元），提取盈余公积20 000元，分配现金股利100 000元。

要求：根据【任务3】，计算并编制宏盛股份有限公司2020年度所有者权益变动表。

【任务准备】

所有者权益变动表认知

所有者权益变动表，是指反映构成所有者权益各组成部分当期增减变动情况的报表。通过所有者权益变动表，既可以为财务报表使用者提供所有者权益总量增减变动的信息，也可以为其提供所有者权益增减变动的结构性信息，特别是能够让财务报表使用者理解所有者权益增减变动的根源。

在所有者权益变动表上，企业至少应当单独列示反映下列信息的项目：(1)综合收益总额；(2)会计政策变更和差错更正的累积影响金额；(3)所有者投入资本和向所有者分配利润等；(4)提取的盈余公积；(5)实收资本、其他权益工具、资本公积、其他综合收益、专项储备、盈余公积、未分配利润的期初和期末余额及其调节情况。

所有者权益变动表以矩阵的形式列示：一方面，列示导致所有者权益变动的交易或事项，即所有者权益变动的来源，对一定时期所有者权益的变动情况进行全面反映；另一方面，按照所有者权益各组成部分（即实收资本、其他权益工具、资本公积、库存股、其他综合收益、盈余公积、未分配利润）列示交易或事项对所有者权益各部分的影响。

【任务实施】

所有者权益变动表的编制

(一)所有者权益变动表项目的填列方法

所有者权益变动表各项目均需填列"本年金额"和"上年金额"两栏。

所有者权益变动表"上年金额"栏内各项数字，应根据上年度所有者权益变动表"本年金额"栏内所列数字填列。上年度所有者权益变动表规定的各个项目的名称和内容同本年度不一致的,应对上年度所有者权益变动表各项目的名称和数字按照本年度的规定进行调整,填入所有者权益变动表的"上年金额"栏内。

所有者权益变动表"本年金额"栏内各项数字一般应根据"实收资本(或股本)""其他权益工具""资本公积""库存股""其他综合收益""专项储备""盈余公积""利润分配""以前年度损益调整"科目的发生额分析填列。

企业的净利润及其分配情况作为所有者权益变动的组成部分,不需要单独编制利润分配表列示。

(二)所有者权益变动表的主要项目说明

1."上年年末余额"项目,反映企业上年资产负债表中实收资本(或股本)、其他权益工具、资本公积、库存股、其他综合收益、专项储备、盈余公积、未分配利润的年末余额。

2."会计政策变更""前期差错更正"项目,分别反映企业采用追溯调整法处理的会计政策变更的累积影响金额和采用追溯重述法处理的会计差错更正的累积影响金额。

3."本年增减变动金额"项目:(1)"综合收益总额"项目,反映净利润和其他综合收益扣除所得税影响后的净额相加后的合计金额。(2)"所有者投入和减少资本"项目,反映企业当年所有者投入的资本和减少的资本。①"所有者投入的普通股"项目,反映企业接受投资者投入形成的实收资本(或股本)和资本溢价或股本溢价。②"其他权益工具持有者投入资本"项目,反映企业发行的除普通股以外分类为权益工具的金融工具的持有者投入资本的金额。③"股份支付计入所有者权益的金额"项目,反映企业处于等待期中的权益结算的股份支付当年计入资本公积的金额。(3)"利润分配"项目,反映企业当年的利润分配金额。(4)"所有者权益内部结转"项目,反映企业构成所有者权益的组成部分之间当年的增减变动情况。①"资本公积转增资本(或股本)"项目,反映企业当年以资本公积转增资本或股本的金额。②"盈余公积转增资本(或股本)"项目,反映企业当年以盈余公积转增资本或股本的金额。③"盈余公积弥补亏损"项目,反映企业当年以盈余公积弥补亏损的金额。④"设定受益计划变动额结转留存收益"项目,反映企业因重新计量设定受益计划净负债或净资产所产生的变动计入其他综合收益,结转至留存收益的金额。⑤"其他综合收益结转留存收益"项目,主要反映:第一,企业指定为以公允价值计量且其变动计入其他综合收益的非交易性权益工具投资终止确认时,之前计入其他综合收益的累计利得或损失从其他综合收益中转入留存收益的金额;第二,企业指定为以公允价值计量且其变动计入当期损益的金融负债终止确认时,之前由企业自身信用风险变动引起而计入其他综合收益的累计利得或损失从其他综合收益中转入留存收益的金额等。

所有者权益变动表

会企04表

编制单位：　　　　　　　　　　　　　　　年度　　　　　　　　　　　　　　　单位：元

项目	本年金额										上年金额									
	实收资本（或股本）	其他权益工具		资本公积	减库存股	其他综合收益	专项储备	盈余公积	未分配利润	所有者权益合计	实收资本（或股本）	其他权益工具		资本公积	减库存股	其他综合收益	专项储备	盈余公积	未分配利润	所有者权益合计
		优先股	永续债 其他									优先股	永续债 其他							
一、上年年末余额	4 000 000							150 000	50 000	4 200 000										
加：会计政策变更																				
前期差错更正																				
其他																				
二、本年年初余额	4 000 000							150 000	50 000	4 200 000										
三、本年增减变动金额（减少以"—"号填列）																				
（一）综合收益总额						80 000			200 000	280 000										
（二）所有者投入和减少资本																				
1. 所有者投入的普通股																				

续表

项目	本年金额									上年金额								
	实收资本(或股本)	其他权益工具			资本公积	减库存股	其他综合收益	专项储备	盈余公积	未分配利润	所有者权益合计	实收资本(或股本)	其他权益工具			资本公积	减库存股	其他综合收益	专项储备	盈余公积	未分配利润	所有者权益合计
		优先股	永续债	其他									优先股	永续债	其他							
2.其他权益工具持有者投资资本																						
3.股份支付计入所有者权益的金额																						
4.其他																						
(三) 利润分配																						
1.提取盈余公积										-100 000	-100 000											
2.对所有者(或股东)的分配									20 000	-20 000	0											
3.其他																						
(四) 所有者权益内部结转																						
1.资本公积转增资本(或股本)																						
2.盈余公积转增资本(或股本)																						
3.盈余公积弥补亏损																						
4.设定受益计划变动额转其他留存收益																						
5.其他综合收益结转留存收益																						
其他																						
四、本年年末余额	4 000 000						80 000		170 000	130 000	4 380 000	4 000 000								150 000	50 000	4 200 000

【任务实训】

根据【任务引例 10—3】请会计人员完成兴业公司所有者权益变动表的编制。

任务四 财务报告附注

一、附注认知

财务报告附注是对在会计报表中列示项目所作的进一步说明，以及对未能在这些报表中列示项目的说明。附注主要起到两个方面的作用：第一，附注的披露，是对资产负债表、利润表、现金流量表和所有者权益变动表列示项目含义的补充说明，以帮助财务报表使用者更准确地把握其含义。第二，附注提供了对资产负债表、利润表、现金流量表和所有者权益变动表中未列示项目的详细或明细说明。财务报表附注能够让财务报表使用者更加全面地了解企业的财务状况、经营成果和现金流量以及所有者权益的情况。

二、附注的主要内容

根据企业会计准则的规定，企业应当按照如下顺序披露附注的内容：

(一)企业的基本情况

1. 企业注册地、组织形式和总部地址。
2. 企业的业务性质和主要经营活动。
3. 母公司以及集团最终母公司的名称。
4. 财务报告的批准报出者和财务报告的批准报出日。
5. 营业期限有限的企业，还应当披露有关营业期限的信息。

(二)财务报表的编制基础

财务报表的编制基础，是指财务报表是在持续经营基础上还是非持续经营基础上编制的。企业一般是在持续经营基础上编制财务报表，清算、破产属于非持续经营基础。

(三)遵循企业会计准则的声明

企业应当声明编制的财务报表符合企业会计准则的要求，真实、完整地反映了企业的财务状况、经营成果和现金流量等有关信息，以此明确企业编制财务报表所依据的制度基础。

(四)重要会计政策和会计估计

企业应当披露采用的重要会计政策和会计估计，不重要的会计政策和会计估计可以不披露。在披露重要会计政策和会计估计时，企业应当披露重要会计政策的确定依据和财务报表项目的计量基础,以及会计估计中所采用的关键假设和不确定因素。

(五)会计政策和会计估计变更以及差错更正的说明

企业应当按照会计政策、会计估计变更和差错更正会计准则的规定,披露会计政策和会计估计变更以及差错更正的有关情况。

(六)报表重要项目的说明

企业对报表重要项目的说明,应当按照资产负债表、利润表、现金流量表、所有者权益变动表及其项目列示的顺序,采用文字和数字描述相结合的方式进行披露。报表重要项目的明细金额合计应当与报表项目明细金额相衔接,主要包括以下重要项目:

应收款项、存货、长期股权投资、投资性房地产、固定资产、无形资产、职工薪酬、应交税费、短期借款和长期借款、应付债券、长期应付款、营业收入、公允价值变动收益、投资收益、资产减值损失、营业外收入、营业外支出、所得税费用、其他综合收益、政府补助、借款费用。

(七)或有和承诺事项、资产负债表日后非调整事项、关联方关系及其交易等需要说明的事项(略)

(八)有助于财务报表使用者评价企业管理资本的目标、政策及程序的信息(略)